SANJIN SHIHUA CONGSHU

《三晋史话》丛书

三晋史话·太原卷

主编　陈河才

山西出版传媒集团
山西人民出版社
三晋出版社

《三晋史话》丛书编委会

《三晋史话》丛书学术顾问

《三晋史话·太原卷》编委会

总 序

中共山西省委常委、宣传部长

胡苏平

近年来，越来越多的人走进山西，领略表里山河的壮美风光，感受一脉相承的历史文化。山西这块古老而厚重的土地，充满了神奇。如何为这些远道而来的客人们提供帮助，给他们留下一个简要、生动而又难忘的记忆，这就促使我们萌发了编撰一套介绍山西历史文化丛书的想法。

经过大家的努力，《三晋史话》丛书终于和读者见面了。这套书总体成套、分体成册，图文并茂，好看、好记、好用也好带，能够把山西最具历史文化价值、最想告知读者的精华展示出来，让朋友们能够在较短的时间里对山西的历史文化有一个大致的了解。

参与编撰的各位作者和专家以严谨认真的态度，对历史负责、对民族文化负责的精神，精心设计，反复研讨，认真修改，完成了这套12卷200余万字的丛书。这是我省文化建设的又一重要成果，也是向社会宣传介绍山西悠久历史与文化贡献的珍贵典藏。

在此,我向参与丛书编撰、出版工作的同志们表示由衷的感谢!

山西表里山河,物华天宝,历史悠久,人文荟萃,是中华文明的重要发祥地。省委书记王儒林同志将山西历史文化的特色概括为“三个一”:一是“一缕曙光”,即距今约 4500 万年前,山西垣曲就有被专家称之为“类人猿亚目黎明时的曙光”的曙猿存在,它不仅证实了人类远祖很有可能起源于中国,并且把类人猿出现的时间向前推进了 1000 多万年;二是“一堆圣火”,大家知道火的使用是人类历史的开端,而距今约 180 万年前,山西芮城西侯度就出现了古人类活动的身影,先民们在这里点燃了第一把圣火,留下了中国最早的人类用火遗迹;三是“一座都城”,近 40 年的考古探明,距今 4300 年左右,尧帝在山西襄汾陶寺建都,陶寺就是尧都,山西南部所在的“中土之国”是“最早的中国”,“古中国”正是从这里走来!

在中华文明发展的历史进程中,山西作为中原农耕文明的核心区域,早在人类揖别洪荒之初,神农炎帝就在晋东南高平羊头山一带播五谷、尝百草,实现了从渔猎到农耕、从游牧到定居的重大历史转折,开创了延续几千年灿烂的农耕文明。尧都平阳、舜都蒲坂、禹都安邑凸显出“古中国”的遥远和厚重;夏县及周边丰富的夏文化遗存、垣曲及周边确凿的商文化遗存,生动展示了夏商时期河东大地在文化演进中扮演的不可替代的角色。西周春秋时期,晋国延续 600 余年,对推进华夏文明的进程发挥了主导和引领作用。战国时期,韩、赵、魏都源出山西,胡服骑射、围魏救赵、长平之战等重大事件,都直接影响着中国的发展进程。秦汉以降,山西始终发挥着民族熔炉的作用,谱写了中华民族大融合的辉煌篇章。宋元时期，山西新的经济、文化发展元素不断滋生，杂剧演出繁荣兴旺，成为中华戏曲的摇篮。明清时期，晋商把山西人的智慧与勇气推向了极致，让世人认同了“无西不成商”的历史事实。抗日战争时期，党领导的八路军三大主力在山西创立晋察冀、晋绥、晋冀鲁豫三大敌后根据地，成为全国抗战的重要战略支点，为民族解放和新中国的诞生，建立了不朽功绩。

山西历朝历代的杰出人物灿若星辰，影响深远。炎黄二帝、尧舜禹等英雄先祖，奠定了中华民族的人文精神与基本价值体系。后世山西，名人辈出，诸如称霸中原的晋文公，胡服骑射的赵武灵王，抗击匈奴的卫青、霍去病，经营西域的班超，忠义仁勇的武圣关云长，推行改制的冯太后，杰出女皇武则天，再造大唐的郭子仪，精忠报国的杨家将……仅闻喜裴氏一门就有宰相59人，大将军59人，正史立传者600余人，名垂后世者不下千余人，七品以上官员多达3000余人。还有狄仁杰、司马光、杨继宗、傅山、于成龙、陈廷敬、栗毓美、祁寯藻、徐继畬等一大批廉吏能臣，卫夫人、法显、王通、王绩、王勃、王维、王之涣、王昌龄、王翰、柳宗元、白居易、卢纶、温庭筠、米芾、马远、元好问、关汉卿、郑光祖、罗贯中等名垂青史的文化名人。

山西多样性的历史文化具有不断变革和进步的鲜明特色，许多影响中华文明的改革，首先是在山西地区孕育、展开，进而推动了社会进步。著名的“曲沃代翼”，为晋国的全面发展掀开了崭新篇章；“郭偃之法”，为晋国称霸中原提供了思想源泉；三家分晋、李悝变法、魏文侯改革，顺应了历史潮流。以子夏、荀子为代表的儒家，以李悝、韩非子为代表的法家，以吴起、尉缭子为代表的兵家，以公孙龙、惠施为代表的名家，以苏秦、张仪为代表的纵横家，在中国思想史上写下了浓墨重彩的篇章。秦汉以后，均田制及全面“汉化”的政策，从根本上改变了天下政治的格局和发展方向。隋唐以后的一些著名政治人物如柳宗元、司马光等，致力于社会改革与改良运动，为中华文明进程的延续提供了动力，也为后人留下深刻印记。

山西这块土地上留存着多姿多彩的文化遗产，是观瞻 5000 年中华文明的“金色名片”。目前，山西境内已发现各类不可移动文物 5 万余处，其中有五台山、平遥古城、云冈石窟 3 处蜚声中外的世界文化遗产。全国重点文物保护单位有 452 处，数量居全国第一。旧石器文化遗址有 464 处，早、中、晚期自成序列，为全国仅有。新石器时期各种文化类型在我省都有发现。最值得注意的是，全省现存各类古建筑共计 28000 余处，时代连续，品类齐全，全国仅有的四座唐代木结构建筑都在山西，元以前的木结构建筑占到全国存量的 75%左右，素有“中国古代建筑博物馆”之称。全省现存古壁画 24000 余平方米，彩塑 12000 余尊，素有“东方艺术博物馆”美誉。全省现存大小石窟石刻 1112 处，东汉以来各类碑碣 5 万多通，在全国占有重要地位。全省现存古民居、古城池 9300 余处，高平中庄村元代姬氏民居是我国现存最早的民居实例，襄汾丁村民居、灵石王家大院、祁县乔家大院、太谷曹家大院及定襄阎锡山旧居等，集中反映了我国明、清和民国时期北方民居的建筑艺术特色。全省现存历代长城 1400 多公里，涉及战国、汉、北魏、东魏、北齐、隋、宋、元、明、清等多个朝代，是我国保存长城朝代跨度最大的省份，其中东魏、北齐、隋、宋 4 个朝代的长城为我省独有，雁门关、宁武关、偏头关、娘子关、平型关等关隘至今仍回荡着战争的声响。全省现存革命旧址和纪念建筑1466处，武乡八路军总部旧址、五台白求恩模范病室旧址、晋绥边区政府旧址、平型关战役旧址、百团大战旧址等承载着抗战胜利的伟大记忆。经国家有关部门认定，山西有国家级历史文化名城6座、历史文化名镇8个、历史文化名村32个。四大梆子、民间歌舞、锣鼓艺术等国家级非物质文化遗产116项，国家舞台艺术精品工程8部，均居全国前茅。山西荣获中国戏剧大小梅花奖的演员有217位，在全国遥遥领先。文化产业蓬勃发展，山西文博会已成为在全国具有很高美誉度的知名展会。

山西从北到南，根据各地文化遗产的禀赋和特点，分为五大特色文化区：北部（大同、朔州、忻州）边塞佛教文化区，通过充满沧桑的边关、长城，见证中华民族融合的历史风云；透过享誉世界的云冈石窟、应县木塔、悬空寺、五台山，体悟博大而深邃的佛学文化。中部（太原、晋中）晋商文化区，通过闻名遐迩的乔家大院、王家大院、曹家大院、渠家大院、常家庄园等晋商大院展示晋商的辉煌；透过一间间店铺、一座座票号、一本本字据等实物遗存展示诚信的魅力。南部（临汾、运城）根祖文化区，通过西侯度、匼河、丁村、陶寺等重要考古遗址，领略文明源头的震撼；透过德孝天下的尧舜文化、义薄云天的关帝文化和荡气回肠的大槐树文化，品味华夏血脉的传承。中西部（吕梁山脉及沿黄地带）黄河民俗文化区，通过悠悠的临县碛口古渡、河津龙门古渡、芮城风陵渡、永济蒲津渡等古镇、古渡口，追溯逝去的华章；透过娓娓的民歌、民舞和民间技艺等非物质文化遗产，倾听历史的回声。东南部（长治、晋城及阳泉)太行生态文化区,通过王莽岭、太行大峡谷、皇城相府、沁河古堡、娘子关等自然人文景观,见证迷人的太行风光;透过女娲补天、精卫填海、后羿射日、愚公移山、神农尝百草等神话传说领略历史的变迁。也正是依托这些厚重绚丽的文化,山西逐渐形成了华夏之根、黄河之魂、佛教圣地、晋商家园、边塞风情、关公故里、古建瑰宝、太行神韵八大文化品牌,立体式、全景观地展现了华夏文明看山西深厚的文化内涵。

行走在三晋大地，你随时随地都能感受到山西悠久的历史、灿烂的文化,也能感受到山西人民淳厚善良、忠义仁勇、坚韧执着、乐于奉献的优秀品格与崇高精神。回顾并梳理山西的历史文化,可以从一个极为重要的角度了解中华文明及其对人类文明的伟大贡献,找回民族文化之根,延续优秀文化之脉,增强我们创建现代文明的自信心与自豪感；特别是弘扬源远流长的法治文化、博大精深的廉政文化、光耀千秋的红色文化,能使我们从中汲取强大的精神动力与无穷智慧,对我们展示山西形象,促进富民强省,建设小康社会,具有十分重要的现实意义。

是为序。

2016 年 5 月于太原

概　论

太原地处山西省中部，西、北、东三面环山，中、南部为河谷平原，整个地形北高南低呈簸箕形，区域轮廓略呈蝙蝠形，汾河自北向南横贯太原市全境。太原东有太行山阻隔，西有吕梁山作屏障，冬无严寒、夏无酷暑、春季温暖、秋季凉爽，四季分明且昼夜温差较大，尤其夏天温度适中，气候宜人，人称“清凉太原”。太原面积6988平方公里，下辖6区1市3县，2个国家级开发区、2个省级开发区。市区面积1460平方公里，建成区规划面积为330平方公里。全市常住人口429.89万人（截至2014年11月），有少数民族45个。

由于地处东亚大陆中西部黄土高原，太原具有典型温带大陆性气候的特征——春夏秋冬四季分明。与农耕文明关系密切的“二十四节气”，与太原的气候状况高度吻合。可以推断，长期生活在太原盆地的华夏族群部落，正是从自身所处的生活环境出发，为夏朝历法的修订与完善贡献了一份智慧结晶。

太原的年降雨量不算大，气候相对而言比较干爽，汾河和晋水是两支较大的河流。作为黄河第二大支流的汾河，从宁武县境内的管涔山奔流而下，纵贯太原全境，为整个流域的农业灌溉提供了丰沛的优质水源。而晋水，则培植出了闻名遐迩的晋祠水稻。

从空中鸟瞰依山傍河的太原，恰似悬于太行、吕梁两大山脉之间汾河边一颗璀璨的珍珠。由于拥有较为特殊的自然环境，使得太原自古以来就具有特殊的战略地位，发挥着独特的历史作用。首先，太原在历史上长期处于华夏文明核心区域半径之内，长期与中国政治核心区域的中原互为表里，互为依托，直接或间接影响着华夏政治中枢格局的演变。其次，太原地处山西黄土高原的中心地带，周围雄关险隘环绕，历来就是易守难攻、可进可退的军事要塞。再次，太原长期处于农耕文明与草原文明的过渡地带，两种文明导致两种不同的生产生活方式，上演了一幕幕民族冲突与融合的悲喜剧。这两种文明的互动，不同程度影响着中原王朝和北方游牧民族政权的兴替与治乱。

按照古汉语的解释，“太原”意即“大原”，古人应是以“太原”泛指汾河谷地的广大平原。直到春秋后期，“太原”才成为专属名词。从历史沿革看，无论秦汉时期的太原郡、太原国，还是明清时期的太原府，其地理范围一般都远大于今天的太原市。

太原地区曾是人类史前文明曙光初露的地方之一。很早以前，就有人在这块土地上劳动、生息、繁衍，土堂旧石器早期遗址、古交文化、义井文化、光社文化，台骀治水的传说，大禹与系舟山传说，夏商方国的遗迹，剪桐封唐的故事……述说着太原最早历史的萌发。

太原是一个古老的地区名称。远古的时候，太原曾经有过六个不同的名称，即晋、大卤、大原、大夏、夏墟、晋阳。其中地名“太原”的最早源头来自于“大原”二字的问世，即《诗经·小雅·六月》说：“薄伐猃狁，至于大原。”《尚书·禹贡》又载：“既修大原，至于岳阳。”《水经注》认为：“（太原）一地六名，其实同也。”唐《元和郡县图志》也载：“中国曰大原，夷狄曰大卤，其实一地也。”据专家考证，“太原”作为专用地名冠以今太原地区，起始于春秋时鲁昭公元年（前541），晋国击溃无终和群狄而占有了整个太原地区；其后晋国六卿之一的赵简子于鲁定公十三年（前497），在其领地依山临水、地势险要的汾河谷地，晋水北侧（今太原古城营一带）建成晋阳城。此后，赵氏家族藉此安全地经历了两次晋阳之战。战国末秦庄襄王三年（前247），秦国“初置太原郡”。之后，随着朝代兴亡陵替，太原建置沿革繁杂，名称多变化，治所几迁徙，辖区屡盈缩。

太原亦简称并，因历史上“并州刺史部”的设置而得名。汉初，熔周、秦两代建置之制于一炉，实行诸侯国与郡县并行制，治所在晋阳。汉武帝元封五年(前106)创置州刺史部，以监察郡、国，并州刺史部为全国十三州部之一，太原郡为其下辖九郡之首。西汉时太原郡下辖21县，东汉时太原郡由21县减为16县。建安十八年(213)并州并入冀州。曹魏黄初元年(220)复置并州，领太原等六郡，仍治晋阳。西晋沿用，中间改太原郡为太原国，辖县13个。北魏时太原史称“霸府”，北齐时“新置并州尚书省”，所属太原郡辖县七个。北周灭北齐后，新置并州“总管府”，所属太原郡仅辖县五个。隋唐以后亦有并州，然州府、郡县建置屡废举，地区屡有伸缩。隋开皇十年(590)改北齐晋阳县为太原县，是为太原称县之始。唐高祖武德元年(618)废太原郡复为并州总管府。武周天授元年(690)在并州设置北都，太原县、晋阳县和文水县并列为京县。唐玄宗开元十一年(723)，重置北都，并将并州改为太原府。天宝元年(742)，将北都改为北京。到宋太平兴国四年(979)，宋太宗赵光义有计划地隳毁晋阳城，并诏废并州太原府，废太原、晋阳二县，新置并州军事，在汾河东岸唐明镇建新城。嘉祐四年(1059)改名太原府，并州之名遂废。之后到金代，新置“太原河东军总管府”，以府辖县。元代则以路辖县、以省辖县，先后称太原路、冀宁路，辖区广大。明、清时置太原府，以府辖县。1912年民国政府实行省、县二级制，太原府制被革除。1927年新置“市”一级地方建置，正式建立太原市。后原有辖区屡经调整，直至上世纪末调整为现在的十个县区。

太原历史地理位置极为独特而险要，处于农耕文明和草原文明、汉民族文化和北方游牧民族文化的交汇地带，是一座有着数千年文明史和2500多年建城史的国家历史文化名城，历来为兵家必争之地。

太原，自古控带山河、肩背天下，物华天宝、人杰地灵，在历史发展进程中据有重要战略地位，扮演重要角色，在政治、经济、文化、军事、民族融合等诸多方面主导或影响山西乃至中国历史进程。

作为山西乃至中国北方地区重要的政治、经济、文化中心，曾经有九个独立王朝政权在太原建立国都或陪都，在中国古都史上赫赫有名。同时，太原还成为历朝历代所设郡、国、州、路、道、府、省的治所。

数千年的文明历史，造就了特殊多样、辉煌灿烂的文化，不仅成为太原人民的宝贵精神财富，而且是中华民族宝贵精神财富的重要组成部分。

穿越历史的时空，我们可以清楚地看到，太原的兴衰史，与中华民族的兴衰荣辱惊人的合拍，可以说古城太原是古老中国的一个缩影。

2500 多年前，晋国公卿赵鞅具备伟大战略眼光，任用董安于、尹铎筑造了晋阳城，不但城郭完，府库足，仓廪实，更获民心所向。太原，在后来的两次关键性兼并战争中成为赵氏家族坚固的根据地，并最终导致三家分晋的历史大事件，开创了赵国基业。

从此，在这块顽强的生命之土上，不断上演一幕幕波澜壮阔的战争与和平的历史悲喜剧。而伴随着它的，是骄傲、自豪、坚贞，是欢乐、血泪、惨痛，还有毁灭、新生、崛起……

一时间，金戈铁马烽烟四起，血泪与烈火相与辉映，赵襄子晋阳之战、南匈奴内迁、刘琨坚守晋阳、李光弼保卫太原、北汉困守晋阳、宋太宗隳毁晋阳城、宋金太原之战、金元太原之战……

一时间，盛世繁华造就名城，曾孕育诞生了中国封建社会中赫赫煌煌的盛唐王朝，唐尧故地、战国名城、太原故国、北朝霸府、大唐北都、中原北门、九边重镇、锦绣太原、晋商之都……“无端更渡桑干水，却望并州是故乡。”只要来过太原的人，都会深深地陶醉在其悠久的历史和灿烂的文化之中。

一时间，忠臣义士、英雄豪杰世代辈出，教子“忠臣不事二主”的狐突、“仁周三晋”的窦犨、士为知己者死的豫让、“明习外国事、勤劳数有功”的常惠、纵横北朝的部落酋长尔朱荣、开创“北齐霸府”的高欢、太原起义的李渊、太原公子李世民、“飞虎子”李克用、生于忧患死于安乐的“李天下”李存勖、一门忠烈的杨业、投汾殉职的太原守将王禀、卫城成仁的太原知府乌古论德升……铸就或坚贞或高岸的历史群像。

一时间，治世能臣拔萃出众，肇建晋阳的董安于、以“民心为保障”的尹铎、勇革寒食陋习的周举、乱世治并的良吏梁习、再造唐室之功臣狄仁杰、将相诗人令狐楚、“卧护北门”的裴度、明代三朝治世重臣的王琼、刚直不阿的“父子尚书”周瑄周经父子……持重挽危，饮誉于当时与后世。

一时间，世家大族发端繁衍，像太原王氏、太原温氏、太原阳曲郭氏、太原孙氏、太原张氏……尤其显耀于魏晋，成为历朝社会的中流砥柱。

一时间，近代实业非凡崛起，从太原火柴局、山西机器局成立到山西保矿运动，从修通正太铁路、同蒲铁路到西北实业公司，“近代山西民族资产阶级的楷模”刘笃敬、山西保晋矿务公司首任总经理渠本翘……曾经领袖三晋经济发展。

一时间，更有革命先驱开创新路，红色文化传统光耀千秋。辛亥革命太原新军首义、孙中山视察太原、抗日战争太原会战和傅作义守卫太原、高君宇创建山西党团组织、红军东征到太原、八路军太原办事处、牺盟会、山西新军、成成烽火、秘密交通线、太原解放、召开太原各界代表会议、太原法庭审判日本战犯……英雄的城市为中国革命胜利和中华人民共和国的成立做出了重大贡献。

……

无论怎样沧海桑田，无论如何历史变迁，太原，在中国重要的历史图卷上从未失去她浓重鲜明的光彩，在中华高伟的精神丰碑上从未少镌她深入耀眼的刻痕。

透过历史的烟云，我们看到，太原和她的人民，向来具有开基立业的创造精神、包容通达的开放胸襟、勇担重任的忧患意识、刚骨烈性的坚韧品格、忠贞信义的高尚人格、宽厚向善的仁爱情怀、卓越领先的人生境界……都在历史的长河中薪火相传，生生不息，而且发扬光大。

这是一笔弥足珍贵的精神财富，也是值得我们献上温情之敬意，并予深度开掘的文化宝藏。

当此致力于传承发展中华优秀传统文化、努力实现中华民族伟大复兴中国梦的重要历史时期，我们终于得以完成这本《三晋史话·太原卷》的撰述工作，于留存丰富的历史记忆，传承厚重的文化传统，弘扬宝贵的人文精神，或不无裨益。一卷在握，或有助于普及山西和太原的优秀历史文化，塑造山西和太原的新形象，提升山西和太原的文化影响力，亦将激发更多的人去了解山西、了解太原，热爱山西、热爱太原，进而投身建设山西、建设太原，创造更加美好的未来。伴随着中华民族伟大复兴的脚步，山西太原必将创造新的历史辉煌。

太原永祚寺双塔

目录

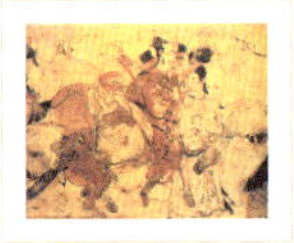

第三章　从太原郡到北朝霸府

（秦统一至魏晋南北朝时期）

第四章　从"一都之会"到大唐北都

（隋唐五代时期）

第五章 从中原北门到锦绣太原城

（宋辽金元时期）

第六章 从九边重镇到晋商之都

（明清时期）

第七章 近代化进程中的太原

（晚清民国时期）

第八章　太原的红色记忆

（五四运动至太原解放时期）

航拍太原晋祠舍利生生塔

第一章

文明初曙

（史前文明至夏商方国时期）

概述

世界上任何一个民族的神话都不能避免臆想与虚构的成分，有些甚至于光怪陆离、荒诞不经，但神话毕竟是蒙昧时代人类祖先早期生存状况的折射与反映。

有考古资料表明，早在 50 万年前，包括太原在内的汾河谷地已经有人类繁衍生息。从漫长的旧石器时代逐渐进化到新石器时代，生活在这一地区的人们创造了灿烂的石器文化和彩陶文化。考古发现的土堂遗址、古交遗址和义井文化、光社文化表明，太原曾是人类史前文明曙光初露的地方之一。

神话的夸张尺度与虚构色彩使人难以取信，传说时代的故事架构与人物塑造则比较接近于历史的真实——尽管传说中的人物可能还披着某些后神话时代的褴褛外衣，而我们依然能够透过斑驳的传说看到史前文明的大致影像。

中国的传说时代始于有熊部落酋长轩辕针对神农部落酋长炎帝和九黎部落酋长蚩尤发起的两次大规模的战争——阪泉之战和涿鹿之战。

这两场战争最终统一了黄河流域的核心地带，也确立了轩辕黄帝在中国史上最早的独尊地位，使他成为继神话时代的盘古之后，五千年来让华夏族群备加推崇的五帝之首。

五帝中排名第二位的是高阳部落酋长颛顼，据说他是黄帝的侄儿，号称玄帝。与之同时代的传说人物台骀，由于在太原一带治理汾水有功而受到玄帝的通令嘉奖。

唐尧和虞舜都名列五帝，并且都是从河汾流域成长起来的父系氏族社会晚期的部落领袖。不难想象，太原盆地很可能曾经留下过尧舜的足迹。在他们之后继承华夏部落联盟领导权的大禹，留下了“打开灵石口，空出晋阳湖”的传说，据称他独自划着一叶扁舟在汪洋波涛之中巡行，并在太原民间留下了系舟山的美好传说。

夏商周三个中原王朝相互衔接一脉相传，史学界习惯上称其为“三代”。相对于传说中的五帝时代而言，这一时期可以视为半信史时代，时间跨度大约为一千五百年。

夏商时期的方国与中央政府保持着松散的隶属关系，乃至方国势力常常在悄无声息中壮大自己的力量，最后向国君挑战，历史上把成汤灭夏、周武灭商合称为“汤武革命”。

土堂、古交旧石器早期遗址和义井文化、光社文化

在遥远的史前文明阶段，早期人类的活动已经遍布太原盆地的吕梁山东麓和汾河流域一带。考古工作者在这一地区不断发现的古人类遗骸和旧石器时代遗物，给我们勾勒出一幅太原地区早期人类社会活动的生动图景。

太原市东太堡出土陶斝

古人类学所谓的早期猿人和晚期猿人以及后来的直立人阶段，正好与考古学的旧石器时代初期相吻合，其绝对年代在距今大约二百万年至十万年前。最新的考古发掘和研究证明，太原地区人类的早期历史可以上溯到这一时期。到了旧石器时代中期，太原这块土地上有了更多的古人活动。

太原市东太堡出土陶豆

太原所在的黄河流域中段的汾河谷地，是我国石器文明较为发达和集中的地区之一。土堂旧石器早期遗址和古交的河口、长峪沟、后梁等旧石器文化遗存，以及太原市区的义井、

太原市东太堡出土陶鼎

太原市东太堡出土单耳罐

阎家沟、光社、东太堡等新石器文化遗存，都生动地揭示出太原早期史前文明的发展状况。有资料表明，早在五十万年前，太原汾河谷地已经有人类繁衍生息，成为史前文明曙光初露的地方。

土堂村遗址，是太原地区的一处旧石器时代早期遗址。该处遗址位于汾河右岸的黄土台地上。

土堂旧石器早期遗址出土的文物，把太原地区早期人类活动的起始时间，由原来的一万年左右前推至五十万年左右。

太原地处汾河南岸的古交小盆地，河流纵横。考古学家在20世纪50年代末和80年代后，先后在古交小盆地调查到多处旧石器地点，其中后梁、王家沟两处旧石器地点，属于旧石器时代早期。

考古工作者发现这一地区的石器器型风格粗犷，体形硕大，原材料以角页岩为主，也有少量的砂岩和板岩制品。调查显示，生活于这一时期的太原古人类，在长期的生产实践中积累了一整套制作石器的方法。如果按照加工方法、用途和形状来划分的话，既有砍砸器、刮削器，也有凿形器、尖状器等。古交遗址出土的石制器皿，数量较多，分布面积较广，石器性质和制作风格基本一致，属华北大型打制石器类型。

考古学家把陶器和农业的出现视为人类文明进入新石器时代的重要标志。汾河流域最具代表性的新石器时期文化遗存，主要是太原地区的光社遗址和义井遗址。

义井遗址属于仰韶文化晚期遗存，出土的彩陶具有很高的学术研究价值，在我国考古学领域占有极其重要的地位。由于第二期义井彩陶具有鲜明的地方风格，制作手法独具特色，代表了一种独特的地域文化特征，因此，被命名为“义井文化”。

太原市义井出土斜方格文彩陶罐

1954年，考古人员在太原北郊的光社村南发现了中国新石器文化的一个重要遗址。光社遗址出土了大批陶器、石器、骨器。陶器以鬲为主，石器有铲、斧、锛等，此外还有骨针、骨锥、骨凿等。特别引人关注的是一种蛋形三足瓮，它原本应该是一种盛贮器，而在一些地区也用作安葬儿童的葬具，可能是氏族社会的某种风俗习惯。

在太原的许坦、东太堡、狄村以及太原西北的娄烦县等地，都发现有光社文化时期的遗址和墓葬。光社文化与夏家店下层文化有某些相似处，有学者认为这两种文化应该交错分布于太原地区。同时，有专家指出，光社文化主要集中于山西东北部地区，但其影响非常广阔，甚至远及内蒙古河套和陕西省的东北部一带。从一定意义上讲，我们可以把光社文化视为龙山文化向北延伸的一个支脉，它一方面有自己独立的发展轨迹，另一方面又与中原主流文化系统一脉相承。

“汾水之神”台骀传说

台骀是传说中比大禹更早的治理水患的英雄。台骀治汾是具有鲜明山西地域特色的传奇故事。

《左传·昭公元年》记载，“台骀宣汾、洮，障大泽，以处太原”，但台骀这个名称是指一个传说中的人物。虽然民间流传有台骀降服黑龙的故事，但这已经是经后人反复编排加工的民间说唱艺术作品，然而通过对这个神话故事的分析，依然可以看到太原汾河流域早期先民们艰苦卓绝、奋发开拓的光辉足迹。

传说中的台骀是上古金天氏少昊的后代，所属部族很早就在汾河流域繁衍生息。据《左传》、《山海经》、《史记》、《水经注》等典籍记载，蛮荒时期的汾河流域，洪水滔天，泛滥成灾，被授为玄冥师（负责治水的官吏）的台骀为平水患，辗转于今天青海、甘肃、陕西、山西等广大地区，降伏水魔。后来，台骀终于使水归河道，造福人民。因为治水有功，台骀受到颛顼的嘉奖，被封为掌管汾河流域一带的地方官，并受到当地沈、黄、蓐、姒等国的祭祀。

少昊画像

台骀死后，被尊为汾河之神，又称台神。在山西省境内，台骀祠有多处，首推宁武县定河村的昌宁公冢庙。春

台骀塑像

秋时，郑国博学多才的政治家子产在探视晋平公疾病时，有感而发，称台骀为汾神。此后，不但历代帝王给台骀加封尊号，朝中达官贵人也常撰文题辞。唐代宰相令狐楚有《谢雨碑文》，金代名人贾益谦有《祈雨获应诗》，清代大学者徐继畬有《修建雷鸣寺记》碑文，均对台骀大加赞颂。

上古时期，汾河本来是由北往南，至三门峡注入黄河的。由于地壳频繁运动，中条山不断隆起，致使汾河下游河道中断，河水四溢，发生了汾水与洮河（今涑水）争道的现象，洮河排泄不畅，造成晋南大面积洪灾。正是在这样一个特殊的历史时期，"治水英雄"台骀应运而生。台骀的出现，不仅扮演了汾河流域苦难百姓的拯救者，而且成为人类发展过程中，通过智慧认识自然和改造自然的勇敢践行者的化身。

面对滔天洪水，经过艰苦细致的勘察测量，台骀在今侯马台神村一带汾河大拐弯处开凿出了新的河道，使南北流向的汾河开始依地势滚滚向西，与洮水分开水道，形成了今天的汾河水系分布格局。而附近的东台神和西台神二村，也成为汾河流域唯一一处以台神命名的村落。

台骀死后，其历史功德久久流传，人们立庙造碑，把他推崇为"雨神"和"雨师"。每逢农历五月十八日，汾河沿岸的许多地方都要举行传

晋祠台骀庙匾额

统庙会，百姓齐聚台骀庙，盛况空前，以此纪念这位“能御大灾，能抵大患，有功于民”的一代治水大师。后晋天福年间，台骀被追封为昌宁公，宋代又被追封为灵感元应公。

传说中的台骀活动在汾河流域，对山西有拓荒之勋、启蒙之恩、开化之惠，可谓“开发山西第一人”。台骀先于共工、鲧禹父子治水并取得巨大成功。在他的治理下，当地百姓安居乐业，繁衍后代，汾河流域成为一片适宜人类生息的沃土，并为其后的尧、舜、禹相继在汾河两岸建都（尧都平阳、舜都蒲坂、禹都安邑）奠定了先决条件，从而使古老的华夏文明薪火相传并发扬光大。

太原晋祠博物馆台骀庙有一副楹联，对“台骀治汾”做了高度概括

太原汾河景观

和评价：

统系出金天，障泽惟勤，三晋人民歌圣德；

谨猷在汾地，安澜普庆，一方保障赖神功。

尧城与清徐尧庙

据唐人李吉甫《元和郡县图志》记载，唐代太原城外有“尧城”，可见尧与太原有关涉的说法由来已久。

尧虽然是古史传说时代的五帝之一，但作为长期存在于中国历史典籍中的著名氏族领袖人物，应确有其人。有关他的生平事迹，在《诗

尧画像

经》、《左传》、《史记》、《汉书》、《水经注》等经典著述中，都可以寻找到蛛丝马迹。如果再把近年来各种考古发掘的最新信息归纳起来，我们大体上可以勾勒出这位著名氏族领袖的“草图”。

尧，本姓伊祁，名叫放勋。尧最早的封地在古唐国，而他所领导的部族应该是黄河流域众多部族中比较强大的一支。他们以长期从事烧制陶器用品并拥有先进的制陶技术而闻名于大河上下，后来逐步发展成为一个人口繁盛的部族联盟——陶唐氏。

据说尧曾派专业人员观测日月星辰，在采集到大量数据信息的基础上，亲自主持制定了太阴历法，并计算出一年 365 天的差数，从而创立了闰月制度。

凭借相对先进的制陶工艺技术，尧带领陶唐氏迅速完成了氏族社会阶段的“华丽转身”，成为华夏民族第一次大融合时期的领跑者。这个时期的陶唐氏应该还没有完全实现由游牧渔猎方式到定居农耕方式的过渡，阶段性的流动迁徙仍是生产生活中不可避免的主旋律。

那个时代，陶器用品对于人们的生活而言，已经是必不可少的需求，因此，围绕制作陶器的部族聚居地而发生的商品交换行为越来越频繁，从而刺激了当地人口的不断增长。

汾河是吕梁山与太行山之间最大的一条河流，它既为制陶产业和人口聚居地的发展提供了充足的水源，又为人们的交通贸易往来提供了便利，尧部落极有可能曾逡巡于汾河之滨最开阔、最平坦的地方——太原。

清徐尧庙

《左传·定公四年》记载，“命以唐诰而封于夏墟”。杜预为其作注说：“大夏，今太原晋阳也。”《太平御览》引皇甫谧《帝王世纪》称：“禹自安邑都晋阳，至桀徙都安邑。”

据考古发现，尧曾建都于今襄汾的陶寺。但历史上也有尧曾活动于太原、晋中一带的说法。

相传位于今太原市清徐县东南16公里处的尧城村，是尧帝最早立国建都的地方，后世因水患迁都落脚于平阳（今临汾）。村里有一座尧庙，据说是在尧“宫室”遗址之上建造的，但始建年代不详，后在元朝至正年间重建，明朝正统年间重修。尧庙是一座四合院建筑，前有牌楼，侧有配殿，后有大殿。现存大殿叫尧王殿，重檐歇山顶，通宽五间，边长14米，高12米，四周围廊。殿内无柱，无天花板，无梁架结构，都以檐顶斗拱向里伸出，重叠五层，形成庞大的木构斗拱式藻井，既可以将上层的梁架隐蔽起来，又可以作为神像的宝盖，设计十分巧妙，极富装饰趣味，在古建筑史上有重大价值，故称“无梁殿”。据说，慈禧与光绪帝庚子西逃时，曾在此驻跸，还到帝尧像前顶礼膜拜。

大禹治汾与系舟山传说

尧老后，不以天子之位为私有，传贤不传子，把最高首领的位置禅让给以孝闻名的舜，开创了“禅让”这种一直受到儒家赞美的权力更替制度。当然也有其他的说法。舜之后是禹，也经禅让制取得最高统治权。大禹本姓姒，名文命。大禹与舜一样，都具有高尚的品质和卓越的领导才能。

大禹是华夏族祖先黄帝家族直系后裔，祖父是五帝之一的颛顼，父亲姒鲧是尧帝时代最著名的水利专家之一。

姒鲧时，黄河流域及其支流汾河、渭河流域连年洪水滔天，致使天下百姓流离失所，尧帝为此忧心如焚。

尧帝连续否决了两位呼声很高的候选人——丹朱和共工，最后决定起用一位同样存在争议的水利专家——鲧。

鲧临危受命，挑起了领导全国抗洪救灾的重任。他一直采用筑坝拦堵的方式来解决河水泛滥问题，然而收效甚微。在长达九年的时间里，虽然他辛苦奔波于大河上下，但包括汾河流域在内的黄河中下游地区的水患却未得到根本性解决。

华夏部落联盟（四岳）敦促尧帝向鲧追究。年事已高的尧帝决定让来自汾河下游的舜摄

大禹画像

行天子之政。

舜做事雷厉风行，在羽山（今山东临沂）诛杀了治水不力的鲧。

鲧死后，谁能接替他主持全国治理水患的繁重工作？华夏部落联盟推荐了一位青年水利专家——大禹。

事实上，舜对于这位青年才俊一点都不陌生，他不仅知道大禹正是姒鲧的儿子姒文命，而且还知道这个青年人有胆有识，曾经追随父亲治理水患，足迹踏遍了黄河、汾水、渭水两岸的每一寸土地，积累了丰富的治水经验。

舜任命大禹担任司空一职，授予他主持领导全国各类大型土木工程的权力。

为了彻底根绝中原水患，大禹埋头苦干了整整十三年，中间三过家门而不入。大禹在总结父亲失败教训的基础上，采取了疏导的方法。他首先凿开“壶口”，然后又分别治理疏通“太原”到“太岳山”汾河中下游的河床，从而在山西民间留下了“打开灵石口，空

晚清太原府守护汾河的铜麒麟

出晋阳湖”的传说。

传说在大禹治水之前，汾河里有黑龙肆虐，日后被尊为汾水之神的台骀为民除害杀了黑龙，黑龙的尸体化作太原西侧绵延的山脉。大禹治水时曾在此山的山巅上系过舟，因此，这座山日后就被称为系舟山。

系舟山位于阳曲县城东北 20 公里，是汾河与滹沱河的分水岭。主峰尖山是阳曲、忻州忻府区、定襄三县区的分界线，海拔 2101 米。系舟山系包括 69 个山梁。据《读史方舆纪要》载，传说大禹治水时曾在此系舟，故名系舟山。山上有崖若环轴，名系舟崑，其形如环，多悬于崖顶。清光绪《山西通志》引《灵山记》说，山上有系舟的铜环铁轴。

夏商方国与文化遗迹

夏启画像

作为夏部落首领的禹，在治水成功后，个人的影响力不断扩大，到最后舜就把天子之位禅让给他。禹死后，禅让制没能继续下去，禹的儿子启接替他的天子之位，并建立我国历史上第一个奴隶制国家——夏。

夏朝历经大约四百七十年历史，到了最后一个君主，叫桀。他是一个不顾人民死活的人。商部族的首领汤，便利用夏民恨桀的心理，发兵推翻了夏王朝，建立了商王朝，完成了中国历史上的第一次朝代更替。

太原地区的夏商文化遗存主要分布在东太堡、狄村、许坦等地。1953 年，考古人员在东太堡村发掘了一处灰坑遗址，同年在当地还出土了骨器、石斧、单耳陶杯、陶罐等。2003 年，在汾河二库移民工程的考古发掘中，考古人员在尖草坪区的西张村发现了夏商文化遗存。

从对夏商文化遗址出土的陶器、青铜器比较分析中，可以明显地看出夏商文化与前面讲的光社文化的联系，并且这种联系可以从历史学的角度得到更确切的解释。

许多学者认为，光社文化分布区域内有甲骨文中的土方、鬼方等方国名，有人则明确地将李家崖文化称为鬼方文化。另有历史学家认为，从夏商到周代的青铜器（包括光社文

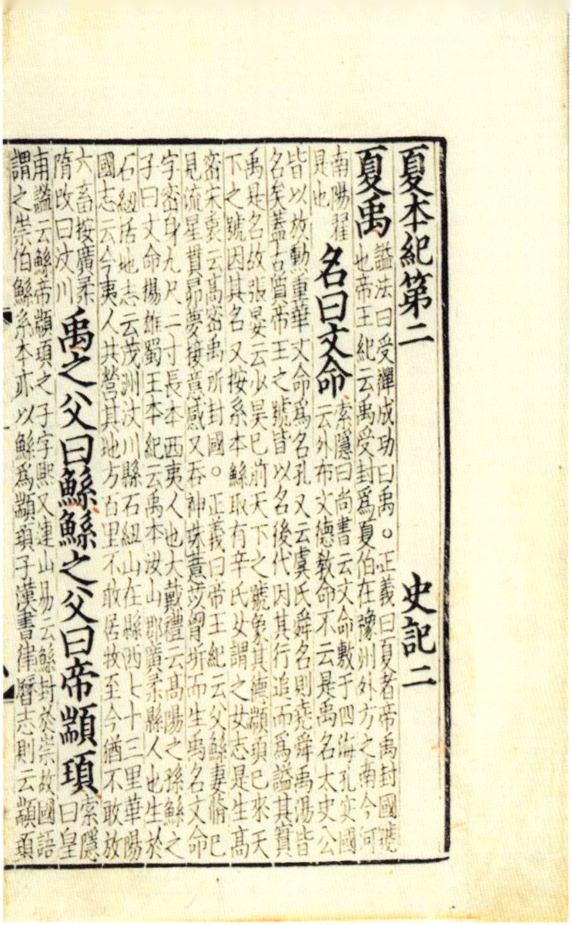

夏本紀第二　史記二

夏禹 諡法曰受禪成功曰禹。正義曰夏者帝禹封國號也帝王紀云禹受封爲夏伯在豫州外方之南今河南陽翟是也 名曰文命 索隱曰尚書云文命敷于四海孔安國云外布文德教命不云是禹名太史公皆以放勳重華文命爲名孔又云虞氏舜名則堯舜禹湯皆名矣蓋古質帝王之號皆以名後代因其行追而爲謚其實禹是名故張晏云少昊已前天下之號象其德顓頊已來天下之號因其名又按系本鯀取有辛氏女謂之女志是生高密宋衷云高密禹所封國。正義曰帝王紀云父鯀妻脩己見流星貫昴夢接意感又吞神珠薏苡胸坼而生禹名文命字密身九尺二寸長本西夷人也大戴禮云高陽之孫鯀之子曰文命揚雄蜀王本紀云禹本汶山郡廣柔縣人也生於石紐括地志云茂州汶川縣石紐山在縣西七十三里華陽國志云今夷人共營其地方百里不敢居牧至今猶不敢放六畜按廣柔隋改曰汶川 禹之父曰鯀鯀之父曰帝顓頊 索隱曰皇甫謐云鯀帝顓頊之子字熙又連山易云鯀封於崇故國語謂之崇伯鯀系本亦以鯀爲顓頊子漢書律曆志則云顓頊

《史记·夏本纪》书影

把人当坐骑的夏桀

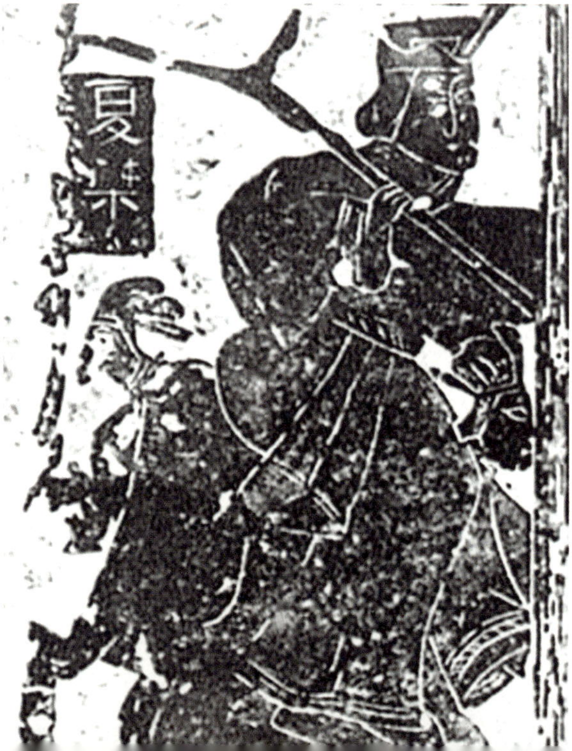

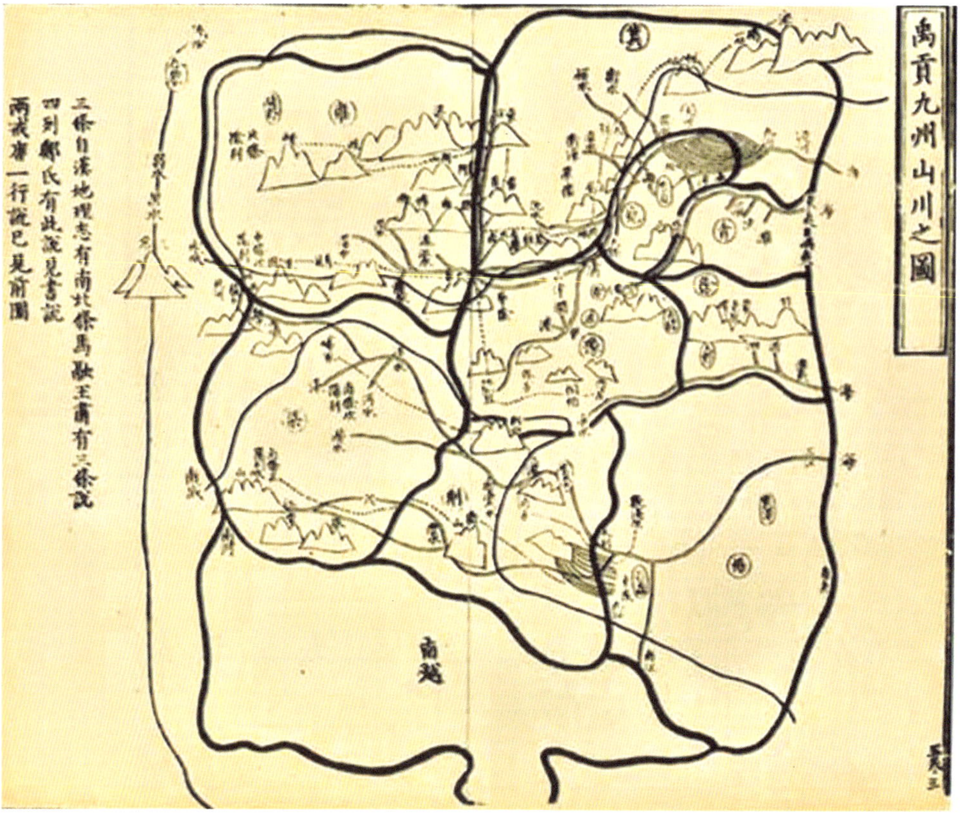

禹贡九州山川之图

化青铜器）,应该属于戎狄族系的文化遗物。

舜帝时期，夏朝的始祖禹、商朝的始祖契和周朝的始祖弃同朝为臣,三人所属的部落(方国)也是同时存在的。当夏朝衰弱后,作为方国的商部落就取而代之。而当商朝败落时，作为方国的周部落又取而代之。由此可见,夏商方国对待中央政府的态度一般都具有两面性,中央政府强大时,方国便是维护国家稳定的可靠基石;中央政府衰弱时,方国则成为推动社会变革乃至改朝换代的主要能量。

第二章

从晋阳建城到三家分晋

（西周至战国时期）

概述

周朝初年，开创了分封建国的宗法制的国家体制。正是在此背景下，周武王之子叔虞被他哥哥成王派遣到刚刚平定的古唐国之地，成为代表周天子世袭统治汾河流域广大地区的最高首领。到叔虞子燮父统治的时候，就变唐为“晋”，晋国从此诞生。

而赵氏一族自叔带入晋开始，整个家族的命运就与晋国历史紧紧地联系在一起。

赵氏入晋伊始，就遇上了春秋初期最重大的一起政治事件，史称“曲沃代翼”。儒家所谓的“礼崩乐坏”时代由此开始。幸运的是赵氏乃曲沃集团的人。《史记·赵世家》记载，“自叔带以下，赵宗益兴，五世而至赵夙”，公元前661年晋献公领兵讨伐霍、魏、耿时，“赵夙为将伐霍”。三国被灭掉后，赵夙被任命为大夫，并得到了在晋国的第一个采邑“耿”。赵夙成功地为赵氏家族的发展奠定了基石。

赵夙的弟弟是赵衰。赵衰很有政治远见。他跟随晋公子重耳在外流亡了十九年，历尽艰辛。重耳能顺利回国即位并最终称霸春秋，赵衰功不可没。还有一点值得一提，赵衰与重耳的关系十分亲密。赵衰不仅是“从亡”时期重耳最重要的五个亲信之一，而且他们还是亲戚。在狄期间，重耳和赵衰分别娶了廧咎如之女季隗、叔隗，二人由此成为连襟。

公元前629年，晋文公任命赵衰为新上军将，赵衰进入卿列。在当时晋国的五军十卿中列第七位。赵衰不仅奠定了赵氏在晋国的地位，且有余荫泽被后人，为后来其子赵盾执掌晋国国政打下了基础。赵盾从政的起点非常高，步入晋国政坛之初就是中军帅。在赵盾手上赵氏家族达到鼎盛，卿权甚至威胁到了君权。

所谓福祸相依、物极必反。赵氏在如日中天的时候却发生内乱，又为人所乘，几近灭族。与其他诸侯国相比，晋侯薄情少恩。以鲁国的世族为例，无论内乱到如何程度，都很少有被灭族的。“下宫之难”中，赵氏则几乎被斩草除根。所幸程婴、公孙杵臼瞒天过海救下了赵氏孤儿——赵武，赵氏一脉才得以延续。赵氏能复兴，是晋国世族中的孤例。赵武成年后，借助赵衰、赵盾等先辈的余荫，以及韩氏家族的相助，重新回到晋国的政治舞台上。

赵武时期，赵氏家族重新跻身于六卿行列，并渐有超越之势。赵武之后，赵鞅（即赵简子）把赵氏家族推向了一个更高的发展平台。借鉴晋国一直以来向北方戎狄地区开疆拓土的成功经验，赵简子避开诸卿的纷争，在晋阳建城，为赵氏打造新的政治中心和军事保障基地；与代国通婚，为夺取代地埋下伏笔。

赵简子死后，其子赵毋恤（即赵襄子）继位。作为赵简子精心挑选的接班人，赵襄子深谙其父的战略意图，丧服未除，就先诱杀姐夫代王，夺取代地。公元前453年，晋阳之战爆发。战争极其艰苦，最终赵襄子联合被知伯胁迫而来的韩、魏两家，绝地反击，战胜知伯，最终造成三家分晋局面，成为中国历史上的标志性事件。

唐叔虞的传说

晋国始祖叔虞，是周武王之子，周成王之弟。西周初年，他被周成王封于古唐国，故又被称为唐叔虞。后来他的儿子燮父建都于晋水之旁，就改国号为晋。据《史记正义》注解："《括地志》云：'故唐城在晋阳县北

晋祠圣母殿

二里。'”

自唐叔虞之后，父子相继，历晋侯燮父、武侯宁族、成侯服人、厉侯福、靖侯宜臼，但这几代记载缺失，没有年代和史事可据。晋靖侯十七年即周厉王三十七年(前842)发生国人暴动，周厉王逃奔于彘(今山西霍州)。第二年开始“共和行政”，史称共和元年，这是中国有明确纪年的开始，也是晋国有确切纪年的开始。

唐叔虞画像

围绕叔虞封唐的问题，史学界长期存在争议。一是如何看待叔虞出世的传说？二是“桐叶封弟”的故事是否可信？

叔虞出生的传说见于《史记·晋世家》。史载：“初，武王与叔虞母会时，梦天谓武王曰：‘余命汝生子，名虞，余与之唐。’及生子，文在其手曰‘虞’，故遂因命之曰虞。”据《史记集解》解释，叔虞的生母，乃是周武王的正妻，姜太公的女儿邑姜。后人修建晋祠，还专门为她造了一座圣母殿。

毫无疑问，这是一个神话，在中国的古代典籍中十分常见，从《尚书》、《诗经》到二十四史多有所载。其目的无非是要神化帝王及其后人，以使其权力来源更具合理性。

关于叔虞封唐的问题，历代学者已有不少考辨文字。“桐叶封弟”最早见于《吕氏春秋·重言》：“成王与唐叔虞燕居，援桐叶以为珪，而授唐叔虞曰：‘余以此封汝。’叔虞喜，以告周公。周公以请曰：‘天子其封虞

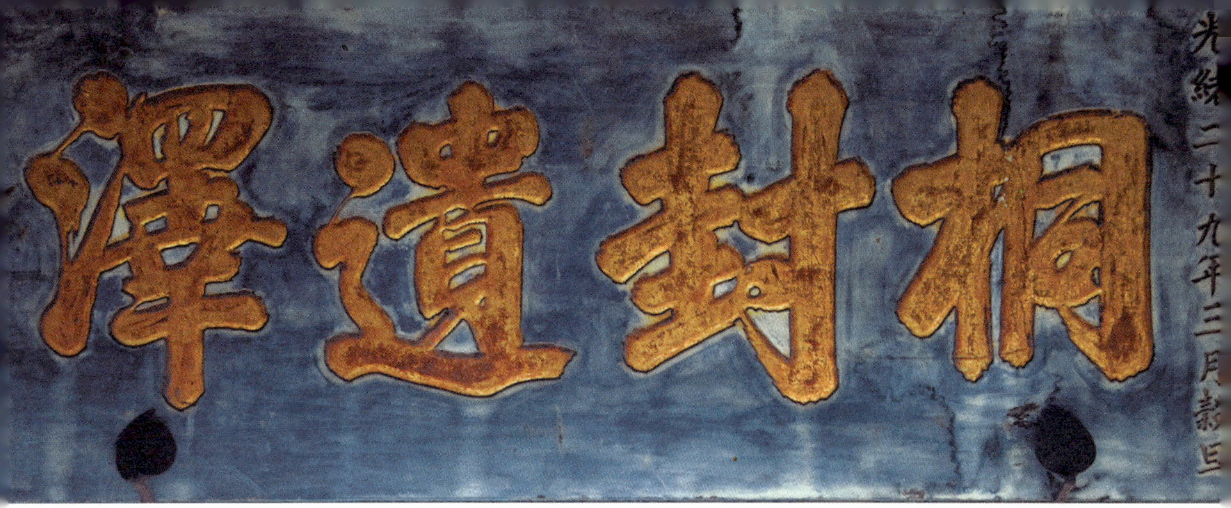

晋祠圣母殿牌匾

邪?’成王曰:‘余一人与虞戏也。’周公对曰:‘臣闻之,天子无戏言,天子言则史书之,工诵之,士称之。’于是封叔虞于晋。”此说亦见于司马迁《史记·晋世家》和刘向《说苑·君道》。

《史记·晋世家》与《吕氏春秋·重言》所记因叔虞母一梦而得封与桐叶封弟的故事,以解梦之说与儿童之戏解释周初大分封之事,显系小说家之言。围绕“桐叶封弟”的争议颇多,较具说服力的是张颔先生从古文字角度所作的解释。他认为,金文中的“桐”字与“唐”字读音相近,剪桐之说可能为剪唐之误。若依此说,周成王在剪除旧唐国之后,将其弟叔虞分封于此,倒是合乎情理的。

武王克殷之后,为确保周朝的统治,首次分封诸侯,所封对象有三类:一是古帝王之后,如黄帝、尧、舜、禹的后裔;二是姬姓宗室及功臣,如齐、鲁、燕等国;三是殷商后裔,其目的是安抚殷商遗民。武王对殷遗民很不放心,就派他的两个兄弟管叔鲜和蔡叔度对殷纣王之子武庚加以监视。后来管、蔡二叔因怀疑周公有不轨之举而与武庚联合,造成“三监之乱”。旧唐国正是三监之乱的参与者之一。

谭其骧先生主编的《中国历史地图集·商时期全图》中,旧唐国的标注地就在今天太原市区西南附近。由此可见,唐是商王朝的属国或封地。周王朝建立后,在周朝所辖的周边地区尚有戎狄势力,还有与周交错杂处的其他部族,它们对新建立的宗周政权依然具有威胁。武庚叛乱,迫使周公东征,这是对殷商残余势力的一次大扫荡,尽管遭到殷人的顽强抵抗,但最终周公还是镇压了武庚的复辟活动,而且顺势彻底征服了旧唐国。此刻,西周迫切需要一个强有力的政治、军事领袖治理这一方土地，叔虞正是被周公看中的比较合适的人选。可见，“叔虞封唐”绝非剪桐儿戏。从宗法观念讲，叔虞作为武王子、成王弟，理所当封。

那么，叔虞所封的唐究竟在什么地方呢？史家较一致的意见是在今山西境内，但究竟是在太原附近还是在晋南的翼城、绛县一带，却存在分歧。

《左传·昭公元年》说：“迁实沈于大夏，主参，唐人是因，以服事夏、商。”杜预注以为大夏在今太原。服虔则认为大夏在汾浍之间，即今山西翼城、隰县、吉县一带。

《史记正义》两处引《括地志》，其一说为“故唐城在绛州翼城县西二十里，即尧裔子所封”，另一说为“故唐城在并州晋阳县北二里”。如果所引资料无误，这个以唐命名的地方在山西就有两处，一处在太原，一处在翼城。

另据《逸周书·王会篇》记载，有“北唐戎”在太原一带居息。《古本竹书纪年辑校订补》引《穆天子传》以及《史记集解·秦本纪》说，周穆王时

唐叔虞塑像

"北唐之君来见以一骊马，是生绿耳"。这是唐国在今太原说的重要出处。

叔虞封唐之后，新唐国对旧唐遗民采取的是怀柔政策，这在周初分封中不乏例证。叔虞封唐依然沿用唐的称号就可能是为得到旧唐遗民的认可与信赖。《左传·昭公元年》叙述唐国事说："其季世曰唐叔虞。"或许成王之弟叔虞的名字是在他分封到唐后，为使唐遗民在心理上适应新的统治而沿用了旧唐国君的名字，即唐叔虞可能是旧唐国中有声望的首领名字。同时，成王命叔虞要"启以夏政，疆以戎索"。夏政，即夏朝的政事。成王要叔虞用夏朝的政策、管理方法和旧唐遗民的旧俗制度处理事情，以适应周初不稳定的政治形势。

随着宗周统治的不断稳固，唐国政治形势好转。到叔虞之子燮父的时候，就不再沿用唐的称号，而改为"晋"。

狐突与忠文化

狐姓是姬姓的一支，有说是周平王之子王子狐之后，以名为氏；也有说是唐叔虞之后，世为晋卿。总之，狐姓出身高贵，与晋侯同出一脉。狐突的两个女儿嫁给了晋献公，其中大女儿生公子重耳，小女儿生公子夷吾。狐突是晋国两代国君的外祖父，其中一位是大名鼎鼎的晋文公重耳。

据《元和姓纂》记载，狐氏"居于戎"。戎地在今山西省交城县。狐爷（偃）山分属交城、古交，是两地的界山。

太原市清徐县马鞍山麓西马峪村的狐突庙，始建于北宋，主体建筑大多具有宋代和明清建筑特征，是2006年国务院公布的第六批全国重点文物保护单位。庙中供奉着春秋时期晋国大夫狐突塑像。在山西境内，对狐突的祭祀比较广泛，太原市的古交、娄烦、清徐等地都有狐突庙。

狐突庙碑文称狐突："生则忠于君，没犹庇其民，聪明正直而为神。"

春秋时期，晋献公的宠妾骊姬想要废掉太子申生，让自己的儿子奚

清徐狐突庙狐突夫妇坐像(元)

齐继承君位,于是屡次设计陷害太子申生。在骊姬以前,晋献公已有八个儿子,其中太子申生和公子重耳、夷吾三人才能出众。太子是国之储君,储君是国之根本,而公子重耳、夷吾是狐突的亲外孙。这是一个两难的选择。作为太子太傅,狐突义无反顾选择效忠太子、辅佐太子。不久,骊姬在晋献公面前说申生的坏话,申生被调出了国都。申生被驱赶到曲沃,狐突就追随申生赴曲沃。在狐突的辅佐下,申生表现得非常出色。

公元前 656 年,骊姬唆使晋献公命太子伐东山皋落氏,希望借皋落氏之手除掉太子。按制,太子作为国家储君是不应带兵出征的。狐突看出晋献公在骊姬的不断挑拨下已经起意要废掉太子,申生处境十分危

险，于是劝说太子逃离晋国。但申生认为为了名誉也得出兵作战。虽然狐突的建议没有被采纳，但太子做出了决定，狐突就坚决执行。狐突不顾年迈，亲自上阵，为太子申生驾驭戎车，贴身守护太子。此一战申生大获全胜。返国后，国内谣言四起，对太子申生十分不利。狐突是个有大智慧的人，善深谋，敏锐的政治嗅觉使他意识到太子申生即将大难临头。但申生是至忠至孝之人，一丝一毫都不愿违背父亲的意愿，甘愿引颈就戮，最终被逼自杀。面对申生，狐突倍感无力，只能选择闭门谢客，辞官隐居，拒绝与骊姬合作。

申生自杀后，骊姬欲嫁祸公子重耳。狐突派长子狐毛、次子狐偃保护重耳星夜出逃。晋献公死后，晋国国内大乱。骊姬的儿子奚齐即位后被大臣里克杀死。接着夷吾回国继位，是为晋惠公。晋惠公去世后，其子子圉即位，就是晋怀公。这个时候，重耳还在外流亡。晋怀公知道自己在晋国的根基不稳，而重耳有贤名，拥护者众多。为了消除重耳对自己君位的潜在威胁，他命令当年追随重耳逃亡在外的人员如期回归，逾期不归，诛灭其全家。狐突的两个儿子狐毛、狐偃此时跟随重耳在秦国，不肯受召回国。于是晋怀公把狐突抓了起来，让他把儿子们叫回来。狐突慷慨答道："子之能仕，父教之忠，古之制也。策名、委质，贰乃辟也。今臣之子，名在重耳，有年数矣。若又召之，教之贰也。父教子贰，何以事君？刑之不滥，君之明也，臣之愿也。淫刑以逞，谁则无罪？臣闻命矣。"狐突最后被晋怀公所杀，但狐突"教子不二"、舍身为忠的故事一代又一代地流传了下来。

追随在公子重耳身边的人都具辅国之才，但助重耳返国继位功劳最大的无疑是狐偃。作为晋文公首要谋臣，狐偃才能卓越，史称"文公以舅犯霸"。作为臣子，狐偃的德就是忠：忠于君主、忠于职守、忠于本心。狐偃在重耳流亡的十九年间，始终陪伴其左右。他审时度势，帮助重耳选择出亡的国家，并根据形势需要及时做出调整，竭尽全力帮助重耳度过一次次难关；他心怀赤诚，一心为主，甚至不惜冒犯重耳也要谏言谏行。

重耳回国后，创建三军。三军以中军最为尊贵，其次为上军，再次为下军。文公任命狐偃为上军主帅，狐偃让给了哥哥狐毛。因为狐毛的年龄大，资历也老，狐偃愿意去辅佐哥哥。狐毛死后，先轸的儿子先且居为

晋文公复国图卷

上军主帅，狐偃继续辅佐他。先轸并不是从亡人员，但其父子二人“并将中军、上军两世，而狐（偃）、赵（衰）为之佐，先氏偃然列其上而不疑，狐、赵泰然处其下而不忌”。这种不怀私、不计名利得失，一心为公的情怀正是狐偃对忠的完美诠释。

因感念狐突的忠诚，晋文公将狐突葬在狐氏封地晋阳马鞍山，即现在的古交市狐偃山，并立祠祀之。马鞍山也改名为“狐突山”，百姓敬为“狐爷山”。从狐突到狐毛、狐偃，“忠”已经从抽象的宣扬变成鲜活的事迹；从精神层面落到实例印证；从个人的坚持践行到家族的传承。狐突所信仰、所坚持的“忠”在晋国传扬，并长久地影响着后世。在北宋，狐突被封为“忠惠侯”，以后历朝不断宣扬、强化狐突的“忠”形象，狐突也由人转神，影响越来越大、越来越深远。因此，有专家把狐偃山认定为“忠”文化的发祥地。

窦大夫开渠利民

窦犨，字鸣犊。在历史上，窦犨的名字是和孔子联系在一起的。史载，孔子把窦犨引为同道，因“讳伤其类”而“回车”，最终“不至晋”，与晋国擦肩而过。

孔子周游列国图

在孔子看来，春秋末期是个“礼崩乐坏”的时代。他主张“克己复礼”，希望天下恢复“礼乐征伐自天子出”的旧有统治秩序，目的是要“强公室”。自鲁定公十三年（前 497）春离开鲁国到鲁哀公十一年（前 484）

归来，孔子用了长达十四年的时间，先后到卫、陈、曹、宋、郑、蔡、楚等国，宣传其政治主张，希望把混乱的社会等级秩序重新匡正，使之符合“君君、臣臣、父父、子子”的要求。

春秋时期，周室衰微，诸侯纷争，卿大夫专权。晋国的“曲沃代翼”，小宗取代大宗，破坏了周代的分封制度。这种僭越甚至得到了周王室的承认。于是“曲沃代翼”拉开了“礼崩乐坏”的时代大幕。窦犨与孔子的政治主张是一致的，都反对僭越，致力于维护旧有的统治秩序。晋国最具实力的卿大夫赵简子更是雄心勃勃，“赵名晋卿，实专晋权，奉邑侔于(相当于)诸侯。”窦犨和赵简子的关系可以用孔子的一段话来概括：“窦鸣犊、舜华，晋国之贤大夫。赵简子未得志之时，须此两人而后从政；及其已得志，杀之乃从政”。随着晋国范氏、中行氏的灭亡，赵氏的势力日渐强大，目标就是要“必得晋国”。这是窦犨所反对的。窦犨曾委婉地劝诫赵简子“夫范、中行氏不恤庶难，欲擅晋国，今其子孙将耕于齐”。他暗示赵简子，范氏、中行氏因为“欲擅晋国”的僭越之举，结果他们的子孙都从贵族沦落成了种田的农民。他借此表明立场，支持公室，反对僭越，反对卿大夫专权。同时也警告赵简子，违“礼”就会得到惩罚。最终，赵简子欲分晋国，故先杀窦鸣犊。

赵简子杀窦犨，让孔子“讳伤其类”。“丘闻之也，刳胎杀夭则麒麟不至郊，竭泽涸渔则蛟龙不合阴阳，覆巢毁卵则凤皇不翔。何则？君子讳伤其类也。夫鸟兽之于不义也，尚知辟之，而况乎丘哉！”看着黄河对岸的晋国，孔子“临河而叹曰：‘美哉水，洋洋乎！丘之不济此，命也夫！’”孔子回车黯然离去。返回鲁国陬乡后，孔子作琴曲《陬操》来哀悼窦大夫。

在窦氏封邑狼孟(今天的阳曲县一带)，窦犨曾效其祖上开渠引水灌溉农田。后人修建祠堂纪念窦大夫开渠利民的事迹。太原市尖草坪区上兰街道办事处辖区内有座窦大夫祠，现存建筑为元代所建，是 2001 年 6 月国务院公布的第五批全国重点文物保护单位。祠堂内供奉的就是被孔子称为晋国贤大夫的窦犨。祠内有楹联：“太行峰巅，孔圣为谁留辙迹；烈石山下，晋贤遗泽及苍生。”说的就是孔子和窦犨惺惺相惜的这段典故。祠内的献殿高悬三块匾额，分别为“泽被苍生”、“灵济汾源”、“仁周三晋”。祠内现保存有“英济侯感应记”碑一通，为金大定二年(1162)勒石，碑文由阳曲县令史纯撰文，距今八百余年，是窦大夫祠内

窦大夫祠

所存石碑中历史最悠久的一通古碑。此碑在元代失落，后于清嘉庆二十二年(1817)由上兰村学儒苗千宝将此碑文前半部分抄书刻石，名曰“英济侯庙碑记”。碑文有曰：“窦公贤大夫也，生而德及于民，殁则康济于物。”在上兰地区，除了烈石口的窦大夫祠，西留庄也有窦大夫祠，东留庄则为烈石庙。

窦犨开渠利民之举，利在千秋。清道光《阳曲县志》称：“三晋地瘠山多，风高天冷，十年中旱常八九”，“故水利一事在四海为首务，在三晋为急务”。汾河出兰村峡谷，在烈石口有泉水汇入。这几股泉水，古称为寒泉。窦犨把烈石寒泉引出，灌溉附近农田。有专家考证今天的横渠村即是因此得名。经过千百年的传诵，人们所爱戴的窦犨渐渐被神化，成神后的窦犨保佑着一方风调雨顺。从窦大夫祠碑文可以看出，当山西有旱灾时，地方最高官员都会来此祈雨。与那些于史无证的荒诞鬼神不同，窦大夫祠得到了官方的高度认可和重视。“英济侯”就是宋大观元年(1107)宋徽宗加封窦犨的。除了传说中的灵验，大约是窦犨的贤人身份，让士大夫们更有认同感，接受起来相对要容易些。于谦谓之“神之遗烈，载在信史”。窦犨之功泽被后世，令人仰止。

赵简子肇建晋阳

晋阳是我国历史上一座极其重要的城池。它的创建者是春秋晚期威名赫赫的赵鞅（史称赵简子）。春秋末期，晋国六卿强，公室卑。卿大夫们为了巩固和扩展自己的势力，相互展开激烈的兼并斗争。在人口密集的晋国统治中心和“南阳”地区，晋国六卿的兼并斗争已趋白热化，一卿欲拓展势力范围，必然会牵扯到其他卿族，引发新的矛盾和争斗。于是赵简子欲远离晋国都城新田（今侯马），建立自己的根据地和新的政治中心。赵氏的领地范围相当广，赵武复位后，领有绛（今绛县）、耿（今河津）、原（今原平）、楼（今永和）和晋阳（今太原）等地。经过深思熟虑，赵简子将赵氏未来的政治中心确定在晋阳。相对于晋国都城及赵氏主要封地来说，晋阳无疑是偏北方的。与晋南地区相比，赵氏在此处开疆拓土的阻力要小得多，但晋阳战略地位重要，发展空间广阔。明末清初军事地理学家顾祖禹在其著《读史方舆纪要》中称誉太原的地理形势：“拊天下之背而扼其喉也。”这一带农牧业、冶炼业也比较发达。因此晋阳虽远，但不荒凉。

主持建筑晋阳城的是赵简子的家臣董安于和尹铎，二人都是具有雄才大略的能臣。董安于出生于世家，他青年时即追随赵简子，才华出众，深得赵简子的信任和器重。在奉命主持建筑晋阳城时，他举荐尹铎为助手，共同设计、建造了晋阳城。董安于去世后，尹铎继承了董安于的筑城、治城理念，并将其进一步发扬光大。

董安于所建晋阳城，位于今天晋源区古城营村，总面积十几平方公里。据《元和郡县志》记载，董安于在修筑晋阳城时，将形制设计为正方形城堡，“城高四丈，周回四里”。城墙运用板筑方法，由黄土夯成。当代

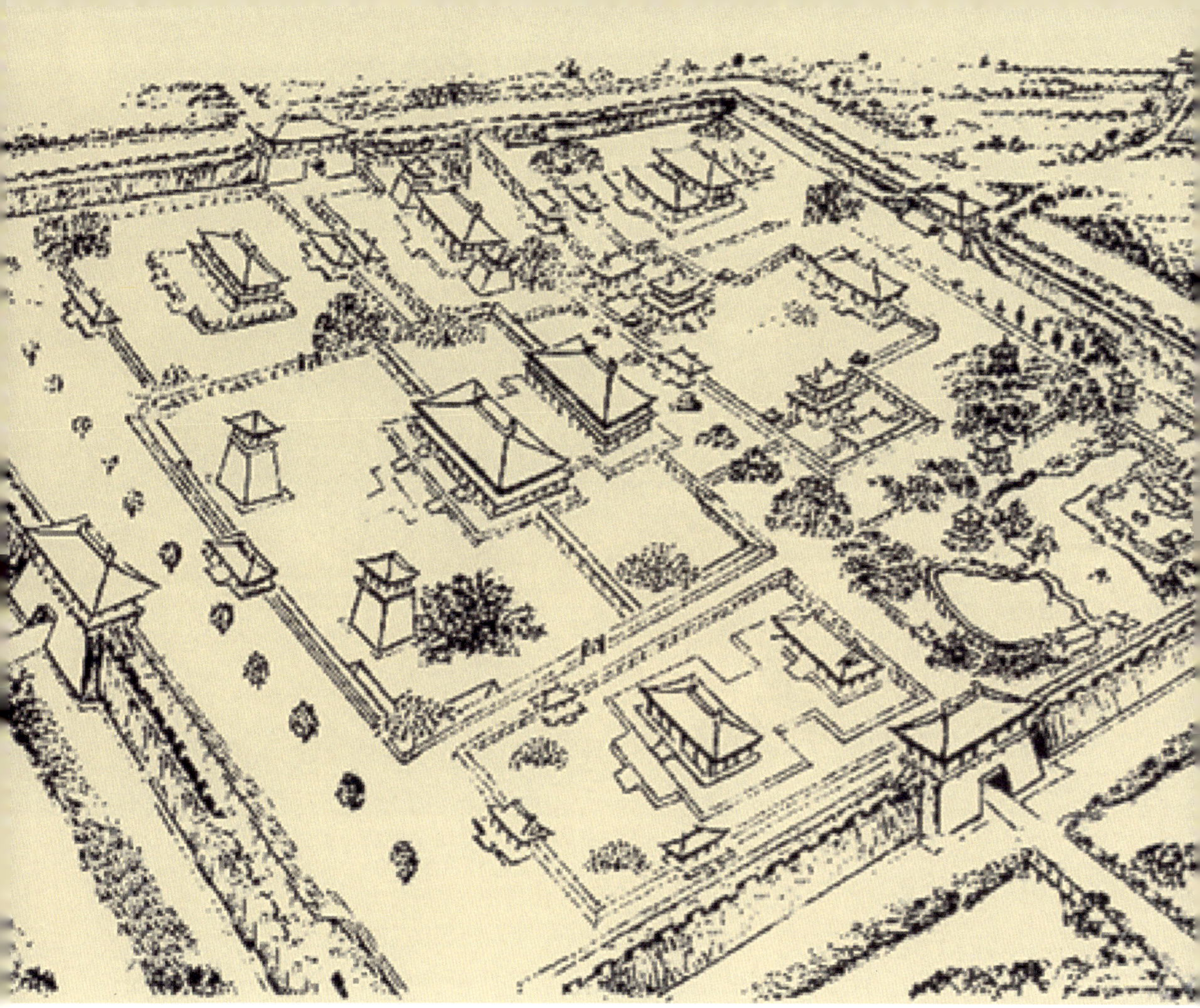

晋阳宫城模拟复原图

著名考古学家谢元璐、张颔所著《晋阳古城勘察记》证实："城墙基础厚达 30 米，夯层厚 0.17 米；墙体夯土中有木柱灰和柱下基石，基石方约 40 厘米。"晋阳城的高大坚固由此可窥一斑。城的四周挖有壕沟，作为护城屏障。城内有宫室、家庙、粮库等。值得一提的是，董安于具有独到的战略眼光。在创建晋阳城之初，董安于就有意识地将许多优质的战略物资存储在宫墙之中。《战国策·赵策一》中载："公宫之垣皆以荻蒿楛楚墙之，其高至于丈"，"公宫公舍之堂皆以炼铜为柱质"，而且选料上乘——荻蒿楛楚"其坚则箘簬之劲不能过也"。"箘簬"是竹子、箭竹的意思，是说所用的"荻蒿楛楚"比箭竹还要结实。为什么要在城中宫殿的围墙内加荻、蒿、楛、楚之类的植物？宫室的柱子又为什么要用铜铸？从表面看起来也许是为了建筑物的坚固、美观，但更深远的意义在于隐匿、囤积大量战备物资，以备战时之需。

晋阳城西北城角发掘现场

尹铎是一位具有远见卓识的政治家。尹铎接任晋阳宰时，赵简子要求他拆除晋阳城的工事——因为晋阳城的壁垒会让赵简子不由得想起昔日被仇人中行寅与范吉射追杀的狼狈情景。结果尹铎到了晋阳城，不仅没有拆毁旧有的堡垒，反而进行了扩建。赵简子因此大怒，欲杀尹铎而后快。后在众人的一番劝解之下，赵简子意识到尹铎居安思危、加固晋阳城的做法是对的，便对尹铎进行了奖赏。

尹铎当初受命为晋阳宰之时，首先就晋阳的城市定位请示赵简子。尹铎给出了两个选择：一是对晋阳百姓课以重税，为赵氏聚敛财富；二是争取民心，把晋阳打造成赵氏可靠的后方根据地，为赵氏复兴提供保障。在财富和保障之间，赵简子毫不犹豫地选择了保障——一个可以保障赵氏安危的后方大本营。于是，尹铎对晋阳百姓施之以宽，最主要的措施就是减少赋税、安定人心。这种藏富于民的做法与董安于藏"荻蒿楛楚"于宫墙、炼铜为柱可谓有异曲同工之妙。尹铎的优抚政策换来晋阳百姓特别是一些豪门的支持和拥护，最终他把晋阳城打造成了一个固若金汤且民无二心的可靠根据地。

晋阳之战和三家分晋

晋国是春秋五霸中最强而最绵长者。与其他诸侯国相比，晋国有一个十分明显的特点，就是“国无公族”。

随着晋国卿族势力的壮大，君权逐渐被卿权所蚕食，出现了卿族专权的现象，晋国的政权实际掌握在六大卿族手中，由固定的六卿联合轮流执政。六卿集团开始由国君控制下的一个高级职能部门，逐步向与国君有分庭抗礼能力的权力机关过渡。到了春秋后期，君权衰落，晋国国君基本上就是一个摆设了。

与此同时，诸卿族之间的兼并与角逐也日趋白热化，尤其是知、赵两卿都有了取晋而代之的想法，赵氏是“必得晋国”，而知伯则“欲尽并晋”。公元前458年，六卿又起纷争，“知伯帅赵、韩、魏而伐范、中行氏，灭之”。知、赵、韩、魏四卿从六卿中胜出。四卿之中知氏最强。知伯成为晋国的执政卿后，“政皆决知伯”。知氏家族的势力迅猛增长，但知伯“甚不仁”，恃强而贪婪，和其他三卿不断结怨。晋阳之战的起因，就是知伯为了发展自己削弱别人，强横地向其他三家索取土地。韩氏屈服于知伯的淫威，照办了。知伯很高兴。韩氏给了，魏氏肯定不敢不给。于是“知伯又使人请地于魏”，魏氏也照办了。但知伯在赵襄子那里碰了钉子。对知伯的索地要求，赵襄子的态度很坚决：“弗与。”知伯大怒，联合韩、魏攻打赵。赵襄子不敌，退守晋阳。由此爆发了史上著名的晋阳之战。

晋阳之战是一场旷日持久的战争，整整持续了三年。晋阳城是按照军事保障中心的标准修建的，它有无可比拟的三大优势：城池坚固、战备物资充足、民心安定。

知伯带领知、魏、韩三家联军攻打晋阳，连续三个月毫无进展。于是，知伯改打围城消耗战，但仍然无法奏效。时值雨季，山洪暴发，河水暴涨，知伯引城西之晋水灌城。他在晋水源头挖渠引水，然后在晋阳城外围环城筑坝，再把水引入城墙和坝之间，围灌晋阳。这是我国军事史上首个以水攻城的案例。随着时间的推移，水位越涨越高，“城不浸者三版”，眼看就要漫过城墙了。据《战国策·赵策》记载，此时城中情形也不容乐观，长时间的围困和水攻，晋阳城中不仅已如水乡泽国一般，而且“粮食匮，城力尽，士大夫病”。城中甚至出现易子而食的惨景了。内外交困，赵襄子开始绝望。他对家臣张孟谈说“吾不能守矣”，要不降了吧？张孟谈用“亡不能存，危不能安”告诫赵襄子，并果断出城“阴见韩、魏之君”，以“唇亡则齿寒”利害来劝说韩氏、魏氏反叛知伯。知伯此人恃强凌弱、傲慢无礼，不仅与赵氏交恶，还在蓝台戏弄韩康子，与韩氏结下仇怨。韩、魏两家和赵氏的关系一直都不错，本就是被胁迫而来，攻打晋阳也是被逼无奈。如果灭了能与知伯抗衡的赵氏，韩、魏两家的前景着实堪忧。而此前知伯的一番话更是让两家心神不安。知伯见破城在即，大

放狂言："吾乃今知水可以亡人国也。"当时韩氏的平阳、魏氏的安邑都临河。这话似乎在暗示知伯在灭赵之后会再接再厉，"以汾水可以灌安邑，绛水可以灌平阳也"。知过看出了韩、魏两人的不安和反意，提醒知伯"二主色动而意变，必背君"，并给出了两个建议："不如令杀之"，如果"不杀则遂亲之"。

知伯刚愎自用，既不听劝，也不采取措施。于是，韩氏和魏氏在一番权衡之后，决定倒戈，联合赵氏共击知氏。三家迅速行动，不给知氏提防和准备的机会，趁夜杀死了知氏守堤的士兵，毁堤决水，反灌知军。知氏军队遇水大乱，赵氏在前，韩氏、魏氏之兵从左右夹击，三家合围，知氏大败。然后，三家"共杀知伯，尽并其地"。

晋阳之战使知氏一族退出晋国的政治舞台，晋国四卿剩下三卿。此后，韩、赵、魏三家"地益大，大于诸侯"。赵氏以晋阳为都，占据晋国北

晋阳古城遗址鸟瞰全景图

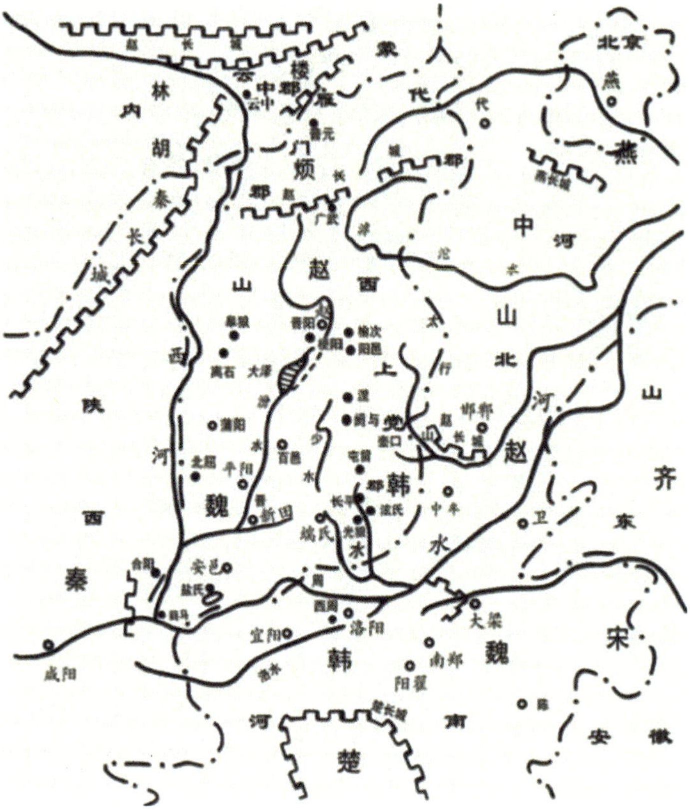

三家分晋形势图

部；韩氏以平阳（今山西临汾西南）为都，占据晋国的中部；魏氏以安邑（今山西运城市东）为都，占据晋国的南部。至此，雄霸春秋的晋国走到了尽头。晋国领土被赵、魏、韩三国瓜分，晋公室只有绛和曲沃两地，成了三家的附庸。晋幽公甚至要反朝三氏之君，君臣之分由此倒置。到公元前 403 年，周天子正式册封赵、韩、魏为诸侯，三家分晋最后完成。

晋阳之战落幕后，刺客豫让走上了历史舞台。赵襄子与知伯积怨已久，恨极了知伯。知伯被擒后，赵襄子“断其头以为觞”，以示羞辱。此举招来了知伯非常尊宠的国士豫让的报复。豫让如影随形，不断刺杀赵襄子。那句“士为知己者死，女为悦己者容”更是让豫让名动天下，千古流芳。

豫让曾经做过范氏和中行氏的家臣，但都默默无闻，没有什么建树。后来在知伯的手下，豫让得到了重用。知伯非常赏识和尊重豫让，待豫让为国士，主臣之间关系十分密切。豫让感怀知伯的知遇之恩，立志杀赵襄子为知伯复仇。

为了便于隐藏，豫让更名改姓，扮作刑徒潜入宫中，躲在茅厕之中

伺机刺杀赵襄子，后被警觉的赵襄子发现擒获。知道他是来为知伯报仇的，赵襄子很是感慨——知伯已经没有后代，豫让的刺杀不带任何功利目的，只是为了忠主报恩。于是，他赞叹“彼义士也”，“此天下之贤人也”，释放了豫让。

第一次行刺，豫让漏了行踪。为了防备再次行刺时被人认出，豫让毁容残身。史载，豫让“漆身为厉，灭须去眉，自刑以变其容”“又吞炭为哑，变其音”。不久之后，赵襄子外出巡游，途中必经赤桥，豫让事先藏身桥下伏击赵襄子，又一次失手被抓，后伏剑自杀。

有学者认为，“在春秋战国时期特殊的历史条件下，游侠作为一个新的社会群体获得迅速发展，在社会上十分活跃。”在众多的侠客中，能得太史公司马迁青眼，豫让必有值得称道之处。与别的刺客不同，豫让行刺的原因非常单纯，就是回报知伯的知遇之恩，“知伯，国士遇我，我故国士报之”。千金易得，知己难求。因为你懂我，我愿为你而死。但更让人折服的是豫让对信仰的坚守，绝对而纯粹。当豫让毁容残身隐藏身形的时候，有人质疑他为什么不利用赵襄子对他的好感，先假意投靠，然后伺机行刺，如此会容易很多，也没必要摧残自己。豫让认为这样做就违背了他的初衷。刺杀赵襄子，是为了表达他对知伯的忠心，报答知伯的恩德，是为了让天下与后世怀有二心的为人臣者感到羞愧。如果先投靠赵家为臣，再去刺杀赵襄子，那同样是不忠，是对赵襄子不忠。司马迁对豫让的评价极高，“(豫让)死之日，赵国志士闻之，皆为涕泣”。光明磊落、行事坦荡，刺客豫让身上兼具君子的品格，令人仰止。时至今日，在太原市西南的赤桥村还保存有一座名为“豫让桥”的石桥，桥侧立有石碑，建有祠宇。祠内供奉着晋哀公、知伯及豫让的坐像，供后世瞻仰、缅怀。

简襄功烈

赵简子在历史上的第一次登台亮相，是在黄父(今山西沁水西北)大会上。赵简子代表晋国，以盟主的身份与宋、卫、鲁、郑、曹、邾、滕、薛等国使臣“会于黄父，谋王室”——商讨救助被叛兵王子朝所驱逐的周敬王一事。赵简子要求各国诸侯准备粮食和军队，护送周敬王归国——“赵简令诸侯之大夫输王粟，具戍人”，最终平息了王子朝的叛乱。黄父大会显示了赵简子在晋卿中的地位及领导才能。值得一提的是，《左传·昭公二十五年》在叙述这件事时，是以赵简子向郑子大叔问礼开篇。其中会盟的目的“谋定王室子朝之乱”所占篇幅不到三分之一，而超过三分之二的篇幅是用来记述赵简子与郑子大叔二人关于“礼”的对答的。显然《左传》是要强调赵简子“问礼”的事情。郑子大叔一席话使赵简子认识到，礼治是治国之根本：“甚哉，礼之大也！”并且愿意终身实践这一

目标，“请终身守此言也”。此时的赵氏集团仍处于积聚能量的阶段，实现“化家为国”的政治理想时机尚未成熟。

铁（今河南濮阳西北）之战则使赵氏家族的势力空前壮大。公元前497年，一场长达八年之久的晋国内战爆发。这场战争是晋国后期规模最大、持续时间最久、矛盾最为复杂的一场战争，它对晋国社会的发展产生了重大的影响。它的起因是卫贡之争。这本是赵氏宗族内部的矛盾冲突。赵简子因讨要卫贡无果，宗主地位受到挑战而怒杀邯郸赵午。赵午之子赵稷遂起兵征伐赵简子。由于卿大夫之间错综复杂的关系，这场斗争很快将晋国执政的六卿全部卷入。首先是中行氏、范氏——作为赵午的姻亲，且与赵简子一族积怨已久，他们当然站到了邯郸一边，与赵稷结成同盟，并广结外援，联合了包括周王室、齐、鲁、宋、郑、卫和鲜虞在内的各方面势力。赵简子这一方则得到了国内其他三卿知、韩、魏和晋国公室的支持。一场赵氏家族内部的争斗随之演化成了六卿之间的战争。铁之战是这场内战的转折点。经此一役，赵简子不但占据了邯郸和柏人两个重要的战略要地，而且实力得到迅速增长。此时赵简子的实力和占有的领地已经赶得上诸侯了。史称，“赵名晋卿，实专晋权，奉邑侔于诸侯”。在铁之战中，赵简子以勇者的形象出现，他不惧生死，冲锋陷阵，“弗躬弗亲，庶民弗信”，只有将帅做出表率，身先士卒，士兵才会勇往直前、视死如归。赵简子在敌强我弱的情况下，实现了以少胜多、以弱胜强的重要逆转。

赵简子一生中有许多开创先河之举，“铸刑鼎” 就是其一。公元前513年，赵简子利用晋国民众上缴的铁，铸造了一只铁鼎。他把范宣子所制定的“刑书”铸在鼎上，公之于众。晋铸刑鼎是中国法制史上的一大进步。它将法律公开化，打破了统治阶级专断刑律，任意剥夺百姓权利的不合理局面，这是晋国公布的第一部成文法。此举也使晋国成为春秋战国历史上最早公布成文法的国家之一。

论功行赏是赵简子的又一首创。铁之战中，赵简子为了取得战争胜利，鼓舞斗志，首开军功行赏，被视为后来“军功爵”的滥觞。铁之战誓词曰：“克敌者，上大夫受县，下大夫受郡，士田十万，庶人工商遂，人臣隶圉免。”明确规定在战场上立有军功的人，可以根据自身阶层获得相应的赏赐：大夫、士因军功可以跻身仕途，“人臣隶圉”可以凭借军功由奴隶变为自由人。

赵简子重贤，首开战国时代养士之风。在赵简子、赵襄子父子周围聚集着数以千计的士。赵简子深谙“霸王者托于贤”的道理，求贤如渴，广纳贤士。《国语·晋语》中曾有赵简子问贤于壮驰兹的记载。赵简子问壮驰兹：“东方之士孰为愈？”赵简子不仅想求到东方最贤能的人士，还渴望得到范、中行氏的良臣：“吾愿得范、中行之良臣。”可见其求贤心切。

赵简子用人很有特点。所谓“千士诺诺，不如一士谔谔”。赵简子能够从谏如流。他的身边不乏像专门给他指错的周舍，不盲从、不唯上的尹铎等人。赵简子也很敢用人，比如重用奸雄阳虎。所有的人都为此事感到忧心，连孔子都担心“赵氏其世有乱乎”！赵简子却自信有能力驾驭阳虎。他对近臣们说：“阳虎务取之，我务守之。”而阳虎的处世哲学也很有意思，“主贤明，则悉心以事之；不肖，则饰奸而弑之”。果然，阳虎后来成为赵简子的得力臂膀。对溜须拍马、碌碌无能之辈赵简子却出手狠辣、冷酷无情。赵简子把栾缴沉河，理由是“吾尝好声色矣，而栾缴致之；吾尝好宫室台榭矣，而栾缴为之；吾尝好良马善御矣，而栾缴求之。今吾好士六年矣，而栾缴未尝进一人，是进吾过而黜吾善也”。

晋阳大尖足布（战国）

赵简子死后，赵襄子继位。在很短的时间内，赵襄子显示出了卓越的政治才能。赵襄子丧服未除，就请姐夫代王在夏屋山会盟。宴席上，他令宰人用铜勺击杀代王及其从官，之后占领代地，将领土纳入赵氏版图。赵襄子灭代是战国初期的一件大事。此举可谓一石三鸟，既实现了赵简子的遗愿，又扩大了赵氏领地，还为晋阳根据地提供了更为可靠的物质保障。

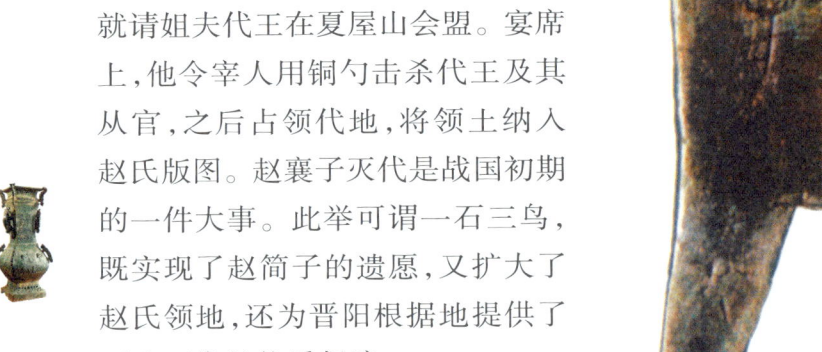

此时的晋国还剩知氏、韩氏、

太原市金胜村出土铜罍

赵氏、魏氏四卿，其中知氏最强。知伯无故向韩、魏、赵三家索地，韩、魏两家为避免战祸，答应了知伯的无理要求。赵襄子虽然能忍，但什么事情都有个限度，套用一句成语“是可忍孰不可忍”，赵襄子断然予以拒绝。于是知伯联合韩、魏共同伐赵，赵襄子退保晋阳。最终赵襄子与被知伯胁迫而来的韩、魏两家联合，绝地反击，战胜知伯。三家分晋，赵氏开国。可以这么说，赵简子为赵氏化家为国打下了坚实的基础。赵襄子子承父业，推动赵氏完成由蛹化蝶的华丽转身。赵氏最终实现了由卿变君的转化。

过了两千多年，1988 年，在太原市金胜村一带发现了一座规模宏大的春秋古墓，曾轰动一时。墓主人是位 65 至 70 岁之间的老年男性，他口中含着玉，头部两侧及身体表面装饰着各种各样的玉佩饰以及水晶珠、金带钩等。随葬物品非常丰富，有三千余件，且精美异常。椁室用方形木材建成，椁室周围填充有大量的木炭和石块，用的是“积石积炭”的墓葬规制。考古人员在挖掘中还发现了刻有“赵孟之御戈”字样的一件铜戈。因赵简子又名赵孟，专家据此推断这座大墓应该属于晋国卿大夫赵氏家族，墓主人很可能就是担任晋国执政卿长达 22 年，叱咤风云，雄霸天下的赵简子。

赵卿墓的发现，为研究春秋时期礼制的变化提供了可靠依据，也直接反映了赵氏家族在这一时期的发展状况。其最大的亮点就是青铜器数量巨大，是山西出土东周青铜器最多的墓葬。其中最大的1号大镬鼎口径105厘米，腹深67厘米，通高100厘米，重量220千克。它圆口深腹，下有兽蹄形三足支撑，饰有牛头双身蟠螭纹，形体硕大，造型古朴浑厚、高贵典雅，是迄今为止山西地区所见春秋第一大鼎。除了重量级的大镬鼎，还面世了鸟尊、猛虎扼鹰戈、虎形灶、酒器匏壶、高柄小方壶等诸多珍品。其中鸟尊最为珍贵，不仅仅是因为其工艺精湛、造型华美，更在于它的数量稀少。目前存世的春秋时期晋国地区以鸟为尊（盛酒器）的文物仅

太原市金胜村出土铜匏壶

太原市金胜村出土虎形灶

太原金胜村出土龙凤合体玉佩(上、下)

有四件:北京保利博物馆从海外购回的“倗季鸟尊”、现存于美国佛利尔博物馆的“子乍弄鸟尊”以及晋侯鸟尊和赵卿墓鸟尊。

赵卿墓的另一个亮点是东北侧随葬的面积达 110 平方米的大型曲尺形车马坑。现存 15 辆木质战车双列成队，前面是 46 匹战马一字排开,极为壮观。战车种类多达七八种,车舆形态有方形和圆形两种,圆形车舆属国内罕见。

赵卿墓出土的青铜编镈也有可圈点之处。这是两套形似编钟,却比普通编钟要大许多的编镈,为豪华的镈钟形式,规模达 19 枚之巨。它们与墓中同时出土的 13 枚编磬共同组成金石乐队,构成了“轩悬之制”。

赵卿墓车马坑

最令人称奇的是，这套编镈跨越千年仍可清晰发音并能演奏完整乐曲。

赵卿大墓以实物的形式向世人完美展现了当年赵氏家族的奢华和强盛。

从另一个侧面观察，赵卿墓出土的“晋阳布”同样也透露出当年赵简子、赵襄子所奠基的赵国的繁盛。“布”是古代货币的一种，西周时期已经出现，在春秋时期广为使用。“布”的种类很多，有空首布、平首布、尖足布和体形较长的殊布等。“布”面上一般都铸有地名，铸有“晋阳”字样的“布”因之称为“晋阳布”。“晋阳布”从形状上分为尖足布、方足布、小刀布等。最先带有“晋阳”铭文的布币是大型尖足布，随后演变为小型尖足布。晋阳布产生的一个重要原因是赵国的强大。上世纪五十年代末到六十年代，在山西的阳高、原平、太原、祁县、交城及内蒙古等地，共出土赵国货币约两万枚。出土的“布”币上，赵国的地名多达四十余处，而韩、魏铸地只有二十多处。赵国方足布的铸地多，再加上还流通圆足布、三孔布等，说明赵国国力强大，经济发达，财政稳定。

第三章

从太原郡到北朝霸府

（秦统一至魏晋南北朝时期）

概述

赵国虽然强大，但是在战国七雄的争战中，还是落败于秦国。

秦庄襄王二年（前 248），秦将蒙骜攻赵，定太原，第二年四月初置太原郡。这是太原置郡之始。秦始皇统一天下，太原郡为全国三十六郡之一。汉高祖十一年（前 196），并太原、雁门二郡，重设代国，其四子刘恒为代王，坐镇太原晋阳城。汉武帝刘彻废去代国，复设太原郡，晋阳县为太原郡治。他首创“州刺史部”制，并州刺史部部治太原郡的晋阳县。东汉沿袭西汉之制，仍为太原郡，郡治晋阳。

曹操时期，废除并州刺史部，太原郡归属冀州。西晋统一天下，晋武帝泰始元年（265），立太原国。晋元帝大兴二年（319）十一月，石勒自称赵王，改前赵太原郡为太原国，归并州刺史部属，都城晋阳。晋穆帝升平二年（358），鲜卑人所建的前燕置太原国，以晋阳县为都城。晋废帝太和五年（370），前秦苻坚攻克晋阳，将其并州治所由晋南蒲坂徙至太原晋阳，废太原国，改置太原郡。后燕建兴九年（394），定晋阳县为太原郡治，兼并州治所。北魏袭前朝旧制，仍置太原郡，郡治晋阳县，隶并州辖。北魏后期，秀容部落酋长尔朱荣以武力盘踞太原，自称“太原王”，操纵北魏大权。北魏孝武帝永熙元年(532),高欢消灭了盘踞晋阳的尔朱荣残余势力,建大丞相府,操纵北魏朝廷,史称“霸府”。永熙三年,高欢另立元善见为帝,迁都邺,史称东魏。因东魏实权由高欢控制,又踞晋阳,人称晋阳为“别都”。东魏孝静帝武定八年(550),高欢的次子高洋取代东魏,自立国号,史称“北齐”。北齐改并州大丞相府为并州尚书省,改太原郡治晋阳县名为龙山县,另置晋阳县于汾水之东。北齐都虽为邺,但龙山(原晋阳)始终保持着“别都”的位置。北周灭北齐后,废并州尚书省,置并州总管府,总管府下设太原郡,郡治龙山。

从秦王朝设太原郡到两汉设并州刺史部,历近四百年的统一时间,封建王朝治理手段日臻完善,社会经济不断发展。南北朝时期,少数民族大规模内迁与纷争,进入了长达四百年的混战时期,山西地区处于各种力量、各个民族、各个政权角逐的前沿阵地,晋阳及其所在的太原郡更是重要地带。它不仅是中原势力抗击北方游牧民族南下的前哨,也是民族大融合的一个中心地区。这是太原地区精神品格和地域文化形成的重要时期。

风云会遇之际,太原地区走出或造就了一批杰出人物。刘恒开启的“文景之治”,能臣常惠的不辱使命,太原大族的百年显赫,奇士刘琨的悲壮人生,高氏父子的苦心经营,冶炼家綦毋怀文的突出贡献等,体现了太原地区历史文化发展的亮丽风景,展示了太原地区秦汉三国两晋南北朝时期波澜壮阔的历史画卷。

秦置太原郡

公元前 248 年，秦国攻取赵国的榆次、新城、狼孟等三十七城，并于次年初置太原郡。到秦国在全国大规模设郡时，太原郡已经存在二十七年，为秦帝国最早设立的郡之一。在近三十年的时间里，太原郡成为秦国北抗匈奴、东击燕国的基地，于秦国最终统一北方功不可没。

郡县制是秦朝统一后推行的地方行政制度，它改变了先秦时期的官吏世袭制度，是中国古代国家制度的一大进步，也是中央集权制度形成过程中的一个重要环节，同时也标志着中国古代官僚政治取代贵族政治的开始。郡县制的全面推行，于中央加强对地方的控制和管理，巩固国家的统一，促进社会经济与文化的发展，都起了重大作用。

秦始皇画像

郡县制的发明权并不属于秦国。早在秦国统一前二百多年，晋国已经有了郡的设置，当时的郡主要设在边地，用于抵御北方的外族入侵。进入战国时期，魏、赵、韩、燕、秦等国先后设立郡县，并且设立郡县的区域也由边境扩展到腹地。秦国在兼灭六国的战争中，在一些新攻占的地区也开始设郡县来加以管理。郡县制在春秋战国的部分实践，为秦朝推行郡县制奠定了基础。

太原郡治所在晋阳。在太原成为太原郡治所前，赵氏家族在这里已经营了近二百五十年，它已经是中国著名的城池。以“三家分晋”而言，

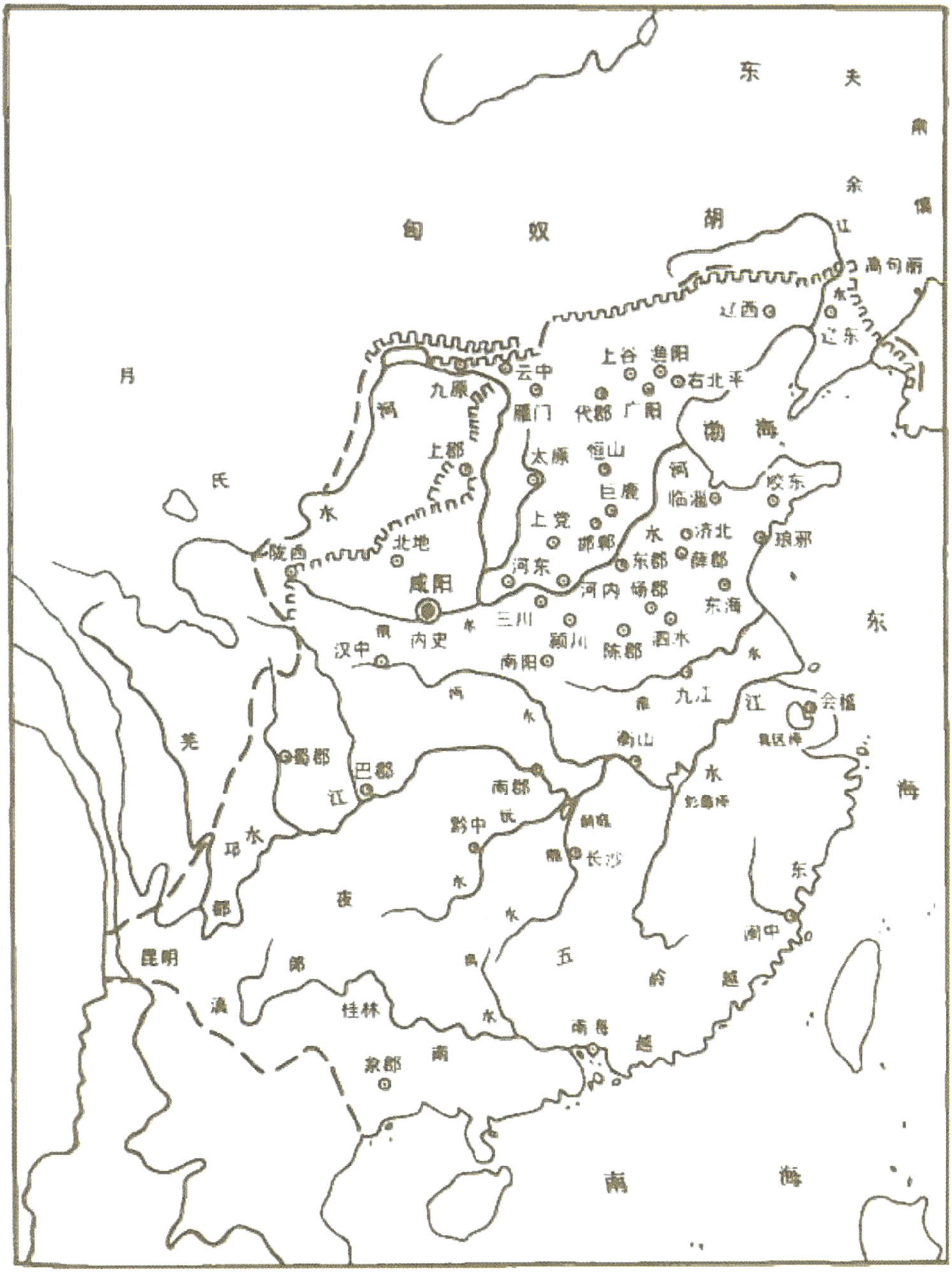

秦疆域图

它是中国历史由分封转向帝制重要的坐标。郡治设在晋阳既是责无旁贷,更是非它莫属。

秦始皇时的太原郡,其所辖区域,远比今太原市大出许多。《史记正义·秦本纪》云:“上党以北皆太原地,即上三十七城也。”

秦太原郡有六个县:

晋阳县,太原郡治所。春秋时晋阳邑,战国赵国初都。故治在今太原市晋源区古城营一带。

榆次县,春秋时晋榆邑,也称魏榆。故治在今晋中市榆次北。

界休县,故治在今介休市东南十五里。

兹氏县,战国时为赵国兹氏邑。故治在今汾阳市南甄子城。

离石县,战国时为赵国离石邑。故治在今吕梁市离石区。

霍人县,春秋时为晋国霍人邑。故治在今忻州市繁峙县东圣水村一带。

由此可知,太原郡大致位于汾河中游一带,相当于今天太原和晋中行政区划的大部分以及忻州的一部分。这一地区在设郡以前就已经形成经济文化较为紧密的联系，太原郡的设立更是大大地促进了这一进程。在其后封建社会二千多年的时间里,虽然太原郡的名称不断变化,治区范围有所调整,但是其核心区域基本保持了下来,以至于明清两代扬名海内外的晋商仍然以这一区域商人为代表。

秦太原郡最高行政长官为郡守,另有郡丞(郡佐)一名佐助郡守,负责政事,郡尉一名辅佐郡守,负责军事;此外还设监御史一名,为中央派遣的监察官,监督郡守、郡丞、郡尉。郡下所辖之县,万户以上的大县行政长官名县令,万户以下的县则名县长。县令、县长负责一县的政事;另置县尉一名,掌管一县的治安;县丞一名,辅佐县令、县长掌管文书、仓储、田赋等。

太原郡的设立,不仅是秦国军事斗争的需要,也是经济文化使然。由于山西地处中原农业文化与北方草原游牧文化的交汇地带，伴随着中原王朝与游牧民族间的长期攻伐，遂成为农业文化与游牧文化相互交融之区。太原郡位于这一地带的中部,历史客观地将其摆进了一个特殊的历史文化地理位置。据司马迁《史记·货殖列传》中划分的农牧分界线,太原郡处于这条界线以南的农业文化区,为农业文化和游牧文化频繁碰撞的前沿。秦统一全国后,太原郡在农业经济发展的同时,畜牧业也有了一定的发展。这一方面受北方游牧文化的影响和渗透,另一方面这一带水肥草美,气候适宜,具有良好的自然条件。经济方面,太原郡既

秦长城图

出产优良的战马，又有充裕的粮草，更是农业产品和畜牧产品频繁交易的地区，是国家重要的农产品和畜产品产地。文化方面，太原郡是农业文化和游牧文化交流的大通道，这里沟通着中国腹地与北方地区两种文明的交融，对促进汉民族文化的发展起到了重要作用。

太原是秦统一中国时所设的郡名，因郡治设在晋阳，所以晋阳城也称作太原城。自此，太原以全国行政区划名载入史册，历经了 2230 余年。据考证，太原城历史上所辖地或大或小屡有变化，但在中国，太原专用地区之名是在确立行政建制后从未改变称谓的少数几个城市之一。

刘恒治代与文景之治

“文景之治”是指汉文帝刘恒和汉景帝刘启所统治的时期，是中国封建社会历史上出现的第一个盛世。汉文帝和汉景帝是父子，他们共同缔造了文景盛世，而那位父亲就是在太原地区生活了十七年的皇子刘恒。他是汉高祖刘邦的庶子。汉高祖十一年（前196），以韩国地改置代国，以晋阳为代国都城，封皇子刘恒为代王。刘恒从七岁来到晋阳做代王，到二十三岁即位称帝，在民风淳朴的晋阳度过了自己的青少年时代。刘恒在晋阳期间，实行轻徭薄赋、与民休养生息的政策，以德化民，以农为先，把晋阳治理得民富国强，成为阻挡匈奴南下的屏障，史称“刘恒治代”。刘恒治代的经历形成了他治国安邦的思想基础。

刘恒走进帝国权力中心充满戏剧性。汉高祖死后，吕后不断找借口诛杀刘氏诸侯王，以便把刘氏诸侯王的封国给吕氏亲属。代国因为偏远荒凉，没有受到吕氏觊觎，文帝也得以保全了自己的性命和封地。吕后死后，大臣陈平、周勃起兵诛灭诸吕，废掉吕氏所立的少帝，迎立刘恒即位。当迎接代王的

汉文帝画像

使者来到晋阳，向刘恒说明来意时，他还不敢相信，有点犹豫。他召集身边的官员商议。郎中令张武等主张不去京城。他说，像陈平、周勃这些高祖时的大臣，善于计谋，不可轻信，应该托病不去，以观其变。而中尉宋昌力排众议，认为经过高祖、惠帝，刘氏天下的根基已经牢固，诸吕兴乱，民众不服，这是民心所向的证据。代王是高祖当时最年长的儿子，又以仁厚闻天下，拥戴他为皇帝，扶汉室，正在情理之中。刘恒一时拿不定主意，便去问母亲薄太后。薄氏吃过许多苦头，对宫廷斗争之险恶心有余悸。母子商量了一下，决定一方面打发薄氏的兄弟薄昭到长安去见太尉周勃；一方面又请来占卜的人，卜问凶吉，结果得到了一个“大横”的吉兆，刘恒这才放心。薄昭到了长安，周勃向他们说明了大臣们立刘恒为皇帝的真意。薄昭回到晋阳转告了刘恒和薄氏，刘恒这才启程进京，即皇帝位，是为文帝。

文帝登基，既是偶然，也是必然。他并非高祖宠爱之子，其母薄氏也非宫中得势之人。母子二人时刻担心遭吕后暗算，故远离京城，在逆境中得以生存，这也是文帝从小就养成无荒淫之举、无骄矜之态的主要原因。这为汉文帝日后的作为打下了坚实基础。

汉文帝把治理太原的经验推广到了全国。他重视农业的发展，主张轻徭薄赋，民生为先。《资治通鉴·汉纪五》载，谋士贾谊上了一道奏章《论积贮疏》。疏中说，管子（管仲）说过，贮藏粮食的仓库满了，才能够讲礼节；有吃的有穿的了，才能够谈到什么是荣耀，什么是耻辱。老百姓连饭都吃不上，要说把天下治好，从古以来都没有听说过。一个男的不耕种，就有人会挨饿。一个女的不纺织，就有人会受冻。因此，朝廷应当劝百姓勤于耕作，使天下人都能安居乐业，都能自食其力，好吃懒做的人也都参加农业生产。这样，天下就太平了。汉文帝十分同意贾谊的建议，在当年春耕前，他即下诏书，劝百姓多生产粮食。

文帝即位的第二年，免除天下田租之半；第三年，又下诏免除晋阳（今太原）和中都民众的赋税。前元十三年（前167），文帝再次下诏免除全年田地赋税，这在整个封建社会也是很少见的。在徭役方面，以前成年男子一年要服一次徭役，文帝时改为三年一次。文帝还下诏，赈济鳏、寡、孤、独和穷困之人；八十岁以上的每月赐给米、肉、酒；九十岁以上的加赐帛、絮（衣被）。据载，关东官吏宣布诏令时，老弱病残都拄着拐杖去听。

太原市东太堡砖厂出土的西汉古钱

刘恒即位以后，不忘太原故地，曾先后四次巡视代地，驾幸太原，问民疾苦，赈灾济贫，赏赐官员。《汉书·文帝纪》中有多处记载，其中前元三年（前 177）“（文帝）因幸太原，见故群臣，皆赐之。举功行赏，诸民里赐牛酒。复晋阳、中都民三岁租。留游太原十余日”。前元十一年（前 169），文帝再次回来，还在晋阳过了春节。

据史料记载和民间传说，刘恒在晋阳生活期间，经常到清徐马峪一带牧马，与民同乐。据清顺治年间《清源县志》载：“马鸣山在县西十五里。汉文帝牧马于此，有印驹城。”据 1924 年 12 月清源县《名胜古迹调查志》载：“马鸣山在城西十五里，山势陡峻，径若羊肠。”

农历二月二日，是我国民间的“春龙节”，亦称“花朝节”、“踏春节”、“青龙节”，寓意“惊蛰”过后，大地复苏，阳气上升之意。而山西民谚有“二月二，龙抬头”的说法。汉文帝在晋阳“龙潜”十七年，二月初二这一天，是他离开晋阳返回长安的日子。

在民间，还广为流传汉文帝“侍母孝道”的故事。刘恒在晋阳治代期间，与母亲朝夕相处，十分孝顺，返京称帝后仍一如既往侍母尽孝，传为佳话。据记载：文帝生母薄太后，帝奉养无怠。母病三年，帝为之目不交睫，衣不解带，汤药非亲口尝弗进。仁孝闻天下。

随着社会生产日渐得到恢复和发展，汉王朝出现了多年未有的稳定、富裕景象。史载：孝景至武帝初，“京师之钱累百巨万，贯朽而不可校。太仓之粟陈陈相因，充溢露积于外，腐败不可食”。人民的生活水平得到了很大程度的提升，同时汉王朝的物质基础大大增强，为汉武帝时期的繁荣奠定了强大的基础。

汉武帝置并州刺史部

创立刺史管理体制，是汉武帝政治体制创新的重要举措，太原由此专属并州地区，是汉武大帝留给太原人的重要记忆。

汉武帝画像

元封五年（前106），汉武帝为了加强中央对地方的控制，除京师附近七郡外，把全国分为十三个监察区域。每区由朝廷派遣刺史一人，专门负责巡查该区境内的吏治，检举不法的郡国官吏和强宗豪右，其管区称为刺史部，目的是维护皇权，澄清吏治，缓和阶级矛盾，促进经济与社会的发展。刺者，言其刺举不法；史者，言其为天子所使。刺史制度开创了地方“异体”监督之先河，有“以卑临尊”的特色，从此建立起比较健全有效的地方监督模式。

《汉书·武帝纪》载：“（元封五年）初置刺史部十三州。”师古曰：“《汉仪》云：初分十三州，假刺史印绶，有常治所。常以秋分行部，御史为驾四封乘传。到所部，郡国各遣一吏迎之界上，所察六条。”设置刺史的范围是十三个州，分别是冀州、青州、兖州、徐州、扬州、荆州、豫州、益州、凉州、幽州、并州、交趾、朔方。刺史属于中央最高监察机构御史台，由皇帝亲自任命。刺史必须德才兼备，精通国家法律条文，廉洁奉公，不畏权势，具有处理具体事务的能力。

据《汉书·地理志》载：汉代太原郡属并州，有“户十六万九千八百六十三，口六十八万四百八十八，县二十一”。那时的太原包括北至繁峙、南至界休的整个太原盆地。当时的山西境内人口达 252 万，就有近三分之一的人生活在太原境内。并州刺史部，州治在晋阳县（今山西省太原市西南）。历史上并州的辖区，盈缩不一，但中枢一直在太原。所以，两汉以来至今，太原又称并州。

两汉的并州刺史部位于汉王朝的北部边疆，东据太行，南通怀、孟，西薄于河，北达沙漠，形式完固，易守难攻。这里的丰厚物产，吸引着北方游牧部落和游牧民族蜂拥而至。在古代历史发展的进程中，来自不同地域的不同族群间的互相接触和交往，在草原文化与

太原市东太堡出土的汉代食官糟钟

农耕文化的碰撞中,推进着民族的融合和社会的整合。首先,多种异质文化长时间相习相染,使该地区的风土人情呈现出以华风为主、沾染胡俗、异于内地的多元风俗文化。并州刺史部作为汉王朝的北部边陲,其风俗的地域特征极其明显。当时并州民间盛行的养马骑射之风、尚武任侠之风、信神之风、隐逸之风、重孝之风、娱乐之风、体育习俗和节令风俗在民间广为流传,突出体现了并州作为民族斗争、融合的前沿阵地对当时民风的影响。

刺史有固定的治所,而且地位在郡国之上,这与监御史和郡守、郡尉并称的情况不同。刺史也不受丞相的制约,而是直接隶属于中央的御史中丞和御史大夫,刺史的俸禄很低,只有六百石,这往往能够促使他们为了追求更高的待遇而加紧监察,取得业绩,比用更高的官员去监察地方大员更能起到好的效果。

汉武帝没有在"文景之治"的成绩面前固步自封,而是在许多方面超越了前代,刺史体制是其众多成就之一。刺史部的设立是政治体制建设的一个创举,其影响一直延续至今天。

苏武副使常惠

汉家天下,生机勃勃,有文帝、景帝励精图治,有武帝文韬武略,更有一大批官吏不懈努力,从而造就了汉王朝的兴盛。他们的行为和政绩,他们的才华和气节,为后人树立了楷模,留下了宝贵的精神财富和文化遗产。太原人常惠就是这样的人。

西汉初期,国力孱弱,面对匈奴铁骑频繁南下骚扰,无奈以"和亲"之策暂息战端,用屈辱换取汉匈边境的一时安定。汉初的休养生息政策及"文景之治"带来了转机。到汉武帝时,国势渐盛,对待匈奴的方略才从守势转为攻势。元朔二年(前 127)和元狩四年(前 119),汉武帝两次命骁勇善战的青年将领卫青、霍去病率军北击匈奴千余里,匈奴损失惨重，有民谣云：“失我祁连山，使我六畜不蕃息。失我焉支山，使我嫁妇无颜色。”此后，匈奴虽拥有劲旅，但无力与西汉相抗衡。

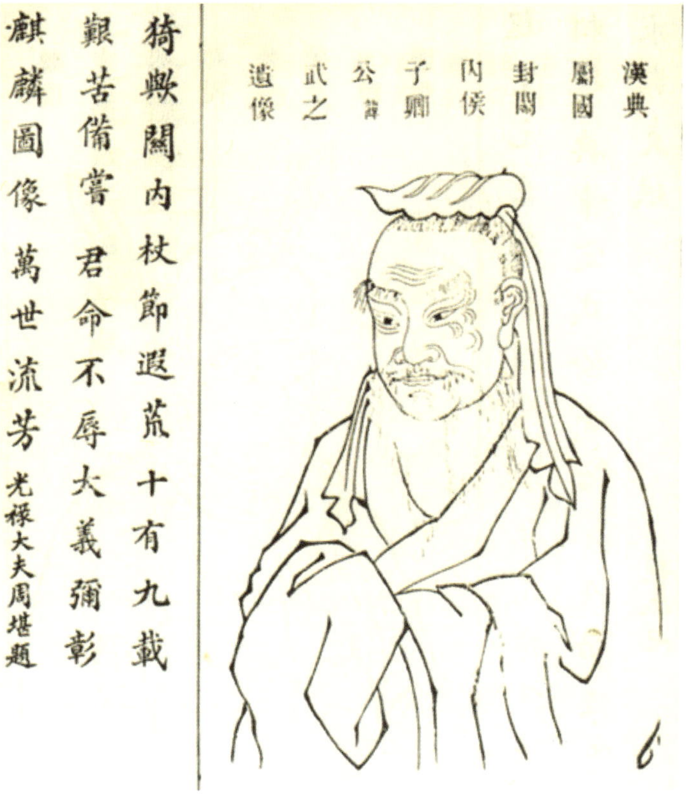

苏武画像

天汉元年（前 100），匈奴且鞮侯单于即位，因畏惧汉朝的军事攻势，陆续礼送汉使路充国等人返汉。作为回报，武帝派遣苏武以中郎将身份持旄节护送扣留在汉的匈奴使臣回国。正当苏武、常惠等一行人准备归国之际，适逢缑王和长水人虞常等在匈奴谋反，汉副使张胜被牵连进去。由于匈奴国内发生了这件谋反事件，苏武等一行人受到牵连，被匈奴扣押，时间长达十九年。其间，他们受尽折磨，宁死不屈。常惠被迫同苏武分开，也历尽磨难，但终不变节投降。

汉昭帝即位后，匈奴与汉朝一度恢复了“和亲”关系。汉朝政府要求放还苏武等人，匈奴谎称苏武等人已死去。后来，汉朝又派使臣到匈奴，常惠说通了看守他的人，一起趁夜晚拜见了汉朝使臣，讲了被囚禁的情况。为了迫使匈奴释放苏武等人归汉，常惠编了一个故事，说汉朝天子在上林苑射得了一只大雁，脚上系有帛书，上面写着苏武等人被放逐到北边的某一湖泽之中，让汉使臣以此去责问单于。汉朝使臣果如其言，终于使匈奴放还苏武等人。始元六年（前 81），常惠随苏武等一起回到阔别多年的京师，汉昭帝“嘉其勤劳”，任命他为中郎将，又拜为光禄大夫。

本始二年（前72），汉宣帝派遣常惠出使西域。当时，在我国现今的新疆一带以及中亚地区存在着许多小国，号称“西域三十六国”。乌孙国是其中之一。这些小国所处的战略地位非常重要，匈奴如果控制了这一地区，就可以从西面包围侵扰汉朝；反之，汉朝如果争取到这些小国，就有利于保障西北边境的安全。因此，这一地区成为双方必争之地。汉武帝时，曾派张骞等人两次出使西域，使西域各地和中原的政治经济联系日趋密切。汉武帝还以汉都王刘建的女儿细君为公主，嫁给乌孙昆弥（乌孙君主称号）猎骄靡做右夫人。但是，匈奴还控制着车师、龟兹等国，他们经常截断汉朝和西域的交通，攻杀汉使，掠取财物。

汉昭帝末年，车师与匈奴联盟，共侵乌孙国。乌孙公主上书汉廷，请求救援。汉朝积极备战，准备北击匈奴。时逢汉昭帝去世，汉朝只好暂时作罢。常惠出使之时，匈奴正连发大兵进击乌孙国，并攻占了车延、恶师等地，匈奴还派人胁迫乌孙公主背叛汉朝。乌孙公主及昆弥派遣使者找到常惠，表示“愿发国半精兵，自给人马五万骑，尽力击匈奴”。在这种情势之下，常惠力请汉朝发兵反击匈奴。于是汉朝发十五万骑，由五位将军率领分道出征。汉宣帝任命常惠为校尉，命令他持节护乌孙兵。乌孙昆弥统帅翕侯以下五万余骑从西方入右谷蠡庭，大败匈奴，俘获名王骑将以下三万九千人，得牛马驴骡橐五万余匹，羊六十余万头。在这次反击匈奴的战争中，汉朝派遣出征的五将军皆出师不利，独常惠奉使击匈奴有功，汉宣帝因之封其为长罗侯。不久，汉宣帝又派常惠携带金币前往乌孙国赏赐抗击匈奴的功臣贵族。常惠借机奏曰龟兹国曾经劫杀汉朝校尉赖丹，请汉宣帝准许他顺道对龟兹国兴师问罪，汉宣帝没有答应。但当时掌握汉廷实权的大司马大将军霍光嘱咐常惠可“便宜从事”。于是，常惠与吏士五百人一起到乌孙国，回来经过龟兹国的时候，聚集龟兹西国兵两万人、龟兹东国兵两万人、乌孙兵七千人，从三面围攻龟兹国。大兵会合后，常惠先派人责问龟兹国前任国王杀害汉朝使者的情况。大军压境，龟兹国王只好谢罪，将杀死赖丹的主谋姑翼送交常惠。常惠斩杀姑翼后，回归汉朝。

后来，常惠代替苏武任典属国，掌管臣属于汉朝的少数民族事务。他熟习各民族的风土民情、物质资源，勤勤恳恳，数有功劳。汉宣帝甘露年间，常惠官至右将军，仍担任典属国一职。汉元帝初元三年（前 46），常惠去世，谥“武壮侯”。

南匈奴内附

匈奴是秦汉时期北方地区的一股强大势力，它不断兴兵南下，严重威胁着秦汉王朝的安全，因此对匈奴的政策也就成了秦汉时期民族政策的重点。东汉初期，匈奴问题再次成为北方民族问题的重点。以晋阳为中心的南匈奴内附事件，既是东汉王朝民族政策的成功举措，也是民族融合的生动实例。

汉光武帝画像

东汉初年，匈奴利用东汉刚刚建立、国力薄弱的有利时机，恢复了对西域诸族的统治，控制了乌桓及新兴的鲜卑，支持中原割据的势力，对东汉的统治构成了巨大的威胁。面对这种局势，东汉政府并没有延续西汉对匈奴强硬的作风，而是采取了收缩防御、保境安民的政策。

建武元年（25），拜苏竟“代郡太守，使固塞以拒匈奴”。

建武六年（30），遣使匈奴，匈奴也遣使来朝，试图缓解双方关系。

建武七年(31),诏骠骑将军杜茂引兵屯田晋阳、广武以备匈奴,在军事上准备防御,包括修烽火台,筑亭侯,驻屯田之兵。

建武九年(33),徙雁门吏人于太原。

建武十年(34),省定襄郡,徙其民于西河。

建武十一年(35),省朔方牧,并并州。

建武二十年(44),省五原郡,徙其吏人置河东。

东汉省并部分北方边郡,将吏民迁入内部,收缩防线进行防御,减少匈奴南下给汉朝百姓造成的生命和财产损失。由此可知,晋阳成为北面防御的主要区域。

建武二十四年(48)春,由于争夺单于位置失败并且遭受严重的自然灾害,右薁鞬日逐王(呼韩邪的长孙,叫比)便率所属南八部人马四五万之众归附光武帝,与蒲奴单于对抗。他虽接受东汉的保护与辖治,但有相对的独立性,仍自称呼韩邪单于二世。匈奴从此分裂为南北两部,各自走上了不同的发展方向,历史在这里产生了一次影响深远的转折。南匈奴归附了汉朝,得到了中原的支持,社会经济得到了较快的发展,从此逐渐走向了民族融合之路。而北匈奴则试图坚持自己的独立地位,继续对东汉王朝持敌对态度。这次匈奴的分裂给东汉提供了良机,东汉借此机会,对匈奴采取了一系列的措施,很好地解决了匈奴的问题。

其一,接受南匈奴归汉称臣的请求,同意其迁入云中、定襄、雁门和代郡等太原北部广大地区,其后不断南迁,最终定居于太原周边。

其二,在政治方面,加强了对匈奴内部事务的监督管理。“使中郎将段郴及副校尉王郁留西河拥护之,为设官府、从事、掾史。西河长史岁将骑二千,弛刑五百人,助中郎将卫护单于,冬屯夏罢。后以为常,及悉复缘边八郡。”从此,“监护”南单于的使匈奴中郎将成为常设官职,这意味着东汉王朝对南匈奴的统治有了制度上的保证,这是一大进步。

其三,给予南匈奴经济上的援助,并派使匈奴中郎将率兵护卫单于。建武二十六年(50),“秋,南匈奴单于遣子入侍,奉奏诣阙。诏赐单于冠带、衣裳、黄金玺、盭緺绶,安车羽盖、华藻驾驷、宝剑弓箭,黑节三,驸马二,黄金、锦绣、缯布万匹,絮万斤,乐器鼓车,棨戟甲兵,饮食什器。又转河东米糒二万五千斛,牛羊三万六千头,以赡给之”。

其四,从思想文化方面,对南匈奴进行教化。汉明帝即位(58)后,极其重视儒家教育，“为功臣子孙、四姓末属别立校舍，搜选高能以受其业，自期门羽林之士，悉令通孝经章句，匈奴亦遣子入学”。

东汉通过对南匈奴的控制，使南匈奴在北疆形成了一个屏障，并且和东汉边塞的卫戍部队相比，这是一个性价比很高的屏障。这也符合光武帝刘秀防御为主的主旨，因此后来东汉的历代帝王得以贯彻执行。

北匈奴见南匈奴内附后，非常惶恐，主动归还新掠汉人，以示善意。“钞兵每到南部下，还过亭候，辄谢曰：‘自击亡虏薁鞬日逐耳，非敢犯汉民也。’”建武二十七年（51），“北匈奴遣使诣武威求和亲”。对此，东汉采取了先羁縻、后攻伐的政策。随着中原政治局势的统一稳定和社会经济的恢复，东汉王朝国力增强。在南匈奴、乌桓、鲜卑的协作下，东汉对北匈奴开始采取大规模的攻伐。汉明帝永平十六年（73）至汉和帝永元二年（90）的十八年中，东汉对其进攻就有七次。东汉的攻伐远至塞外数千里，被俘虏的匈奴人口达二十余万。由于东汉强大的军事压力以及连年灾荒，北匈奴主力不得不西迁，只有十余万人留在塞外，与鲜卑融合，后随之入居塞内，与汉人融合。

因其旧俗、以资安置、迁徙塞内等举措，东汉较好地应对了当时的民族问题，对太原周边的南匈奴从思想、文化、经济上进行同化，取得了卓越的成效。东汉不仅保护了北疆，平定了匈奴，还积累了成功的经验，对后世处理少数民族聚居区问题具有积极影响和借鉴意义。

刘琨守晋阳

沧海横流，方显英雄本色。西晋末年，中原大地烽烟四起。太原是各族攻杀占守的焦点地区之一，西晋王朝同样不会轻易放弃。以雄豪闻名的中山魏昌（今河北无极）人刘琨被西晋王朝看重，作为挽救晋阳城的人选。

西晋光熙元年（306）九月，刘琨出任并州刺史，加振威将军，领护匈奴中郎将。永嘉元年（307）三月，刘琨带领队伍，忍饥耐寒，经过近半年的艰难转战，冲破胡骑的重重阻击，从匈奴汉国大将刘景手中夺回晋阳。长期的战乱洗劫和饥馑之后，整个并州地区人口已经不足两万户。晋阳的百姓早已逃亡殆尽，涌向相对安定的邺城（今河北临漳）。晋阳几乎已成为一座空城，满目疮痍，史称“府寺焚毁，僵尸蔽地，其有存者，饥羸无复人色，荆棘成林，豺狼满道”，其情状惨不忍睹。

在这种极端困难的条件下，刘琨率众除荆棘，埋尸骨，重建房屋城池，招徕流民，安抚百姓。他一面加强军事防御，一面抓紧生产自救，让老百姓携带武器下地耕种，派士兵在周围守卫，逐渐在晋阳城建立起新的防御体系。虽然也偶尔发生战事，但社会秩序相对稳定，生产得到恢复。不到一年光景，这块荒芜的土地又有了生气，流亡在外的民众逐渐返回家园，“鸡犬之音复相接矣”。洛阳沦陷后，刘琨父母来投奔儿子，晋阳也成为了刘琨真正意义上的家园。

永嘉三年（309），刘聪攻陷壶关后，处于敌后的晋阳便成了一叶孤舟，风雨飘摇。西面南面的刘渊、刘聪，东面的石勒虎视眈眈。东北的幽州（今北京）王浚虽为晋臣，却暗谋称帝自立，又因地盘之争与刘琨矛盾甚深，常有摩擦。只有北面正在崛起的拓跋鲜卑勉强算是盟友，却也有趁乱内迁、趁火打劫的意图。而刘琨控制所及仅局限于晋阳与周边，而且兵微将寡，处境十分艰难。

面对危局，刘琨体现出了惊人的毅力。《晋书》相关各传及《资治通鉴》载，刘琨在镇守并州期间，顶住了匈奴汉军对晋阳的三次围攻。永嘉六年（312）正月，匈奴汉军围城，持续月余。匈奴军队久攻不下，士气颓泄，而城中也窘迫无计。刘琨于夜半时分“乘月登楼清啸，贼闻之，皆凄然长叹。中夜奏胡笳，贼又流涕歔欷，有怀土之切。向晓复吹之，贼并弃围而走”。黎明前是人心理最脆弱的时刻，刘琨运用心理战术，发啸吹笳，极大地瓦解了敌军斗志，加之拓跋鲜卑的援军即将到达，遂促成了晋阳围解。

永嘉六年（312）七月，刘琨传檄所辖州郡，约定于十月会合进攻汉都平阳（今山西临汾）。不料部将令狐盛之子令狐泥因父亲被刘琨诬杀，投奔刘聪，并将晋军意图与虚实详细报告。刘聪决定先发制人，派遣河内王刘粲、中山王刘曜率军，以令狐泥为向导进攻晋阳。

东晋和十六国形势图

此时刘琨因雁门乌丸部落叛乱，带兵前去镇压，不在晋阳。闻匈奴汉军袭来，晋阳方面急忙将屯据于常山（今河北正定西）及中山（今河北定县）的兵力收回，又命郝诜、张乔率部迎击，并且遣使请求代公拓跋猗卢火速出兵救援。郝诜、张乔二将与匈奴汉军交战失利，俱战死。刘粲、刘曜率军乘虚进袭晋阳，太原太守高乔、并州别驾郝聿献城降敌。令狐泥搜寻到刘琨父母并将他们杀害。

建兴元年（313），晋愍帝司马邺即位，拜刘琨为大将军、都督并州诸军事等职。晋愍帝诏令三路进攻平阳。北路刘琨与拓跋猗卢会兵晋阳，一部由刘琨亲自率军循西河（郡治兹氏，今山西汾阳）南下进攻西平（今山西临汾西），一部由猗卢率领直捣平阳。刘聪闻讯后，急调主力戍守平阳，命大将军刘粲阻击刘琨，骠骑将军刘易阻击猗卢，荡晋将军兰阳助守西平。刘琨、猗卢两支北路军在汉军的严密防备下，推进受阻，被迫退兵。另外，东西两路大军的进攻也因司马睿拒绝出兵而被迫中止。西晋对匈奴汉国的最后一次大规模的攻势流产。

建兴三年（315），晋愍帝拜刘琨为司空，都督并冀幽三州诸军事。西晋在中原州郡只剩下孤悬于北方的最后堡垒——晋阳城了。刘琨从此成为晋室在北方的最高权力代表。

不久，长安沦陷，晋愍帝被俘，西晋灭亡。这时，刘琨的盟友拓跋鲜卑部落发生内讧，猗卢被其子六修杀死，六修又被普根所灭，于是诸部互相攻杀，四下大乱。刘琨的儿子刘遵，在鲜卑部落为质子多年，颇得人望。晋人卫雄和箕澹为鲜卑将军，甚有威信，部下也有不少晋人。他们在拓跋部内乱中团结自保，共同决定投归晋朝。于是，他们招集猗卢手下各族余众三万余，马牛羊十万余南下并州。

建兴四年（316），石勒出兵进攻并州。刘琨全军尽出，中了石勒埋伏，大败，丢了并州，只身投奔鲜卑首领段匹磾。

建武元年（317），刘琨想联合段部鲜卑的军队讨伐石勒，因段部鲜卑内部不和而流产。

大兴元年（318），段部鲜卑内斗，刘琨被段匹磾怀疑并投入牢中，并于次年被缢杀，时年四十八岁。子侄四人一同被害。

刘琨，字越石，出生于官僚世家。祖父刘迈，有经国之才，曾为相国参军、散骑常侍。父亲刘蕃，清高冲俭，官至光禄大夫。刘琨少有“俊朗”美誉，二十六岁时，为司隶从事。刘琨与兄长刘舆是尚书郭奕的外甥，名著当时。京城人都说“洛中奕奕，庆孙、越石”。庆孙，即刘琨兄刘舆的字。刘琨工于赋，颇负文名。当时，贾后之侄贾谧权过人主，身旁聚集了一批出身于豪族贵戚的文人，互相唱和，号为“二十四友”，名气很大，而刘琨兄弟也侧身其间，钟嵘称他“善为凄戾之词，自有清拔之气”，格调悲凉雄浑，被刘勰称为“雅壮而多风”，其气骨、风神有类于建安。这种诗风的形成，与他身逢乱世、英雄失路的经历直接有关。

高氏父子与北齐霸府

高欢（496—547），一名贺六浑，渤海（今河北景县南）人。其祖父曾任北魏侍御史，后因犯法徙配怀朔镇（今内蒙古固阳北），高欢生长于此，史称“累世北边，故习其俗，遂同鲜卑”。北魏动乱时，高欢先参加六镇起义、杜洛周起义、葛荣起义，后归秀容川酋长尔朱荣，以功升任晋州刺史。他治军较严，每次行军经过麦田，都带头步行牵马而过。尔朱荣死后，高欢将尔朱荣安置在并、肆（今忻州）两州的原葛荣部下二十万人带往河北，摆脱了尔朱兆的控制。北魏普泰元年（531），尔朱度律废掉元晔，另立元恭为节闵帝，高欢率兵攻占冀州（今河北冀州），被封为渤海王。这时的高欢羽翼已丰，积极准备同尔朱氏争权，他利用民族隔阂使六镇军民怨恨尔朱氏而拥戴自己。次年初，高欢攻取了邺城（今河北临漳西南）。闰三月，尔朱兆率兵二十万从晋阳出发，与尔朱仲远等人合兵围攻邺城。高欢以三万人迎战，以少胜多打败了尔朱氏联军。尔朱兆仓皇逃回晋阳，高欢乘胜进据洛阳，废节闵帝元恭及中兴主元朗，另立平原王元修为孝武帝。元修封高欢为大丞相、天柱大将军，北魏大权落入高欢之手。同年七月，高欢统兵十万攻克尔朱氏老巢晋阳，尔朱兆败退秀容，不久兵败自杀，尔朱氏政权彻底垮台。

高欢征战多年，深刻领悟到晋阳战略地位的重要性和尔朱氏成功的关键所在——晋阳既有利于联系北部鲜卑，又有利于进入中原腹地，控制河北诸州郡和河南洛阳政权。从地理形势看，晋阳确实是一处雄关重镇，它处于太行山西麓，地势舒缓、物产丰富，而在太行山东侧山体则是重崖断壁，重峦叠嶂，异常艰险，著名的太行八陉和多处雄险的关口，是极好的战略防御据点。高欢取代尔朱氏定居晋阳后，“以晋阳四塞，乃建大丞相府而定居焉”。永熙三年（534），高欢另立元善见为帝，史称东魏，定都邺，称上都，以晋阳为下都。武定三年（545），于晋阳城建晋阳宫。高欢以长子高澄为尚书令、大行台、并州刺史，以次子高洋为太原公，镇邺都，摄理军国大事。高欢则定居晋阳，遥控东魏，军国政务，皆归高氏，精兵宿将，咸萃晋阳，士马精强，远胜邺都，史称晋阳为“霸府”。晋

天龙山高欢避暑宫

阳的“霸府”地位，从北魏末一直延续到北齐末。

《北齐书》记载，高欢出则称“发晋阳”或“自晋阳西讨”，归则称“还晋阳”或“还于晋阳”，与其子来往于邺城与晋阳之间，还数度从晋阳发兵至孟津、玉壁战场征伐西魏。可见，高欢居晋阳，政治上挟制东魏傀儡政权，军事重心却在对付西魏，旨在扫除北齐立国的障碍。因此晋阳不仅是东魏政令所出之地，还是东魏兵力集结之处，其霸主地位十分明显。他的大丞相府史称“霸府”，晋阳城的遗址古城营村有地名“将府圪垛”，相传即是高欢霸府遗址。

东魏武定四年（546），高欢亲率大军十万，围攻西魏军事重镇玉壁（今稷山县西南），西魏军坚壁据守。东魏军攻打五十余日，“士卒战及病死者，共七万人”，高欢心力交困，病倒军中，西魏乘机造谣说高欢中箭将亡。高欢勉强起坐，请大将斛律金高唱“敕勒川，阴山下。天似穹庐，笼盖四野。天苍苍，野茫茫，风吹草低见牛羊”，以安军心，不久撤回晋阳。次年五月，高欢病死于晋阳，时年五十二岁。

《天工开物》中生铁炼钢图

据《北史》记载，有一个叫綦毋怀文的人，以道术事北齐神武帝高欢，在太原地区负责督造武器。他使用“灌钢法”冶炼钢刀，并利用两种淬火介质进行淬火以制作刀具，做出的刀极其锋利，能够一下子斩断铁甲三十札。灌钢法为古代冶金技术的发展做出了划时代贡献。

冶金工艺的改进，既促进了农业和手工业发展，又带来了武器的革命，提升了军队的战斗力。手握重兵的高欢次子高洋因此雄心勃勃，于东魏武定八年（550）逼孝静帝元善见禅让帝位，自立国号为齐，年号天保，定都于邺城，史称高齐、北齐。北齐在晋阳设置并州尚书省、太原郡、晋阳县，北齐天统元年（565）又于晋阳城新置龙山县，移晋阳县于汾水东。晋阳汾水之东原有一座小城，文宣帝高洋未称帝之前的府第就在东城双堂。北齐虽然将邺城定为国都，但因晋阳是高氏的创业基地，在立国之前已据晋阳十八载，所以晋阳始终保持着“别都”、“别宫”的地位，事实上与邺都并驾齐驱，也可以说是当时实际上的都城。

北齐王朝只有短短二十八年。北齐后主武平七年（576）十二月，北周武帝宇文邕统大军从平阳长驱直入，兵临晋阳城外，后主高纬惊慌失措，匆匆将晋阳防御之事交给并州刺史高延宗，连夜出五龙门逃往邺城，从者数十骑。皇帝的逃跑，激起了晋阳人民的极大愤怒，他们推举并州刺史、相国、安德王高延宗为皇帝，守御晋阳。高延宗是高欢长子高澄（早卒）的第五子，他被晋阳军民推为皇帝后，改武平七年为德昌元年，以资号召。高延宗亲自抚慰军民，《北史》称：“见士卒，皆亲执手陈辞，自称名，流涕呜咽。”军民深受感动，决心以死抗击周兵。高延宗也亲自出战，在晋阳城东门外，消灭周兵两千余人。次日黎明，周兵乘北齐军民休息时，突然发动进攻，将高延宗擒获。城里的老百姓，包括妇女儿童也爬上屋顶，用砖瓦石块狠狠打击敌人，充分显示出晋阳人民保家卫国的英雄气概。北周占领晋阳后，设并州，州治龙山县，领太原、乐平二郡十县，晋阳为太原郡属县，与龙山县隔汾河相望。北周大定元年（581），北周大丞相杨坚以隋代周，晋阳成为隋地。晋阳作为北齐别都二十多年，在太原历史文化发展上留下了浓重的一笔。

太原大族的发端

姓氏起源于原始氏族社会，是标志家族系统的称号。中国主要姓氏中的几个大姓，或起源于太原，或在太原光大。太原成为了姓氏文化主要的发端地之一。南北朝时代，政局复杂，战乱频发，却没有造成整个社会秩序的崩溃，世家大族的繁衍发展是重要因素。

传说太原王氏系姓始祖，乃周灵王太子。他名晋，字子乔，约生于公元前 565 年，卒于公元前 549 年，本姓姬。太子晋的儿子宗敬后来仕为司徒，看到周室衰微，天下大乱，便请老致仕，避居太原。时人仍呼之为王家，他遂以王为姓，成为太原王氏始祖，并尊太子晋为系姓始祖。宗敬死后，葬于晋阳城北五里，其墓地称“司徒冢”。宗敬的后裔，瓜瓞绵绵，人才辈出，成为太原之著姓。其后子孙繁衍，遍布各地。太原遂为王氏二十一地望之首，且为王氏之总号。十八世孙王翦及其子王贲、孙王离，祖孙三代，俱为秦之名将，王翦为大将军，王贲封典武侯，王离称武陵侯。

晋祠子乔祠牌匾

秦兼并六国、一统天下之时，王翦北征燕国，东平楚地，南下百越，攻无不克，战功显赫。始皇论功行赏，王翦与大将蒙恬共执牛耳，王姓与蒙姓同居天下之先。始皇驾崩，二世胡亥继位，矫诏赐公子扶苏死，又夺蒙恬兵权，遂令王离为大将军。胡亥胡作非为，横征暴敛，民不聊生，陈胜、吴广揭竿而起，刘邦、项羽起兵响应。王离率军与项羽战于巨鹿，王离兵败自杀。其长子王元为避战乱，迁往山东琅琊，是为“王氏琅琊祖”。太原王氏从魏晋到唐朝非常显赫，史称“一宗将近万室，烟火连接，比屋而居”，大量民户荫附王氏耕田。王氏郡望共有二十一处，而太原，则是王氏地望之首。王氏的衍派据说如今已有二百多个，这其中很多都是由太原王氏衍生而出的。它与陇西李氏、赵郡李氏、清河崔氏、博陵崔氏、范阳卢氏、荥阳郑氏等七族并列为五姓七族高门。

太原温氏之先祖出自姬姓。西周唐叔虞，字子于，周成王之弟。周公灭唐（今山西翼城西），把唐地封给他。其子燮父继位，因南有晋水，改国号为晋。之后，晋公族受封于河内之温（今河南温县），因以为氏。太原温氏家族的历代名人，有东汉邹平侯温序、北魏凉州刺史温恢、南朝光禄大夫温羡、南朝大将军温峤……温氏最为著名的是初唐温氏三杰：温大雅、温彦博、温大有兄弟三人。温氏三杰俱为卿相之才。唐高祖李渊镇太原时，厚礼温氏，李世民更是与之交情甚深。温氏三兄弟辅佐李氏父子，太原首义，平刘武周，荡突厥，西征南伐，立下了汗马功勋，为初唐开国名臣。温大雅被封为黎国公、礼部尚书；温彦博被封为尚书右仆射，陪葬太宗昭陵；温大有被封为中书侍郎、清河郡公。连唐文宗都感叹：“李氏君临天下二百年，但想和皇家联姻的人竟然比想和王、温等望族联姻的人少。”由此可见，温氏的社会地位丝毫不逊色于皇族李氏。

太原阳曲有郭氏，《元和姓纂》、《古今姓氏书辨》、《新唐书》均记载郭氏祖籍在阳曲。《新唐书·宰相世系表》中明确记载：郭氏出自姬姓。周武王封文王弟虢叔于西虢，封虢仲于东虢。西虢地在虞、郑之间。平王东迁，夺虢叔之地与郑武公，楚庄王起陆浑之师伐周，责王灭虢，于是平王求虢裔孙序，封于阳曲，号曰郭公。虢谓之郭，声之转也，因以为氏。后汉末，大司农郭全代居阳曲，生蕴。蕴生准、配、镇。镇，谒者仆射、昌平侯。裔孙徙颍川。华阴郭氏亦出自太原。汉有郭亭，亭曾孙光禄大夫广智，广智生冯翊。其中，郭淮事迹最为突出，其为三国时期魏国名将，曹魏大将军、阳曲侯。建安年间举孝廉，先后任平原府丞、丞相兵曹议令史以及夏侯渊的司马。夏侯渊战死时，郭淮收集残兵，推张郃为主将而得以稳定局势。魏文帝继位，封郭淮为关内侯，镇西长史。诸葛亮伐魏时，郭淮料敌准确立下战功。郭淮打退姜维后，升任左将军、前将军。去世后被追赠大将军。

太原孙氏为大族，其族人在这一时期出任各朝高官。孙资，太原中都（今山西平遥）人。他与涿郡（今河北涿州）人刘放一起在曹魏政权中典掌机要接近三十年，是朝廷中枢人物，屡次被封侯晋爵，位至光禄大夫。孙楚，自幼才藻过人，任过县令、朝廷禁军司马、冯翊太守。孙楚给后人留下了一些诗赋、书信等，为研究这一时期的文学创作提供了资料。孙楚的作品至南朝梁时有编定的集子，据《隋书·经籍志》记载，当时他的集子共有六卷。孙绰，东晋时期著名的文学家。晋室东渡，孙氏一门遂移江东。至孙绰，孙氏定居于会稽（今浙江绍兴）。孙绰曾任永嘉太守，后升职为散骑常侍、著作郎等。孙绰曾参与王羲之的“兰亭雅集”，为当时之名士，被称为玄言派诗人。孙盛，任长沙太守，升为秘书监，加官给侍中。他“笃学不倦，自老至少，手不释卷”，著成两部史书，即《魏氏春秋》和《晋阳秋》，史料价值极高。

太原为张姓主要起源地，传说较广的是始祖挥公说。唐代林宝撰《元和姓纂》

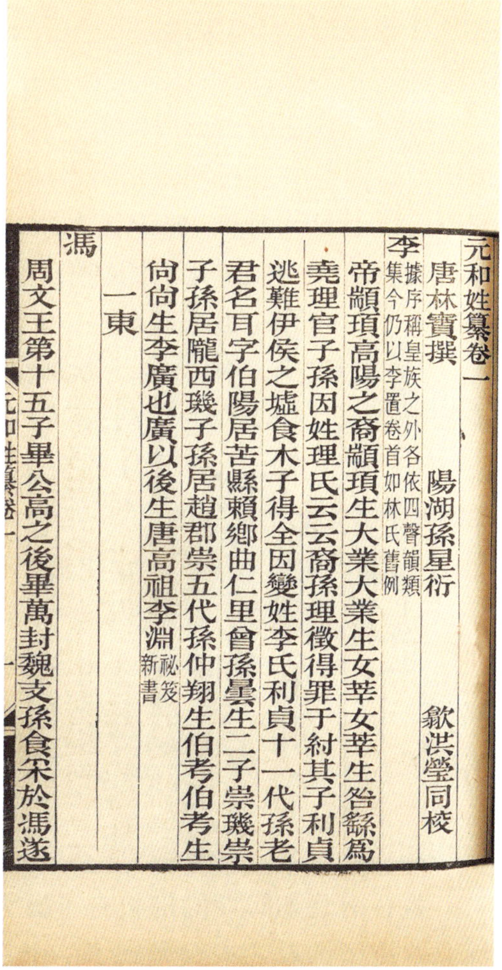
元和姓纂卷一
唐林寶撰　陽湖孫星衍　歙洪瑩同校
李 據序稱皇族之外各依四聲韻類集今仍以李置卷首如林氏舊例
帝顓頊高陽之裔顓頊生大業大業生女華女華生咎繇為堯理官子孫因姓理氏云云裔孫理徵得罪于紂其子利貞逃難伊侯之墟食木子得全因變姓李氏利貞十一代孫老君名耳字伯陽居苦縣賴鄉曲仁里曾孫曇生二子崇璣崇子孫居隴西璣子孫居趙郡崇五代孫仲翔生伯考伯考生尙尙生李廣也廣以後生唐高祖李淵 秘笈新書
一東
馮
周文王第十五子畢公高之後畢萬封魏支孫食采於馮遂

《元和姓纂》书影

云:"黄帝第五子少昊青阳生挥,为弓正,观弧星始制弓矢,因姓张氏。"宋代欧阳修、宋祁撰《新唐书·宰相世系表》云:"张氏出自姬姓。黄帝子少昊青阳氏第五子挥为弓正,始制弓矢,子孙赐姓张氏。"明嘉靖年间张宪、张阳辉主修的《张氏统宗世谱·本原纪》载:"尹城派始祖挥公,受封之国在山西太原府属之地。挥生昧,为玄冥师。昧生台骀,能业其官,宣汾洮,障大泽,以处太原,帝用嘉之,封诸汾川,掌水旱厉疫之职,即山川之神也。世飨其祀,今太原县有庙存焉。"清乾隆年间《清河张氏宗谱·古今世表图》载:"挥封国尹城,在山西太原府。"正因为史籍中有很多源于太原张氏始迁祖的记载,所以明嘉靖时张宪、张阳辉主修《张氏统宗世谱》时,记载了直接和间接源于太原的衍派达 118 派之多。清光绪年间张廷辉等编修《清河张氏宗谱》时,记载源于太原迁往全国各地的张氏衍派竟达 231 派,较明嘉靖时增加了将近一倍。

魏晋士族是历史形成的一个社会阶层,是中国古代社会中的宗族结构与封建经济发展潮流相结合的产物。魏晋之际,在太原地区出现了太原王氏、温氏、孙氏、郭氏等大族,他们凭借自己的家族地位,获得了一系列政治、经济、文化上的特权。在曹魏立国,西晋建立,西晋末"贾裴王乱天下",东晋东渡出现的"王与马共天下"的局面,以及后来南北朝阶段"孝文帝改革"中,太原士族都对社会产生了重要影响。太原大族接续繁衍有着复杂演变的过程,不能简单地将天下所有的王氏、张氏、温氏、郭氏都归于太原,然太原的王氏、张氏、温氏、郭氏有着巨大而深远的影响,则是毫无疑问的。

天龙山石窟与北朝佛教

魏晋南北朝时期的佛教有了极大的发展。一批佛像雕塑家的出现,标志着中国佛教艺术发展到了一个新的水平。这一时期出现的各种佛像,包括塑像和画像,已经不再是单纯地模仿西方传来的佛像图样,而

天龙山漫山阁

是融合了中国的民族风格，开始走上了独立的发展道路。北魏时期，是中国佛教发展史上一个极为重要的阶段。由于政府的保护和提倡，佛教有了迅速的发展，佛教艺术的发展也是蒸蒸日上。这一时期留传下来的闻名于世的大同云冈石窟、洛阳龙门石窟，都是这时由国家主持开凿的，所以规模巨大，空前绝后，显示了非同凡响的宏伟气势，对当时中原地区佛教艺术的发展起着指导性的作用。晋阳天龙山的石窟规模不大，却集前期艺术之大成，形成了自己独有的风格。

天龙山石窟上承两汉和北魏，下启隋唐的佛教艺术，是中国佛教艺术的一个奇葩，也是那个时代太原地区佛教文化繁荣的象征。天龙山位于太原市西南，这里四周山峦起伏，遍山松柏葱郁，山头龙王石洞泉水荡漾，山前溪涧清流潺潺。石窟分布在天龙山东西两峰的悬崖腰部，有东魏、北齐、隋、唐开凿的 24 个洞窟。现存石窟造像 1500 余尊，浮雕、藻井、画像 1144 幅。各窟的开凿年代不一，以唐代最多，达 15 窟。

东魏大丞相高欢辟晋阳为其“别都”，并建大丞相府，在天龙山修建了避暑宫，并开凿了两个石窟，其时间当在天平元年（534）至武定五年（547）高欢逝世之前。这些造像，已多被盗劫破坏。从残留部分来看，其特征为秀骨清癯，内着掩腋式的僧服，外着褒衣博带的服饰，双带由衣服中引出作结下垂，显得凝重洒脱。衣褶疏展，裙裾遮坐，略显厚重。左右胁侍菩萨，颈饰项圈，双肩敷搭披巾，上身裸，下着裙，裙角外摆呈锐角，跣足立于仰莲上。所有这些特征，当为元魏风格。在其余没有尊像的壁面上，还刻有极浅的浮雕，有的是合掌天人，有的是供养比丘，有的是飞天，有的是维摩诘和文殊对谈的场面，所有这些浮雕都颇为生动，富有活力，极有情趣。

北齐的皇帝都崇信佛教，北齐的佛教建筑在北魏的基础上继续发展。高欢死后的天保元年（550），其子高洋代魏自立，史称北齐。北齐年代虽短，但它继神武帝高欢的崇佛之举，也于天龙山开凿了两个石窟。这两个窟内的三面壁上都凿有拱形佛龛，内置五尊佛像。佛像体态丰满，骨肉圆润，与躯体扁平的北魏风格显然不同。佛像斜披法衣，薄薄的法衣紧紧地贴在身上，显得浑圆的躯体十分优美。在佛坛下面还有深浮雕的十位尊者像，其强劲的肌肉健美异常。天井四面雕伎乐飞天，肉身圆赘。第十六窟是天龙山保存最为完备的石窟，是成于北齐晚期乾明元年

蒙山大佛

（560）的作品，具有一定的代表性。其窟口呈圆拱形，拱端雕有凤鸟，左右岩石中各雕出一尊力士，力士头戴蔓草冠，身穿甲胄，手持长矛，体态端庄。在洞口外侧，还雕有前廊，面阔三间，廊侧为两根八角柱，上覆大斗，下有莲瓣柱础，柱子瘦长且有明显收分。在柱子上面又雕出由人字柱和一斗三升组合成的屋檐。其斗拱比例与卷刹做得十分准确，廊子高度、宽度和后面窟口的比例也恰到好处。在窟外右侧的石壁上还雕出带螭首的碑形。所有这些，都是北齐晚期石窟造像的风格。它反映了我国石刻艺术从元魏到隋唐这一过渡时期的特色，即逐渐中国化、民族化的程度。

北齐燃灯石塔

北齐皇帝还在晋阳西山上大建佛寺，著名的开化寺、童子寺、天龙寺都是这个时期的建筑。天龙寺即天龙山圣寿寺。童子寺在晋阳城西南 25 公里的龙山之巅，是高洋让高僧宏礼于天保七年（556）创建的，寺院规模宏大，摩崖造像奇伟，寺前有燃灯石塔，寺后有僧舍排列，其中最大的一尊石佛高达 170 米。直至今日，童子寺遗址的燃灯石塔尚存。开化寺在晋阳西北五公里的蒙山，初建于天保二年（551），当时寺院分前后两座，十分壮观，附近的开化村、寺底村、开化沟等村名，均因此寺而得名。后寺依山镌刻有高二百尺的蒙山大佛像，这尊大佛高度比四川乐山大佛略低，但凿刻时间要比乐山大佛早 162 年。蒙山、龙山两座大佛，一南一北雄峙于晋阳城外西山，最是壮观。《北史·齐本纪》记载当时开凿的情景："夜则以为照作，寒则以汤为泥，百工困穷，无时休息。凿晋阳西山为大佛像。一夜燃油万盆，光照宫内。"

北朝的石窟及其雕塑艺术，是以我国汉代的雕塑艺术为主体，融合了犍陀罗、印度笈多时代秣菟罗派的雕塑艺术而发展来的。对于北朝来说，一则产铜不多，二则铜木造像也易破坏，所以最好的办法就是即山凿窟，雕造佛像。北魏所凿的云冈石窟就是如此。天龙山石窟以技巧的成熟、饱满、洗练和表现感情的细致，接近民众的生活气息，以浓厚的民族性和地方性为其特色，以"小而精"著称，体现了天龙山雕塑艺术不同于其他石窟艺术的独特风格，因而被誉为"天龙山式样"，是中国古代石窟雕塑艺术的一颗灿烂的明珠，更是至今令人叹为观止的写在太原大地上的历史。

娄睿墓、徐显秀墓壁画与虞弘墓石椁浮雕

北齐时代虽短，但绘画，尤其是壁画，在中国艺术史上举足轻重。如果说讲太原历史文化绕不开北齐，那么讲中国绘画史则不能没有北齐壁画。而北齐壁画的重见天日，与太原地区发掘出来的娄睿墓、虞弘墓、徐显秀墓密不可分。

1979 年至 1981 年由山西考古研究所和太原市文管会共同发掘出土的娄睿墓，位于太

北齐娄睿墓陶马

北齐娄睿墓壁画

原市晋源区王郭村，规模宏伟，墓冢高大，又经夯打，虽漫历千余载，至今还占地400余平方米。墓室为娄睿和他的妻子“东安郡君杨氏”的合葬墓。娄睿墓虽屡遭破坏，但随葬品之多，为已发掘的北齐墓葬中最多的一座。经初步整理，尚有870余件随葬品。有壁画71幅，约合200多平方米。从墓葬的形制、葬式和随葬品看，它们都有着明显的时代特征。从出土瓷器中的装饰来看，可以明显地看出西域民族文化与佛教艺术的影响，反映了几种民族文化的交流和融合。

墓中宏伟壮观的壁画，是突出亮点。整个画面分两大部分，一部分在墓道、天井中的中下层和甬道、墓室的下栏，以绚丽多彩的大型长卷，描绘了墓主人生前生活的显赫场面；一部分在墓门、甬道与天井上栏和墓室顶部的上、中栏，描绘墓主人死后飞升的空幻境界。第一部分壁画有“鞍马游骑”、“军乐仪仗”、“门卫仪仗”、“禄爵显赫”等内容，炫耀娄睿官至太师、并州刺史的显宦地位。画中有歌舞乐伎，表现了内庭的富丽豪华；列旗羽葆，鞍马扈从，显示其下马归来的威严景象以及侍者安排主人出行的种种场景。第二部分是祥瑞和天象，描绘了墓主人死后灵魂升天的境界。有疾恶如仇、专触为恶者的獬豸图，有道教内容的龙虎图，有佛教的西方净土图，有持铁锤四处敲击的雷公图，以及青龙白虎图、十二生辰图和天象图。这一幅幅人间天上的大型画卷，形象地反映了南北朝晚期封建意识形态的一个侧面，填补了美术史上的空白。

1999 年，在著名的娄睿墓发现地太原市王郭村，又诞生了一个重大的考古新发现——虞弘墓。这是我国第一座经过科学发掘、有准确纪年并有着完整、丰富中亚图像资料的墓葬。墓内出土的汉白玉石椁、彩绘浮雕和石雕乐佣，以浓厚的异域风情、鲜明的文化特色、高超的艺术水准和重要的历史价值，震惊中外——在华夏文明的中心区域，竟然出现了难以释读的西方艺术，这充分说明山西在北朝到隋唐时期，是中西

北齐娄睿墓彩佣

虞弘墓石椁浮雕《猎鹿图》

文化交流的热点地区。这是研究北朝至隋中西文化交流的重要依据。

墓主人姓虞名弘，字莫潘，鱼国人，在北朝时曾一度“检校萨保府”，执掌祆寺及西域诸国事务，卒于并州，隋开皇十三年（593）石椁殓葬。然而，“鱼国”究竟是一个什么样的国家，处于什么位置，至今尚无定论。但从墓葬资料看，这里的彩绘汉白玉浮雕宴饮图、乐舞图、狩猎图、出行图等，表现了当时社会丰富的生活内容，洋溢着中亚浓烈的民族气息，反

映了墓主人的民族、宗教习俗和萨珊文化特色。可以说，鱼国至少也应在西域的某个地区。

徐显秀墓，位于山西省太原市迎泽区郝庄乡王家峰村东“王墓坡”，2002 年实施发掘，壁画是这次考古发掘最重要的收获之一。遍布全墓的彩绘壁画保存基本完整，共约 3300 平方米，气势恢宏壮观，形象生动写实，色彩斑斓如新。该墓葬壁画彩绘各类人物、马匹、牛车、神兽，各色仪仗、兵器、乐器、生活什物和装饰图案，应有尽有。画面人物与现实同大且栩栩如生，内容纷繁而布局和谐，人物复杂而脉络清楚。

徐显秀墓壁画绘在墓道的土墙和砖砌的墓室墙壁上，描绘的是墓主夫妇宴饮和出行的盛大场景，是考古发掘的北齐壁画墓中保存最完好的一座。壁画既有娄睿墓的人物画特点，又有其他北齐墓室壁画未能保存下来的新因素，这其中来自西域的造型观念和艺术风格十分突出。或因这些外来艺术因素的加入，才加速了北齐新画风的形成。

徐显秀墓壁画可分作墓道和墓室两组加以观察。墓道壁画未做地仗，作画之前仅在铲平的生土壁上刷白，导引的怪兽和人物行列就直接画在白墙上，与通常所见的壁画一样，没有明显的色调感。墓室的壁画则不同，它是画在砖墙抹灰的地仗上，一壁一画，各有中心。北壁为徐显秀夫妇宴饮图，东壁为牛车出行，西壁为鞍马出行，门壁为东、西壁出行

北齐徐显秀墓瓷器

队伍的前导。这壮观的出行场面都统摄在暖灰的色调中，天空偏冷的淡黄色和地面略重的土黄色提供了墓室壁画的黄灰色基调；描绘宴饮奏乐和旗幡下行进的人物、牛马车驾所用的颜色，多是红黄等暖色和赭褐一类中性偏暖的颜色；少数人物所穿的蓝绿服装和冷色的马鞍、仪仗也是用偏暖的调和色画出，色彩的丰富变化都是在暖色基调中给予呈现的。

徐显秀墓的壁画反映出来的色彩观念并不是中原的绘画传统，它应该来源于中亚或者印度。在北齐胡化的社会风气下，印度文化或以萨珊波斯为代表的西亚文化，以粟特为代表的中亚文化，各以不同的方式进入北齐境内，在音乐、舞蹈、绘画等艺术领域有明显的反映。以绘画而言，东魏北齐时曾流行一种传自于中亚的绘画，其画法与中国传统的绘画十分不同，是用特别炼制的胡桃油调颜色来作画，以色彩表现见长。这些壁画不仅代表了当时最高的绘画水平，而且由于其完整再现了北齐达官显贵的奢华生活，为我们研究北齐社会历史文化提供了难得的形象资料。

北齐壁画成就非凡，显然是当时的一批杰出的画家和工匠成就了这一切。

第四章

从“一都之会”到大唐北都

（隋唐五代时期）

概述

带着北朝“霸府”的雄风，太原醒目地登上了隋唐五代的历史舞台。

这一历史阶段，长期割据和战乱之后建立的统一的大隋王朝又在短时间内土崩瓦解，一个更具政治智慧的统治集团开启了大唐帝国290年的基业，一度造就了中国封建王朝独具一格的盛大气象。唐灭，五代十国续演割据与攻伐，令中国北方地区遭遇比隋统一之前更加激烈的动荡。

在这个盛衰落差巨大、统一与分裂转换的时期，太原始终处于重要位置，担负着特殊角色，具有深刻影响。

隋唐五代时期，太原政治地位特殊。隋炀帝杨广曾封晋王，任并州总管，治所就在晋阳。李渊、李世民父子起兵晋阳，夺取天下，太原成为李唐王朝的发祥地。在唐代，太原作为“北都”、“北京”，在统治集团心目中占有极为重要的位置。五代十国时期，后唐、后晋、后汉、北汉等都以太原为开基发迹之地，太原被定为国都或陪都。

晋阳城的修缮与扩建，在隋唐时期达到顶峰。隋文帝、隋炀帝、唐太宗、武则天等时期均有重要建树，最终，晋阳城在唐代形成西、东、中三城一体的宏大格局，以其繁华与富庶，与西都长安、东都洛阳并称“天王三京”。

隋唐五代时期，汾河水和晋水被广泛利用，太原的农业发展迅速。手工业以矿冶业最具代表性，煤炭开采业已较为发达，而酿酒业已负盛名。到唐代，太原交通更为便利，形成了以晋阳为中心的四通八达的道路网，促成了中外商业的进一步繁荣。当时，太原已是一座对外贸易国际化的城市。

隋唐时期，太原文化积淀深厚，人文荟萃的地域魅力更加突显，文人墨客名家辈出，文化创造力更为旺盛，一个重要标志是王维等一批太原籍诗人群星闪耀，成为唐代文学中的特有现象。有唐一代，许多重要诗人都曾游历太原，留下了不朽的名篇，进一步强化了太原文化的磁场效应和辐射效应。

太原自古以来就是军事重镇。隋唐时期，无论国家为抵御外族入侵，还是封建帝王为了谋取边功，都将太原列为重中之重。太原凭山河拱卫，北可抗拒或联合边族，南可护卫或攻伐中原，因此，也特别受到有割据甚或谋取天下者的青睐。这种“襟四塞之要冲，控一原之都邑”的角色与“并州近狄，俗尚武艺”之民风相呼应，构成了独有的地域社会特征，对太原的政治、军事、经济、文化持续产生着深刻的影响。

一言以概之，隋代的晋阳最有雄心，唐代的晋阳最为壮美，五代十国的晋阳最不平静。

杨广出镇和巡幸晋阳

开皇元年(581),隋文帝登位,当月封十三岁的雁门公杨广为晋王,又任命他为并州总管。第二年正月,又置河北行台尚书省于并州,让晋王杨广担任尚书令。

晋阳城在今太原市西南约二十公里的晋源区古城营村一带,是东魏、北齐的别都。杨广上任的五六年前,这里是北周同北齐激烈争夺的战略要地,也是防御北方突厥的军事重镇。隋文帝首先派次子杨广出藩镇守晋阳,是因为对杨广寄予厚望。隋文帝命令忠诚而有才干的项城公王韶、安道公李彻辅佐引导杨广,可谓用心良苦。王韶,字子相,是太原晋阳本地人,北周以来累立军功。杨广镇守并州时,王韶为行台右仆射,秩从二品。隋文帝曾特意训导杨广:

隋炀帝杨广画像

“今令子相作辅于汝，事无大小，皆可委之。无得昵近小人，疏远子相。”

晋王在王韶等人的辅导下，表现得“好学，善属文，沉深严重”。有一次外出观猎，不巧遇雨，左右的人给他披上油衣遮蔽，他说：“士卒皆沾湿，我独衣此乎？”让把油衣拿走。这样，他不仅很早就取得了政治经验，又积累了政绩声誉。少年的杨广已使“朝野属望”。隋文帝密令一个名叫来和的善于看相的人，给他五个儿子都相一下面。来和说：晋王眉上双骨隆起，贵不可言。其实，史家如此记载，也正是对当时一种社会舆论的反映。

太子杨勇被废，杨广被立为皇太子。仁寿四年（604）七月，隋文帝去世，隋炀帝杨广在仁寿宫即位。

登上皇位的杨广大规模修渠开道，以满足巡行天下、威布四方的需要，同时也沟通了域内，有利于经济社会发展。在他的心目中，他的出镇之地太原是有特殊地位的。大业三年（607）五月，隋炀帝征发河北十多个郡成年男子开凿太行山，开通驰道，直达并州。

大业三年八月，隋炀帝杨广乘车前往榆林。突厥启民可汗装饰宫室，清理道路，迎候皇帝车驾。隋炀帝来到启民可汗的营帐，启民敬奉酒觞为他祝寿，这一次宴饮场面盛大，赏赐非常丰厚。隋炀帝如此威风还不尽兴，带着至高无上的感觉，他对在场的高丽使者说：“回去告诉你们的君王，应尽早来朝见。不然的话，我同启民就要出巡到那方土地了。”

事后，启民可汗回到封地，隋炀帝杨广进入楼烦关。当月壬寅日，杨广停驻太原，期间，诏令营建晋阳宫。少年出镇晋阳的他故地重游，对自己的“龙潜”之地无疑别有一番感受，他营建晋阳宫的意图，当然包括他对此地的看重，也表示了巡幸太原的意愿。

大业四年（608）三月，隋炀帝车驾巡游五原，并出边塞巡游长城。四月，以离石的汾源、临泉，雁门的秀容，设置楼烦郡，并修建汾阳宫。从晋阳宫到汾阳宫，这是杨广奢华排场的一个缩影，而另一方面，也是杨广对其坐镇太原时最喜欢的一条线路的重温。

至今，太原市尖草坪区天门关东北崖，有一条蜿蜒的古栈道，传闻系隋炀帝杨广当年去管涔山汾阳宫避暑之路，因此得名“杨广道”。今乾烛谷（即凌井沟）尚有遗迹。

大业七年（611）二月，隋炀帝巡游涿郡，期间下诏：“虽然挂念征战敌国，仍然要巡察各地。现去往涿郡，巡抚民俗。河北各郡和山西、山东年纪九十岁以上的，官职授予太守；八十岁的，授予县令。”

虽然此时杨广没有巡幸太原，但他没有忘记把天子的恩德施予太原。

大业十一年（615）五月己酉日，隋炀帝巡游太原，在汾阳宫避暑。令杨广始料未及的是，这次巡幸，他雄视天下的风度一下子消散了。巡游太原、避暑汾阳宫之后，八月，隋炀帝巡视北方边关。戊辰日，突厥始毕可汗率骑兵数十万人，图谋袭击隋炀帝车驾。壬申日，隋炀帝车驾急驰“巡游雁门”。史载“巡游”，实则是逃跑避险而已。当时，次子齐王杨暕率后军在崞县保卫。癸酉日，突厥围雁门城，官军数次交战都失利，城中兵民十五万人尽力死守。雁门郡所属四十一城，被突厥攻破了三十九城，仅存雁门、崞县两城。隋炀帝非常恐慌，想率领精锐骑兵突围出去，被大臣们极力劝谏作罢。情势危急，杨广采纳建议，诏令天下各郡招募士兵

隋朝大运河

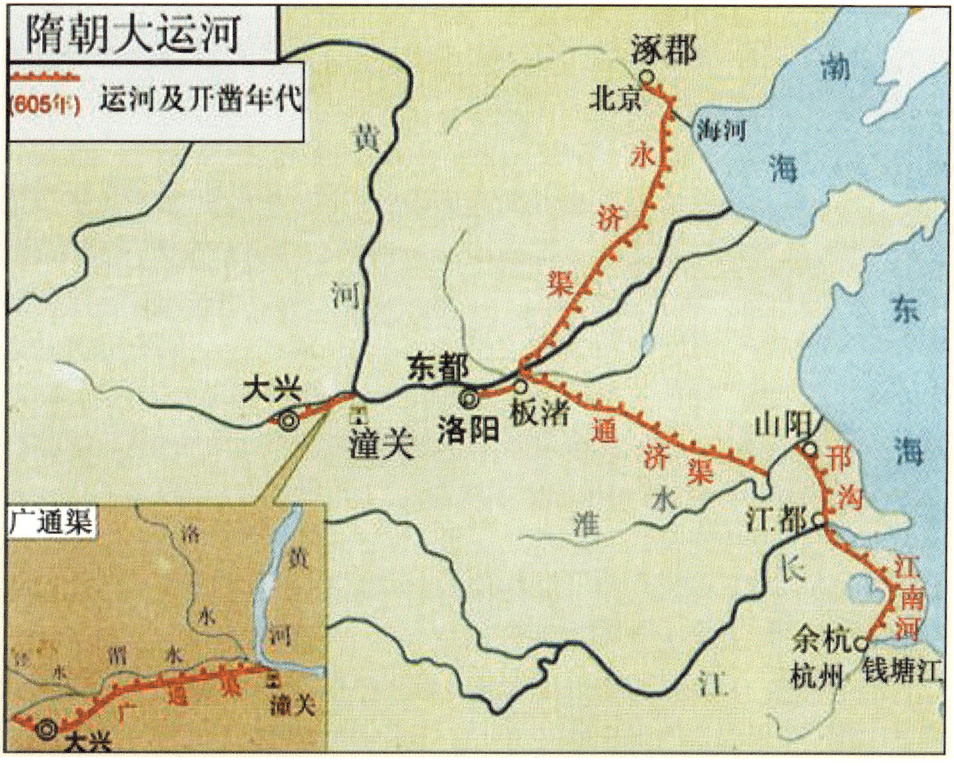

解围，并悬出赏格，于是各地长官赶来救难。参与这次退敌行动的人，就有太原公子李世民，他时年十六，少年英武一如当年出镇晋阳的晋王杨广。九月甲申日，突厥解围离去。丁未日，隋炀帝特赦太原、雁门郡死罪以下的犯人，但他始终没有兑现事先提出的赏格。

就在这次巡游事件过后不久，大业十三年(617)五月，唐国公李渊在太原兴兵起义。十一月丙辰日，李渊攻入京城。

晋阳，是杨广记载青春豪情的故地，也是给他书写帝国噩梦的地方。

李渊李世民父子太原起兵

李渊是十六国时期西凉国开国君主李暠的后裔，世代显贵。李氏祖籍陇西成纪(今甘肃省秦安县西北)，一说是陇西狄道(今甘肃省临洮县)。由于李渊的姨母是隋文帝的独孤皇后，所以隋文帝特别亲近器重李渊。李渊袭封唐国公。

大业九年(613)春，隋炀帝征伐高句丽时，李渊在怀远镇督运粮草。同年，李渊奉隋炀帝之命任弘化郡(治合水，甘肃合水县)留守，兼知关右诸军事，有权征发附近十三郡兵士。在此期间，李渊广交天下豪杰，遭到隋炀帝的猜疑。恰好有诏书命李渊去隋炀帝巡行所到之地，李渊称病没有去。当时李渊的外甥女王氏在后宫，隋炀帝问王氏：“你的舅舅怎么迟迟不来？”王氏回答说李渊病了，隋炀帝又问：“病得要死了吗？”李渊知道以后日益恐惧，因此无节制地饮酒消愁。大业十一年(615)，李渊任山西、河东抚慰大使，有权选用郡县文武官员。次年，任太原留守。他多次做地方长官，特别是在军事重镇太原做留守，很有利于起兵反隋。在镇压农民起义的过程中，李渊招降纳叛，不断扩充自己的实力。这时，李渊次子、才干过人的太原公子李世民担当了重要角色。

李世民生于多事之秋，长于戎马之间，很早就显示出了不同凡响的军事才干。隋末农民大起义爆发后，隋炀帝依然我行我素，到处巡游。大业末年，他北巡长城，在今天山西代县境内的雁门被突厥包围。隋炀帝被围得水泄不通，只好用木头系上诏书，投到汾水中，顺流而下，募兵救驾。十六岁的李世民闻讯前去应募，被分配到屯卫将军云定兴的大营。云定兴带兵去救援，李世民对云定兴说："突厥之所以敢包围我们的皇帝，是以为皇帝没有援兵。我们去救援的时候，虽然人少，但可以把队伍拉开几十里的距离，让敌人在白天能看到我们的旌旗，夜里能听到我们的鼓声，敌人一定会以为我们的大军来了。不必交战就可以吓退敌人，否则的话，如果敌人知道了我们兵力不多，胜败就很难说了。"据《旧唐书·太宗本纪》、《新唐书·太宗本纪》记载，云定兴采纳了李世民的建议，依计而行，对突厥始毕可汗形成了压力，对解雁门之围起了重要作用。李世民的军事才能在这一战中初步显示出来。事实上，当时齐王暕以后军保于崞县，而云定兴军隶于其下，仅能自保，未能赴援，由于其他的原因，加上东都及诸郡援兵到达忻口，突厥始毕可汗于九月间撤兵后退了。尽管如此，李世民初次从军，他的军事才能就显示了出来。

唐高祖画像

在跟随父亲李渊镇压农民起义的过程中，李世民审时度势，知隋必亡，暗中结交豪杰，招纳逃亡之人，网罗各种人才。大业十三年（617），天下起兵反隋的队伍已是蜂拥而起，隋炀帝所在的江都（今江苏扬州）被孤立了。晋阳令刘文静是李世民的密友，刘文静因为和起兵反叛的李密联姻，被隋炀帝囚于太原监狱。李世民就到监狱去探视他，说："我来监狱里探望你，并不是因为儿女之情，而是想和你商量一件大事。"刘文静就在监狱里和李世民密谋起兵之事。

唐太宗画像

李世民把自己起兵的计划向父亲李渊汇报。李渊开始不同意。据《资治通鉴》载，李世民分析群雄并起的形势后，三次规劝李渊起义。第一次他劝其父时，李渊大为吃惊，不许；第二次规劝其父时，李渊已探得李世民暗中蓄养士马，欲举大事，无可奈何地说："今日破家亡躯由汝，化家为国亦由汝。"后来李渊讨寇不力，隋炀帝要兴师问罪，李世民趁势第三次规劝其父："晋阳士马精强，宫监蓄积巨万，以兹举事，何患无成！"

事实上，晋阳起兵的主要策划者，首推李渊。李渊早就有叛隋起兵的念头，只是在正式起兵前几年里，一直处于隐蔽状态罢了。据《大唐创业起居注》载，受封唐国公的李渊奉诏为太原道安抚大使后，"以太原黎庶，陶唐旧民，奉使安抚，不逾本封，因私喜此行，以为天授。"所谓"天授"之意，指的是叛隋起兵的时机快到了，同时，太原是军事重镇，兵源充足，粮饷丰盈，因此“私喜此行”，他把长子建成留在河东，命其“于河东潜结英俊”，而把世民带到太原，命其“于晋阳密招豪友”。晋阳一带官僚、地主、豪商都看到李渊有“四方之志”，纷纷劝说起兵，将李渊视为众望所归的人物。总而言之，密谋起义，反映的是关陇地主包括河东、晋阳地主的共同意向。晋阳起兵，是李渊长期酝酿叛隋的必然结果。此前，他故意纵情酒色，装出一副无所作为的假象，为的是解除隋炀帝对他的猜忌。而当时的李世民，从年资、阅历或者实际的政治、军事经验来说，虽然够不上“首谋”人物，但是在密谋活动中起了极其重要的作用。

身为太原留守的李渊，虽然重兵在握，但要密谋起义，还必须有一支私自指挥的基干队伍。大业十三年(617)二月，马邑人刘武周起兵反隋，三月引突厥直逼太原，李渊以讨伐刘武周为辞，召集诸将提出自行募兵。结果，“远近赴集，旬日间近万人”，这支队伍是李渊、李世民父子私自控制和直接指挥的，成为晋阳起兵的主力军。

太原副留守王威和高君雅看到李渊招兵买马，怀疑李渊要造反，便密谋骗李渊父子到晋祠祈雨，以除掉李氏，向隋炀帝邀功请赏。不料，这一密谋被晋阳乡长刘世龙获悉，告知了李渊。大业十三年农历五月十五日，李渊、李世民先发制人，指使开阳府司马刘政会告发王威、高君雅二人暗中勾结突厥，引突厥入寇中原，借此将二人囚禁。农历五月十七日，恰巧数万突厥军队进攻晋阳，李渊立刻名正言顺地下令将两人推出斩首。同时，李渊又设下空城计，吓退了突厥的军队。农历七月，李渊在晋祠祈祷后，率军三万誓师，正式起兵。当时，太原公子李世民年方十九。李渊的坚忍镇静，李世民的勇于有为，相辅相成，交相辉映，确保了晋阳起兵的成功。李渊另外两个儿子李建成、李元吉在河东接到父亲的紧急“追书”后，急忙奔赴太原会合。

晋阳起兵目标明确：乘虚入关，直取长安，以便号令天下，建立新王朝。李渊举兵后，西河郡表示不服从，于是李世民和哥哥李建成奉命率众直捣西河，往返九天，首战告捷，军威大振。

当时隋炀帝远在江都(今江苏扬州)，关中隋兵出关救援被李密围困的东都，关中空虚，中原瓦岗军与王世充激战正酣，均无暇西顾，却给李渊以入关的好机会。李渊与突厥始毕可汗讲和，免除了后顾之忧；开仓赈济贫民，取得了民众的同情。李渊自称大将军，使长子李建成统率

龙兴晋阳雕塑

左军，次子李世民统率右军，三子李元吉留守太原。李渊率左右军自太原出发，长驱南下。期间，屯兵霍邑的隋朝虎牙郎将宋老生率精兵二万抵抗，恰逢久雨粮尽，有流言说突厥又乘虚掩袭太原，李渊大军遇到进退取舍考验。李世民审时度势，申以利害，坚决主战，李建成也反对退回太原。李渊最终放弃回撤的想法，在淫雨停歇、太原运粮到达后，率军直驱霍邑。李世民、李建成发挥骑兵优势，诱敌出城，继而将敌腹背夹攻，迅速战胜了勇而无谋的宋老生。之后，大军接连攻取临汾郡和绛郡，却在战略要地河东受阻，攻之不克。李世民主张不在此间恋战，兵贵神速，应立即入关。李渊最终决定大军渡河入关，重点攻取长安，同时留相当兵力对付河东守将屈突通。大军渡河至朝邑（陕西朝邑县），分兵为两路。李建成左军据永丰仓，守潼关防东方兵入关。李世民右军经略渭北，招集兵卒多至二十余万人，一举攻入长安城。值得一提的是，李渊之女

晋祠铭碑

晉祠之銘并序

御製御書

夫興邦建國資懿親以作輔分珪錫社寔茂德之攸居非親無以隆基非德無以啓化是知功侔分陝奕葉之慶彌彰道洽留
棠傳芳之跡斯在惟神誕靈周室降德酆都疏派天潢分枝璇極經仁緯義履順居貞揭日月以爲躬麗高明之質括滄溟而爲
量體弘潤之資德乃民宗望惟國範故能協隆鼎祚贊七百之洪基光啓維城開一匡之霸業既而今古革運舟壑遞遷雖地盡三
分而餘風未泯世移千祀而遺烈猶存玄化潛流而無名神理幽而靡究故歆祠利禱若存若亡濟世匡民如顯如晦臨汾川
而降祉構仁智以棲神金闕九層鄙蓬萊之已陋玉樓千仞耻崐閬之非奇落月低於桂筵流星起於珠樹若夫崇山亘峙作
鎮參墟襟帶邊亭標臨朔土懸崖百丈蔽日虧紅絶嶺萬尋橫天聳翠霞無機而散錦峰非水而開蓮石鏡流輝孤巖宵
朗松蘿曳影重谿晝昏碧霧紫煙鬱古今之色玄霜絳雪皎冬夏之光其施惠也則和風溽露是生油雲膏雨斯起
其至仁也則蜿蟺鶴蓋息焉飛禽走獸依焉其剛節也則治亂不改其形寒暑莫移其操其大量也則育萬物而不
倦資四方而靡窮故以眾美攸歸明祇是宅豈如羅浮之島拔嶺南遷嶧陽之山移基北轉以夫挺秀之質而無居常之資
故能靈岳標奇託神威而爲固加以飛泉涌砌激石分湍縈氛霧而終清有英俊之貞操住方圓以成像體聖賢之屈伸
日注不窮類芳猷之無絶年傾不溢同上德之誠盈陰澗懷冰春留冬鏡陽崖引溜冬結春苔非疏勒之可方豈瀑布之能擬至
若濁涇清渭歲歲同流碧海黃河時時一變以夫括地之紀橫天之源不能逮其清莫能殊其操信乃茲泉表異帶仙宇而
爲跡仰神居之肅清想徽音其如在是以朱輪華轂接軫於壇衢玉幣豐粢連箱於廟闕氤氳靈氣仰之而彌高
照晰神光望之而逾邈潛通玄化不爽於錙銖感應昭徵不逾於影響惟賢是輔非柔稷之爲馨唯德是依豈筐篚
之爲貴昔有隨昏季綱紀崩淪四海騰波三光戢曜先皇襲千齡之徵躡膺八百之先期用竭誠以祈嘉福爰初鞠
旅發跡神鄉舉風雷以長驅籠天地而遐捲一戎大定六合爲家雖膺籙受圖彰於天命而克昌洪業寔賴神功故若
汪汪萬頃必俟雲雨之澤巍巍五岳必延塵壤之資雖九穗豐年由乎播種千箱盈日本藉崇基然則不雨不雲則乃炎枯
一簣非塵非壤則有傾覆之憂雖立本於自然亦成功而假助豈大寶之獨運不資靈福者乎故無言不酬無德不報
是以巡往跡賽遺恩臨汾水而濯心仰靈壇而肅志若夫照車十二連城三五幣帛雲委珍羞山積此乃庸鄙之享恐非明神
所歆正當竭麗水之金勒芳猷於不朽盡荊山之玉鏤美德於無窮若波雨師弭落惠澤令斯風伯揚此清塵使地祇仰
德於金門山靈受化於玄闕括九仙而警衛擁百神以前驅俾洪威振於六幽令譽光於千載豈若高唐之廟空号朝雲陳
倉之祠虛傳夜影式刊芳烈乃作銘云

赫赫宗周明明哲輔誕靈降德承文繼武啓蔓苗名剪桐頒土逸翮孤映清飆自舉藩屏維寧邦家攸序傳暉竹帛降
靈汾晉惟德是輔惟賢是順不罰而威不言而信玄化潛流洪恩遐振沉沉清廟肅肅靈壇松低羽蓋雲挂仙冠霧筵霄
瑤霞帳晨丹戶花冬桂庭芳夏蘭代移神久地古林殘泉涌湍縈瀉砌分庭非攪可濁非澄自清地斜文直澗曲流平翻霞
散錦倒日澄明冰開一鏡風激千籟既瞻清潔載想忠貞濯茲塵穢瑩此心靈猶歎勝地偉哉靈異日月有窮英聲不匱天
地可極神威靡墜萬代千齡芳猷永嗣

《晋祠之铭并序》拓片

平阳公主闻晋阳起兵后，于鄠县（今陕西户县）散家财，聚众响应，引精兵万余与李世民军队会于渭北，合围京城，营中号为“娘子军”。而长安被攻陷后，守卫河东的隋朝骁卫大将军屈突通见大势已去，只得投降。

李渊登帝位后，对晋阳起兵参与者予以表彰，特别公布了“太原元谋功臣”名单，裴寂、刘文静、长孙顺德、刘弘基、窦琮、柴绍等一批谋臣和战将受到封赏，位居要职。李世民为尚书令，受封秦王，并以显赫的“首义”军功，在新王朝中占据重要地位。

晋阳起兵三十年后，唐太宗李世民亲征高丽失利，心情灰暗的还师途中，他率众翻过太行山来到太原。时值岁末，太宗在太原度过春节。除夕之夜，他召群臣一同守岁，并题诗一首：“四时运灰琯，一夕变冬春。送寒余雪尽，迎春岁早新。”这种故地重游、世事轮回的感怀是意味深长的。正月二十六日，唐太宗率群臣谒晋祠，仿佛再次感受到神灵恩德的沐浴，犹如在晋水之畔经历了心灵的洗礼。太宗虔诚祈祷，随之心境豁然，文思涌动，感慨颇深地写下了著名的《晋祠之铭并序》，深情追述由晋阳誓师而开创的大唐伟业。其中“非亲无以隆基，非德无以启化”，成为他治国的重要领悟。在当年起兵处，他更深层次地体悟了执政持国之根基。

跨汾连堞北都雄

唐王朝发祥于太原。李渊、李世民父子定都长安后，因晋阳古称唐国，遂定国号为唐。唐太宗之子李治以晋王之位承袭帝业，为唐高宗。太原还是著名女皇武则天故乡并州的治所。唐朝先后封太原为“北都”、“北京”，与京师长安、东都洛阳并称“三都”、“三京”。太原被称为“中原门户”，历来为兵家必争的北方重镇。诗人李白于太原作诗序时曾记：“天王三京，北都其一。”这位大诗人可谓一语中的。

唐王朝非常重视对太原城的修建，其恢宏的建筑规模为太原历史

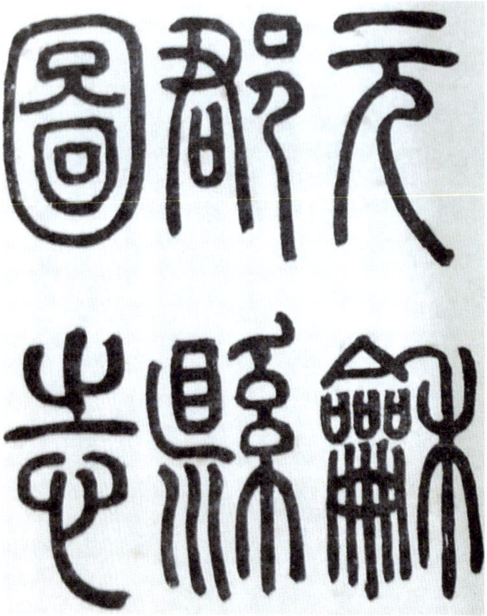

《元和郡县图志》书影

上所仅见。北齐文宣帝在董安于所建晋阳古城的遗址上建造大明宫，后扩建为城，称大明城，城高四丈，周回四里。隋于大明城北又建一城，原来东魏孝静帝于此置晋阳宫，因以为城，隋文帝时更名为新城。隋炀帝时曾将东魏孝静帝的晋阳宫加以扩建，城亦有所加大，加大后的城，高四丈，周回七里。隋文帝开皇十六年（596），还建有一座仓城，东面与新城相连。此城高四丈，周回八里。这样就形成三个连环城，到了唐代又在三城之外增筑外城墙，将三城包入其中，称卅城或府城。这样入唐之后的太原城就成为一座“城套城”的连环城。

据《元和郡县图志》记载，被称为“府城”的太原城高四丈，周回二十七里。太原府衙门和晋阳县衙门都设在府城中，城内建筑层层叠叠，鳞次栉比，规模宏大。其仓城中还有受瑞坛。据说李渊、李世民父子晋阳起兵时于此处发现一块瑞石，上有“李理万吉”四字，故筑坛以纪念。在乾阳门街，还有唐高祖李渊起义誓师的号令堂和显庆五年（660）筑的讲武台、飞阁等名胜。不过应该注意的是，《元和郡县图志》是唐中后期李吉甫所撰，这时距离唐的建立已远，其所记的情况不尽为唐初景象，其中很多建筑是后人逐渐增修的。

太原城在唐代大规模的增扩主要有两次。其一是贞观年间，唐太宗以名将李勣为并州大都督府长史镇守太原。期间，李勣曾于贞观十一年（637）在汾河东岸增筑东城，第二年即将太原县衙由府城迁移于此。贞观十三年（639），又因“汾东地多碱卤，井不堪食”，特“架汾引晋水入东城以甘民食，谓之晋渠”。其二是武则天时期，并州长史崔神庆跨汾筑中城，连接东西二城，“每岁省防御兵数千人，边州甚以为便”。至此，太原西、东、中三城结为一体的建筑格局形成。

《新唐书·地理志三》记载:“都城(即太原)左汾右晋,潜丘在中,长四千三百二十一步,广三千一百二十一步,周万五千一百五十三步,其崇四丈。”依唐代每步五尺,每尺31.1厘米测算,北都太原府城南北长6.7公里余,东西广约4.8公里,周长达23公里有余,占地面积达32.16平方公里。其中,西城规模最大,其城中的大明城,即创建于公元前497年的晋阳古城,“高四丈,周回四里”;新城,“城高四丈,周回七里”;仓城,“高四丈,周回八里”。这三座城中之城,呈“品”字形,踞于西城之中。

李勣画像

又,《永乐大典》引唐宣宗大中八年(854)河东节度使李璋《晋阳记》曰:“都城,周四十二里,东西十二里,南北八里二百三十二步,门二十四。”当时,太原三城形成一线,两端直抵东西两山,横亘于太原盆地的南端,龙盘虎踞。

唐代太原城的扩建,形成了非常雄宏的人文景观。就大势而言,太原三城相连,周回四十余里,汾水穿中城而过,其恢宏的气势,雄奇的景致,不难想见。唐代诗人欧阳詹在其《陪太原郑行军中丞登汾上阁中丞诗曰汾楼秋水阔宛似到阊门惆怅江湖思惟将南客论南客即詹也辄书即事上答》诗中,曾对当时情景这样写道:“贯郭河通路,萦村水逼乡。城槐临汪渚,巷市接飞梁。”此外,太原城中鳞次栉比、层层叠叠的房屋、宫殿和其他建筑,也无不向人们展示富丽、辉煌的景象。

当时太原城周围的人文建筑已很多。如唐显庆五年(660),武则天陪同唐高宗来到太原,游览了并州各处风景名胜,他们曾一同登上了龙山,参观了童子寺。童子寺始建于北齐天保元年(550),为“栖道之所,时有二童子见于山，遂名。前建石塔，后凿石室”。唐人耿湋有《童子寺》诗云：“半偈留何处，全身弃此中。雨余沙塔坏，月满雪山空。耸刹临回磴，朱楼间碧丛。朝朝日将暮，长对晋阳宫。”据说武则天和唐高宗在童子寺曾经乘兴赋诗，可惜原诗没有留存下来。当时，太原官吏在太原城西北建造了飞龙阁，请唐高宗与武则天率群臣登阁，临观太原全景。

唐朝著名帝王多次来到太原，缅怀帝业之基。武则天、唐高宗之外，唐太宗和唐玄宗也分别临幸太原。其中唐太宗在游览晋祠时，触景生情，欣然提笔，写下了《晋祠之铭并序》，并亲书上石，制成了大碑。此碑一出，声誉广为流传，唐朝还常将拓片作为珍贵礼物馈赠外宾。

狄仁杰再造唐室之功

狄仁杰画像

对于大唐太原而言，至今在民间被誉为“东方福尔摩斯”的传奇人物狄仁杰，就是那个年代这颗明珠散发出的夺目异彩。

狄仁杰，字怀英，并州太原（今山西太原）人，生于唐贞观四年（630），卒于武则天久视元年（700）。在今天太原小店区的狄村境内，有一处狄公花园。此外，在不远处的东山上，还有一座白云寺，相传是唐代名相狄仁杰的家庙。

狄仁杰青年时期中“明

经科”，被任为地方官。当时工部尚书阎立本为河南道黜陟使，狄仁杰被诬告，阎立本受理讯问，不仅弄清了事情的真相，而且发现狄仁杰是一个德才兼备的难得人物，便推荐狄仁杰做了并州都督府法曹。狄仁杰上任时，双亲在河阳，他登太行山，反顾，见白云孤飞，对左右说：“吾亲所居，在此云下。”他站立许久，才离开。成语“白云亲舍”由此而来。

武则天画像

唐高宗李治多病，国政主要由皇后武则天处理。一天，左武卫大将军权善才与中郎将范怀义，误伐唐太宗陵上的一株柏树，高宗夫妇得知大怒，下令将其处斩。大理丞狄仁杰却上奏说，按法律和事实，他二人不应该处死，高宗发怒说：“照你这样说，那就是要让我当不孝之子了。”狄仁杰并不害怕，引史说理，犯颜直谏。他说：“国家有法律作准绳，皇帝也不能以喜怒释人杀人。罪不至死的，就不能乱杀，更不能因为误伐一棵柏树而杀掉两个将官。”高宗最终收回成命。过了几天，狄仁杰就被提升为侍御史。

武则天成为皇后的第六年（660）二月，高宗和武则天来到并州，瞻仰了高祖和太宗在晋祠的遗迹，回武则天故乡文水看望了父老们。在并州城西郊检阅过军队之后，他们住在了并州府，委派了狄仁杰一个临时职务，叫“知顿使”，掌管行宫布置任务。高宗、武后要出游隋炀帝的汾阳宫，需要路过有名的“妒女祠”。俗传如果有女人穿着华丽的衣裳，从妒女祠旁经过，就会招来风雷之变。当时的并州刺史李冲玄下令征集数万人马，另修一条大道，绕过妒女祠。狄仁杰知道后，说：“天子之行，风伯清尘，雨师洒道，何妒女避耶？”结果走原路到汾阳宫，没有遇到风雷之变,“帝壮之曰:真丈夫哉!”

后来,武则天由太后登基称帝,狄仁杰被召回朝中当宰相。武则天对狄仁杰说:“以前你在豫州有善政,但有诬告你的人,你想知道是谁吗?”狄仁杰说:“谢谢,陛下以为臣有过,臣当改之,以为无过,臣之幸也。”他不愿意知道诬告他的人是谁。武则天不禁称叹仁杰为“长者”,即特别忠厚的人。

狄仁杰官居宰相之时,也正是武则天侄儿武承嗣显赫一时、谋求为太子之日。他认为狄仁杰是其被立为皇嗣的障碍之一。武则天称帝后,酷吏来俊臣被授朝散大夫之职,拜侍御史,掌管刑狱。天授三年(692)春天,武承嗣勾结来俊臣诬告狄仁杰、任知古等几位宰相以及御史中丞魏元忠等七人谋反,七人皆被捕下狱。当时法律中有一项条款:“一问即承,造反者得免死。”如果不承认,就用毒刑拷打。狄仁杰知道来俊臣的毒辣,所以,审问时他说:“大周革命,万物惟新,唐室旧臣,甘从诛戮。反是实。”这样才没遭受毒刑。来俊臣得到满意的口供,将狄仁杰等收监,待日行刑。来俊臣又使一个判官对狄仁杰说,如果狄仁杰肯把另一位宰相杨执柔牵连为谋反同党,就可以减罪。六十三岁的狄仁杰十分气愤,用头撞柱,血流满面,判官吓得连忙道歉安慰。此后,狱中监管松了些。狄仁杰撕下头上的绸子,写好申诉状子,藏在被子里,然后对狱吏说,天气暖和了,叫我家里人给我换条薄被子吧。狄仁杰的儿子来换被子,回到家里,拆开被子,取出冤状,就到朝廷去上告。则天皇帝接到冤状,召见狄仁杰,问道,你说冤枉,那么,你为什么自己承认谋反呢?狄仁杰说,如果那时不承认,早已死于拷打了!又问,何为作谢死表?狄仁杰回答,臣无此表。武则天令人拿出谢死表,才弄清是伪造的。武则天释放了狄仁杰,但把他降为彭泽县令。

长寿元年(692)秋,狄仁杰来到彭泽县,正值大旱之灾,农民颗粒无收,他为民请命,奏请减免彭泽一切租赋。武则天认为他关心人民疾苦,特予嘉奖,并下令免除彭泽农民租赋。年底,狄仁杰将前任拘捕的全县囚徒三百人,逐一审问,辨析冤情,全部放回家中度岁(过年),约期返狱。到期,仅二死囚迟到,一为大风所阻,舟楫不通;一为母死治丧,稍稽时日。狄公以朝廷恩德及人,均奏准免死开释。众囚预先约定返狱之日,每人怀土一兜,堆放狱侧,遂巍然成一小丘,后人称之为“纵囚墩”,并于墩旁建狄公生祠，用以纪念狄公盛德。后来，宋名臣范仲淹撰写《狄梁国公祠碑记》立于祠内。

万岁通天元年（696），契丹首领李尽忠被汉官逼反，率领人马进入长城，打到河北境内。武则天因此调回狄仁杰，委任他为魏州刺史。这时，前任刺史已经征调了大批农民到魏州城来修筑防御工事。狄仁杰上任后，认为敌人还在远方，也未必敢深入此地来，这样过早疲累农民，没有必要。于是，狄仁杰让他们都回乡生产，百姓都很高兴。不久，李尽忠被击败，武则天即升狄仁杰为幽州都督。武则天为了表彰狄仁杰在河北地区的安抚工作，亲赐紫袍、龟带，还亲手在紫袍上题了十二个字：“敷政术，守清勤，升显位，励相臣。”

久视元年（700）八月，武则天想造大佛像，打算命天下僧尼，每人每天捐献一文钱相助。狄仁杰知道后，上疏力谏，认为造寺造像，耗资很大，必然增加人民劳役和财物的负担。他说：“功不使鬼，止在役人；物不天来，终须地出。不损百姓，将何以求！”武则天又一次听从了狄仁杰的意见，并且虚心地对老臣表示了极大的敬意，说：“公教朕为善，何得相违。”

武则天在皇位继承问题上，曾苦恼过，皇位是传给武姓呢，还是传给李姓呢？她的侄儿武三思力劝她传给武姓，武则天欲以武三思为太子，以此问宰相，宰相都不敢答对。狄仁杰则主张传给李姓，他说：“臣观天人未厌唐德，比如匈奴犯边，陛下让梁王三思招募勇士，一个多月招募勇士不到一千人，而庐陵王招募勇士，不到十日，就招募五万。今欲继统，非庐陵王不可。”武则天发怒，罢议。

过了一段时间，武则天召见狄仁杰，狄仁杰说，陛下也知道，《礼记》说：“天子七庙。”以后各朝帝王都建立家庙，称为太庙，由本姓子孙奉祀祖宗。一位皇上升天后，由新君敬他的牌位，安放于太庙中，从来绝无侄儿奉祀姑母牌位于太庙的事。所以，陛下皇位，不可传侄，必须传子。武则天觉得狄仁杰说的有道理，于是把自己的亲生儿子、早年被废为庐陵王的中宗李显接回神都。

狄仁杰以知人著称，居位蓄意荐贤，所荐如张柬之、桓彦范、敬晖、姚崇等，后皆为中兴名臣。神龙元年（705），张柬之等趁武则天病重，拥戴中宗复位，改周为唐。史称狄仁杰有“再造唐室”之功。

太原唐槐公园

武则天晚年，越来越信任、敬重狄仁杰，满朝文武，无人可比。在大殿上朝见时，武则天总叫狄仁杰不用按常礼跪拜，并说：“每见公拜，朕亦身痛。”经常呼“国老”而不称名。狄仁杰由于年高且病，屡次请求告老还乡。武则天总是挽留，并叫狄仁杰不要和其他宰相一样到朝内值班住宿，并嘱咐其他大臣说：“非军国大事，勿以烦公。”

久视元年（700）九月，七十一岁的老宰相狄仁杰病故。武则天非常伤感，甚至痛哭出声，她流着眼泪叹息说：“朝堂空矣！”宣布放假三日。从此，每遇国家有大事，朝中大臣们一时不能决断时，武则天总是叹曰：“天夺吾国老，何太早耶！”武则天追封狄仁杰为文昌右相，谥曰文惠。唐中宗继位，追赠司空，唐睿宗时又追封为梁国公，后人因此称之为狄梁公。

狄仁杰的主张和措施，都能注意到安定人民生活，让人民安居乐业。所以，他不论在朝廷还是在地方做官，都受到人民的支持与爱戴。宁州、丰州、豫州、彭泽、魏州等地的人，为了纪念狄仁杰，建了他的德政碑或生祠。北宋范仲淹在经过彭泽县时，拜祭了此间的狄梁公祠。为狄仁杰的功德所感动，饱含敬仰之情地写下了著名的《狄梁国公祠碑记》。后来，宋黄庭坚、元赵孟頫等大家都曾书写范仲淹的《狄梁国公祠碑记》，

唐槐

成为后世书法爱好者竞相临摹的法帖。碑文的第一句即喻其气度非凡：

天地闭，孰将辟焉？日月蚀，孰将廓焉？大厦仆，孰将起焉？神器坠，孰将举焉？岩岩乎！克当其任者，惟狄梁公之伟欤……

这不仅在唐朝，就在整个中国封建史上，也是少有的。

“安史之乱”中的太原保卫战

李光弼画像

唐至德二年（757）春，在平定安史之乱的战争中，唐北都留守李光弼率领军民坚守太原，挫败了史思明等部对太原的围攻。

安史之乱发生后，至德元年（756）春，以平原太守颜真卿为盟主的讨逆军队攻克叛军据守的魏郡城（今河北大名县西）。与此同时，河东节度使李光弼率汉蕃步骑兵万余人、太原弩手三千人出井陉，克常山城，击败史思明叛军，收复常山郡所属九个县的七个县，史思明盘踞两个县与李光弼相持。朔方节度使郭子仪率大军出井陉，到常山与李光弼会合，有汉蕃步骑兵十余万人。两军决战，史思明大败，逃往博陵郡（今河北定县）。郭、李大军进入河北，自动集结抵抗的河北民众争来投效。随后，史思明在博陵郡收集散兵数万人，又被郭子仪、李光弼击败。这年六月，郭、李再次大破史思明军，斩首四万级，使得身在洛阳的安禄山欲以重兵保持河北退路的计划化为泡影。战斗中，史思明坠身落马，扶着断枪逃入营垒，率残兵逃回博陵。郭、李大军围博陵，坐镇洛阳的安禄山陷入恐慌，甚至打算放弃洛阳，逃回老巢范阳。在形势如此有利的情况下，昏庸的唐玄宗和奸相杨国忠逼迫潼关守将哥舒

唐代武将图

翰贸然进攻陕、洛叛军，结果唐军全部覆没。原本此前军威大振的郭子仪、李光弼已奏称将引兵进取叛军老巢范阳，而此时，战争形势发生大逆转。叛军入潼关，唐玄宗逃向成都避难。

安禄山遣兵攻陷潼关后，占据京都长安。叛军一部分侵入河东，正围困史思明于博陵（今河北定州）的李光弼部，撤围西入井陉（今河北定州），还太原。郭子仪率部返灵武。史思明再度攻占常山（今河北正定），夺回河北全境。至德二载正月，史思明自博陵、蔡希德自上党（今山西长治）、高秀岩自大同（今山西朔州东北马邑）、牛廷玠自范阳（今北京城西南），率兵共十万，会攻太原，企图夺取河东，进而长驱直取朔方、河西、陇右等地。

当时，李光弼所部精兵都已调往朔方，太原所剩只有河北兵五千人，加上团练（地方武装）之众，也不满万人。面对叛军的强大攻势，诸将都惶惧不安，主张修城自固。李光弼认为，太原城方圆四十里，叛军将至而动工修城，是未见敌而先使自己陷于困境。他率领军民在城外挖掘壕沟，并做了几十万个土砖坯。等到史思明的大军攻打太原时，他命令将士用土坯修筑营垒，哪里被损，就用土坯补上。史思明派人去山东取攻城器械，以蕃兵三千人护送，途中被李光弼遣兵拦击，将其全歼。

史思明围攻太原月余不下，便选精锐士卒为游兵，让他们进攻城南，再转攻城西，自己则率兵攻城北，而后转攻城东，试图寻找唐军防守漏洞。然而李光弼治军严整，警戒巡逻无丝毫懈怠，使史思明无懈可击。李光弼又派人挖掘地道，通至城外，叛军在城外叫骂挑战，常冷不防被唐军拖入地道，拉至城上斩首，吓得叛军胆颤心惊，走路时都低头看地。叛军用云梯和筑土山攻城，唐军便在城下先挖好地道，使其靠近城墙便塌陷。李光弼为阻止叛军强行攻城，还在城上安装大砲（抛石器），发射巨石，一发可击毙叛军二十余人，史军士卒死于飞石之下者甚众，被迫后退，但围困愈加严密。李光弼为打破叛军围困，以诈降手段，与叛军约期出城投降，暗地派人挖掘地道直至叛军军营之下，先以撑木支顶。到约定之日，李光弼派部将率数千人出城伪降。叛军不知有诈，正在调动出营时，突然营中地陷，死千余人，顿时一片慌乱。唐军乘机擂鼓呐喊，猛烈冲击，歼灭叛军万余人。

正当太原之战紧张进行之时，安禄山被其子安庆绪杀死。安庆绪夺位后，命史思明回守范阳，留蔡希德等继续围困太原。二月，李光弼率军出击，大破蔡希德军，歼其七万余人，缴获大量军资器械，蔡希德率残兵仓皇逃走，太原之围遂解。

太原之战是古代城邑保卫战中以少胜多、以弱制强的一个典型战例，在中国战争史上占有重要地位。李光弼智谋超群，采用顽强坚守与不断寻机出击相结合的战法，灵活运用地道、石砲等守城战术和技术，出奇制胜。太原大捷，对稳定战局，掩护朔方战略基地，具有重要意义。从战略上讲，太原的坚守，对唐王朝在动乱中立稳脚跟以及最终的复兴起到了重要支撑作用。

李克用父子传奇

李克用（856—908），应州（今山西应县）人，唐末将领，沙陀族人。其父朱邪赤心，唐懿宗赐姓名李国昌。李克用是李国昌的第三子，唐大中年间生于神武川的新城（今山西雁门北部）。李克用年少时就很骁勇，军队中称他为“李鸦儿”。李克用十三岁时（869），见两只野鸭在空中飞翔，发箭一并射中，在场的人均被折服。李克用十五岁时，李国昌讨伐庞勋。他从军出征，冲锋陷阵均在众将领之前，军中视他为“飞虎子”。平定庞勋后，李国昌被封为振武节度使，李克用被封为云中牙将。因一目失明，李克用又号“独眼龙”。

李克用先后镇压庞勋起义军、黄巢起义军，功勋显赫，声威大振。大顺二年（891），唐廷封他为晋王。此后，李克用长期割据河东，与占据汴州的朱温对峙。

河东节度使李克用的长子李存勗（885—926），小名“亚子”，自幼喜欢骑马射箭，胆力过人，为李克用所宠爱。他少年时随父作战，十一岁就与父亲到长安向唐廷报功，得到了唐昭宗的赏赐和夸奖，成人后状貌雄伟。他稍习《春秋》，略通文义，作战勇敢，尤喜音声、歌舞、俳优之戏。当时军阀混战，占据河东的李克用常被控制河南的朱全忠（即朱温，又名朱晃）牵制围困，兵力不足，地盘狭小，非常悲观。李存勗劝说其父：“朱全忠恃其武力，吞灭四邻，想篡夺帝位，这是自取灭亡。我们千万不可灰心丧气，要积蓄力量，等待时机。”李克用听后大为高兴，重新振作起来，与朱全忠对抗。

开平二年（908）正月，李克用病死，李存勗于同月袭晋王位。办完丧事，他就设计捕杀了试图夺位的叔父李克宁，并率军解潞州（山西上党）之围。李存勗认为潞州是河东屏障，没有潞州对河东不利，所以他立即率军从晋阳出发，直取上党，乘大雾突袭围潞州的梁军，大获全胜。李存勖的用兵使朱全忠大惊，他说：“生子当如李亚子，克用为不亡矣！至如吾儿，豚犬耳！”

潞州围解，威震河东，控制镇州的王镕和控制定州的王处直见形势骤变，也动摇了附梁的信心，竟和李存勖结成联盟共同对付后梁。后梁为了保护河北，不惜一切，出兵再战，于是双方在柏乡又展开了一场血战。柏乡之役，晋军有周德威等三千骑兵和镇州、定州兵，梁军有王景仁率的禁军和魏博兵八万。梁军守柏乡，以逸待劳，在地形、兵力、装备几方面处于优势，而晋军是骑兵，机动性和进攻能力强，对梁军构成威胁。战役开始，李存勖采用周德威建议，引诱梁兵出城，聚而歼之。晋军主动后撤。梁军主将王景仁果然上当，倾巢而出。晋军抓住机会，以骑兵猛烈突击梁军，周德威攻右翼，李嗣源攻左翼，鼓噪而进。这时晋军李存璋率领的骑兵大队也赶上，梁军丢盔弃甲，死伤殆尽。这一仗，使梁军丧失了对河北的控制权。之后，朱全忠一听晋军就谈虎色变，而李存勖却进一步安定了河东局势。他息兵行赏，任用贤才，惩治贪官恶吏，宽刑减赋，河东大治。

李克用临死时，交给李存勖三支箭，嘱咐他要完成三件大事：一是讨伐刘仁恭（刘守光），攻克幽州（今北京一带）；二是征讨契丹，解除北方边境的威胁；第三件大事就是要消灭世敌朱全忠。他将三支箭供奉在家庙里，每临出征就派人取来，放在精制的丝套里，带着上阵，打了胜仗，又送回家庙，表示完成了重任。后梁乾化元年（911），李存勖在高邑（河北高邑县）打败了朱全忠亲自统帅的五十万大军。接着，攻破燕地，将刘仁恭活捉回太原。九年后，他又大破契丹兵，将耶律阿保机赶回北方。经过十多年的交战，李存勖基本上完成了父亲遗命，于后梁龙德三年（923）攻灭后梁，统一北方。四月，在魏州（河北大名县西）称帝，国号为唐，不久迁都洛阳，年号“同光”，史称后唐，是为后唐庄宗。

李存勖在战场上出生入死，不惜生命，是员勇将，但是在政治上，却是一个昏暗无知的蠢人。称帝后，他认为父仇已报，中原已定，不再进取，开始享乐。他自幼喜欢看戏、演戏，即位后，常常面涂粉墨，穿上戏装，登台表演，不理朝政，并自取艺名为“李天下”。李存勖还用伶人做耳目，去刺探群臣的言行，置身经百战的将士于不顾，而去封身无寸功的伶人当刺史。

后唐同光四年(926),李存勗听信宦官谗言,冤杀了大将郭崇韬。另一战功卓著的大将李嗣源也险遭杀害。是年三月,李嗣源在将士们的拥戴下,率军进入汴京,准备自立为帝。李存勗得讯忙拿出内府的金帛赏给洛阳的将士,逼他们开赴汴水。军到中牟县,听说李嗣源已进入汴京。李存勗知道大势已去,急返洛阳,路上兵士逃走一半。回到洛阳后,他试图抵抗李嗣源的进攻。四月,李嗣源先锋石敬瑭带兵逼近汜水关(河南荥阳汜水镇),李存勗决定自己率军去扼守。丁亥日,军队按照他的命令在宫门外等候出发,李存勗正用早餐。这时,被提升为从马直(李存勗亲军)指挥使的伶人郭从谦趁军队都调到城外候命之机发动兵变,带着叛乱的士兵乱杀乱砍,火烧兴教门,趁火势杀入宫内,在混乱中射死了前来带领侍卫抵抗的李存勗。李嗣源攻入洛阳,派人从灰烬中找到了李存勗的一些零星尸骨,葬于雍陵。李嗣源自己当上了皇帝。

李存勗画像

“儿皇帝”石敬瑭割地乞全

石敬瑭画像

石敬瑭（892—942）的父亲名叫臬捩鸡，据说是汉景帝时丞相石奋的后代，但欧阳修在《新五代史》中说这个姓不知道最初的来历。他的父亲辅佐李克用和李存勗，屡立战功，升至刺史。石敬瑭为了表示自己是真正的汉人，就改成了这个名字。他是次子，从小就沉默寡言，喜欢读兵法书，而且非常崇拜战国时期赵将李牧和汉朝名将周亚夫。他隶属李克用义子李嗣源帐下。后梁朱温与李克用、李存勗父子争雄，石敬瑭冲锋陷阵，战功卓著。李嗣源对他很器重，而且还将自己的女儿嫁给了他，并让他统领自己的亲军精锐骑兵“左射军”，将他视为心腹之将。这位沙陀勇士就是五代十国时期后晋开国皇帝。

一次，晋王李存勗和刘寻对阵交战，刘寻袭击还没有列好阵势的李存勗，军情危急，石敬瑭立即率领十几名亲军驰入敌阵，东挡西杀，左冲右突，遏制住了敌人的攻势，掩护李存勗后撤。事后李存勗对他大加赞赏，石敬瑭由此而名声远扬。除了救李存勗之外，石敬瑭还多次救过他的岳父李嗣源。在晋军和后梁军队激烈争夺黄河沿岸时，晋军先攻下了杨柳镇（今山东东阿东北），李嗣源却中了梁军的埋伏，危急时刻又是这个爱婿率军拼死掩护他撤退，才得以领兵突出重围。不久后，梁晋又大战于胡柳陂，由于李存勖的冒险出战，使大将周德威不幸战死。石敬瑭又率领他的左射军和李嗣源一起重整军队，将后梁军队杀得殆尽。

石敬瑭不仅在战场上叱咤风云，而且常有过人的政治谋略。这方面最突出的就是劝李嗣源顺应时势，在兵乱时追求帝位。李存勖的后唐建立后，赵在礼兵变魏博，李嗣源被派去镇压，但到了魏州（今河北大名北）时，自己的军队也发生了兵变。李嗣源对李存勖没有二心，这时就想只身回去向李存勖言明真情。石敬瑭极力反对他这种不明智的做法，他说："岂有在外领兵，军队发生兵变后，其主将却没事的道理？况且犹豫不决是兵家大忌，不如趁势迅速南下。我愿领骑兵三百先去攻下汴州，这是得天下的要害之处。得之则大事可成。"李嗣源这才醒悟过来，立即派他领兵先行，自己随后跟进，最后终于像石敬瑭预料的那样登上帝位，成为五代时期后唐第二位皇帝，即唐明宗。

石敬瑭最后去了河东任节度使，并兼云州（今山西大同）大同军等地蕃汉马步军总管，掌握了河东这块后唐起源地区的军政大权。他不仅在军事和政治方面有勇有谋，在地方事务的治理方面也很有才干，把河东地区治理得很好。但这时后唐却发生了巨变。李嗣源病死后，儿子李从厚继位，即唐闵帝。他加授石敬瑭中书令，调任镇州（今河北正定）成德军节度使，让在陕西的兄弟李从珂任河东节度使。李从珂发动了兵变，最后用眼泪使李从厚派去镇压他的将士归降于他，然后领兵杀向洛阳。李从珂又让石敬瑭去商议军国大事，石敬瑭在路上遇到从洛阳逃出来的李从厚。李从厚的随将嫌石敬瑭不保李从厚。短兵相接后，石敬瑭就将李从厚的随从全都杀死，然后将李从厚幽禁起来，去向李从珂请功。最后，李从珂派人将李从厚杀死。

唐明宗李嗣源在位的时候，他最看重的两员大将，一个是他儿子李从珂，一个是他的女婿、河东节度使石敬瑭。虽然石敬瑭帮李从珂除掉了李从厚，但夺位后的李从珂并没有信任他，反而将石敬瑭当成最大的威胁，想尽办法要将他调离河东这块根据地。

石敬瑭参加完李嗣源的葬礼之后，害怕李从珂起疑心，也不敢提出要回去，整天愁眉不展，再加上他当时有病，最后竟瘦得皮包骨，不像个人样。妻子赶忙向母亲曹太后求情，这才让石敬瑭回到了河东。这次纵虎归山，后唐注定亡于他手。

为防止以后有变，弄得措手不及，石敬瑭决定试探李从珂，就上书假装辞去马步兵总管的职务，让他到别的地方任节度使，如果李从珂同意就证明怀疑自己，如果安抚让他留任说明李从珂对他没有加害之心。但李从珂却听从了大臣薛文通的主意，薛文通说：河东，调动也要反，不调动也会反，不如先下手为强。李从珂就下令派石敬瑭去他处任节度使。石敬瑭先装病不走，然后又要求李从珂让位给李嗣源的亲生儿子李从益，说李从珂是养子，不应该继承皇位。李从珂就下令罢免石敬瑭的所有官职，然后派兵讨伐，命张敬达领兵攻打太原。

石敬瑭早有计划，见兵临城下，自己又力量不足，就按计划向契丹的耶律德光求救，许诺了卖国条件：割让幽云十六州给契丹，每年进贡大批财物，以儿国自称。正愁没机会南下的耶律德光喜出望外，立即领兵来救石敬瑭，最后大败后唐军队，让石敬瑭做了皇帝，建号大晋，石敬瑭就是晋高祖。

幽云十六州地图

石敬瑭最初在太原柳林(今太原市小店区刘家堡乡西柳林村,俗称柳林庄)称帝,同月,石敬瑭攻入洛阳,后唐亡。后晋天福二年(937),晋朝迁都汴梁,翌年(938)升汴梁为东京开封府。

石敬瑭对于契丹百依百顺,非常谨慎,每次书信皆用表,以此表示君臣有别,称契丹主为“父皇帝”,自称“臣”,为“儿皇帝”。除岁输三十万布帛外,每逢吉凶庆吊之事便不时赠送好奇之物,运送的车队相继以道。石敬瑭虽然坐上了皇帝的宝座,但这个儿皇帝并不好当。契丹的使者来后,无礼骄横、横加斥责,他不得不卑躬屈膝地应酬。大臣中除了桑维瀚少数几个人外,都对契丹人有气,主张抵御契丹。石敬瑭也曾动摇过,但看了桑维瀚的长篇奏折,又觉得当儿皇帝好处较多,所以一直到死也没有扔下儿皇帝这顶帽子。他当皇帝的七年,在客观上为中原人民带来了短时的安定,但是,割让幽云十六州又使他的这点点小功劳化为乌有。

在称帝之前,石敬瑭很节俭,但做了皇帝后就开始奢侈起来,他的宫殿都用黄金、美玉、珠宝等物装饰得富丽堂皇。

他对契丹百依百顺,对百姓却如虎狼一般,凶恶狠毒,用刑十分残酷。石敬瑭晚年尤为猜忌,不喜士人,专任宦官,由是宦官大盛。由于吏治腐败,朝纲紊乱,以至民怨四起。

石敬瑭给儿子留下了一堆烂摊子,儿子石重贵继位后,仅四年晋朝就被叛降的将领和契丹一起灭掉了。

《旧五代史》为石敬瑭惋惜,说他如果是凭借自己的力量得到帝位,即使功德超不过前人,也能成为一个仁慈勤俭之主。假设终究代替不了现实,石敬瑭最终成为了一个卖土求荣的反面典型。

刘知远坚守晋阳城

刘知远(895—948),祖先本为沙陀部人,世居太原。生于唐昭宗乾宁二年(895),从小为人沉稳庄重,不好嬉戏。到了青少年时期,正值李克用、李存勖父子割据太原，刘知远就在李克用的养子李嗣源（即后唐明宗）部下为军卒。当时，石敬瑭为李嗣源部将，在战斗中，刘知远不顾自己的生死安危，两次救护石敬瑭脱难。石敬瑭感而爱之，以其护援有功，奏请将刘知远留在自己帐下，做了一名牙门都校。后晋时期，刘知远受封太原王，最终做了后汉开国皇帝。

后唐清泰元年（934），唐末帝李从珂即位，石敬瑭任河东节度使，雄镇一方。清泰三年（936），唐末帝调石敬瑭赴别处担任节度使，进封赵国公。这时，石敬瑭印证了唐末帝对自己的猜忌，因为此前李从珂曾和他说，将国家的北门交付给他，一生都不再调任。石敬瑭认为已到了不反即死的地步。刘知远劝石敬瑭起兵，凭借晋阳的有利地势和精锐部队，成就霸业。这一分析进一步坚定了石敬瑭的决心，同时也反映出刘知远的雄才大略。于是，石敬瑭谋划起兵大事主要依靠刘知远，陆续有附近守将和藩镇军官率队前来归附。石敬瑭拒绝调任，唐末帝下旨削除他的官爵，并当即诏命晋州刺史、北面副招讨史张敬达率兵数万讨伐。大兵迅速袭来，围困晋阳。此时，晋阳城内虽有精兵，但寡不敌众，石敬瑭遣使向契丹求救。

奉石敬瑭之命担任北京（今太原）马步军都指挥使的刘知远，统兵守卫晋阳城。城外唐军攻势很紧，而刘知远沉着冷静，指挥若定。他对待嫡系部队和此前陆续归附的各支军队以及城中百姓都一视同仁，军纪严明。在唐军攻城最猛、战斗异常激烈的时候，刘知远仍冒着石弹和飞箭亲自指挥。这场战斗中，晋阳城内只有数千兵马，城外唐兵数量是其十倍，在刘知远的指挥下，晋阳城成功防御两个多月。尽管库存的粮食渐渐困乏，但城内人心安定，兵民协力。晋阳城坚守不破，直至契丹主耶律德光亲率五万骑来援，在晋阳城下击败唐军。

这场守卫晋阳的战斗，检验了晋阳城的防卫能力，也考验了刘知远。契丹主耶律德光事后曾对石敬瑭说：这个大将（指刘知远）很勇猛，以后不要随意舍弃。

借助契丹军的力量，石敬瑭消灭后唐，在开封定都，建立了后晋。为了报答契丹主的帮助，石敬瑭不惜将幽云十六州割让契丹，并称比他小十一岁的耶律德光为父。刘知远对石敬瑭的做法不以为然，早在谋划求助契丹一事时他就曾提出异议："对契丹称臣即可，当儿子则太过分。多送些金帛使辽兵援助而不必以割地相许，割地会造成后患无穷。”果然，石敬瑭割让幽云十六州给契丹，从此中原门户大开，无险可守。

后晋建立后，刘知远以其军政才能和佐命之功，历任检校司空、侍卫马步都指挥使、点检随驾六军诸卫事、许州节度使、朱州节度使、检校太傅。最终，他就任了北京（今太原）留守、河东节度使等要职，日趋显贵。从刘知远的气度来看，他本非池中物，注定不会屈尊于儿皇帝石敬瑭。出镇晋阳这个历代割据者的天堂，刘知远的机会来了。

石敬瑭当了七年儿皇帝，于后晋天福七年（942）死去。养子石重贵即位，是为晋出帝。刘知远也迁检校太师，进位中书令。后晋开运元年（944），契丹主耶律德光率军南下，刘知远作为幽州道行营招讨使，在忻口大破契丹军，累迁太原王、北平王，之后在朔州阳武谷再破契丹。刘知远在这段时期的主要意图，是称霸河东，成就王业，因此对朝廷的诏命半推本就。

后晋开运四年（947），契丹进犯京师，刘知远带着少帝北出，遣牙将王峻向契丹奉表投降，后晋灭亡。王峻回来后，对刘知远说，契丹政治混乱，一定不能攻占中原，于是便商议建国。

同年，刘知远看准时机，在太原称帝，建立了汉政权。他延用石敬瑭的年号，称天福十二年。接着，刘知远下诏：禁止为契丹搜括钱帛，慰劳保卫地方和武装抗辽的民众，在诸道的契丹人一律处死，等等。于是，后晋旧臣纷纷投诚归附。

契丹军进入中原后，到处以“打草谷”的名义掠夺财物、杀害无辜百姓，中原地区人民反抗不断，耶律德光被迫北撤。刘知远看准时机，采纳了郭威由汾水南下取河南进而图天下的正确建议，命史弘肇为先锋，举兵南下，一路势如破竹，所向无敌，很快拿下了洛阳和汴京。刘知远进入开封并建都，改名字为暠，改国号为大汉，改天福十三年（948）为乾祐元年，减免赋税，大赦天下。刘知远果断采纳了皇后李氏的建议，一改过去靠括民财犒军的惯例，而是拿出宫中所有财物赏赐将士，果然深得人心。

刘知远深知太原的战略地位，因此在他称帝南下之前，任命从弟刘崇为北京（今太原）留守、河东节度使。刘知远死后，皇权旁落，刘崇与主政大臣之一的郭威向来不和，在幕僚的劝告下，开始为自己预留后路。他以晋阳为根据地，征敛一方，扩充军备，拒不执行朝廷的诏令，形成割

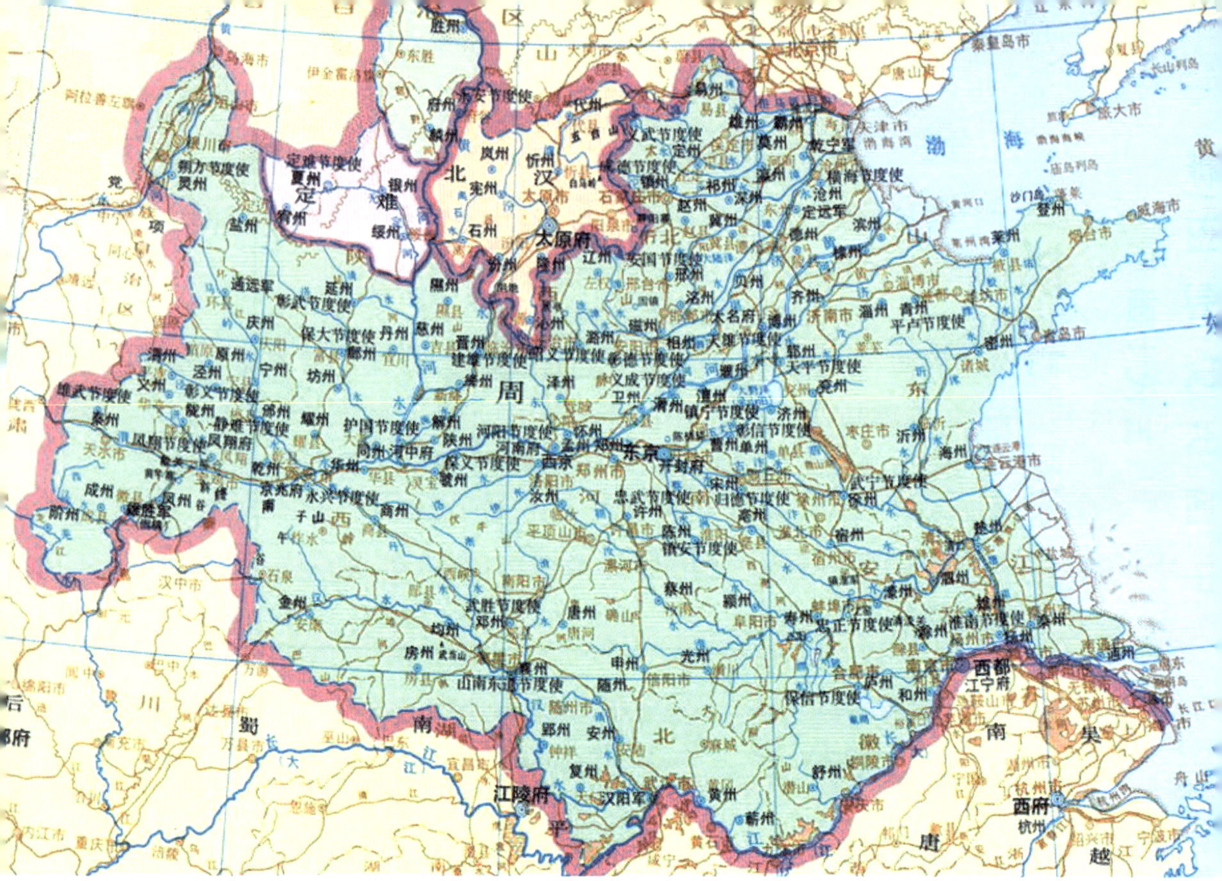

后周与北汉

据的事实。后汉乾祐三年（950），昏弱的汉隐帝被杀。后周广顺元年（951），郭威称帝，以后周取代后汉。刘崇据晋阳称帝，国号汉（北汉），依附辽国，受册封作附庸国。

刘崇的北汉政权，是十国之中唯一的北方割据政权，更是惟一能够在北宋建立后仍存活近二十年的政权。北汉晋阳城之坚固，令大宋两位开国皇帝大伤脑筋。在刘知远身后若干年，出现了一位比他更加勇猛顽强的晋阳守卫者，此人便是一代名将杨业。杨业，二十岁开始侍奉刘崇，屡立战功，人们给他起了个“杨无敌”的称号。

北宋开宝元年（968）七月，北汉睿宗刘钧病故，养子刘继元继位。大宋皇帝赵匡胤见有机可乘，想要拔掉这个牢牢嵌在北方版图上的钉子，命令攻打晋阳。谁知，由此而后的十年间，大宋王朝兵临城下数次无果。其间宋太祖赵匡胤御驾亲征，堵汾、晋二水灌城，现场指挥，办法用尽，仍无功而返，至死未能拿下晋阳。直至太平兴国四年（979）正月，宋太宗赵光义亲征晋阳，先击溃辽国援军，然后筑长连城围困，昼夜不息攻打，最终城内已无粮草，汉主刘继元出城投降。

唐诗中的太原气象

隋唐五代时期，文学最大的收获就是唐诗。唐诗是中华民族文化的经典。有唐一代，太原诗人的阵容非同一般。

在中国文学史上，唐代山西诗人具有一定地位、产生显著影响的就有二十多位，其中出身于太原的诗人犹如众星闪耀，如年少时就以《滕王阁序》一鸣惊人的王勃，“诗佛”王维，原籍在太原的诗歌大家白居易等。

初唐的王绩、王勃，对唐诗内容或形式的繁荣均有开创之功。他们都是太原王姓一支。王绩系隋末大儒王通之弟，本为太原祁（今山西祁县）人，后迁至绛州龙门（今山西河津），王勃为其侄孙。

王绩（585—644），字无功，由隋至唐，他曾三次出任小官，又三次辞官归隐，有《东皋子集》（一作《王无功集》）传世，今存诗五十多首。王绩与唐帝国的名臣魏征、王珪均有交情，步入仕途本不乏援引，但他不热衷功名。他受他的兄长、隋末弃官归隐的大儒王通独善其身思想的影响，在文学上很自然地接近陶渊明。他的诗歌质朴自然、恬淡真切、不事雕琢，在浮靡诗风占主导地位的初唐诗坛上独树一帜，堪称唐代山水田园诗派的先驱，对盛唐王维、孟浩然等人的山水田园诗产生了直接的影响。“东皋薄暮望，徙倚欲何依？树树皆秋色，山山唯落晖。牧人驱犊返，猎马带禽归。相顾无相识，长歌怀采薇。”这首《野望》是王绩山水田园诗的代表作。诗歌所反映的政治上失去依靠、无所归依，不得不归返田园的彷徨和苦闷，直接成为王维的《渭川田家》等诗歌的创作样板。

王勃（649—676），字子安。《旧唐书》载，他六岁能文，“构思无滞，词情英迈”。九岁作《汉书注指瑕》十卷，后来所作《滕王阁序》，更是一鸣惊人。王勃二十八岁时去海南岛探望父亲，死于海南。他是才华出众的短命诗人，居初唐“四杰”之首。“四杰”都擅长写抒情诗，尤其是赠别诗，王勃的赠别诗写得最为出色：“城阙辅三秦，风烟望五津。与君离别意，同是宦游人。海内存知己，天涯若比邻。无为在歧路，儿女共沾巾。”一句“海内存知己，天涯若比邻”，穿越时空，回荡不绝。他的诗重视真情实感，把诗歌导向现实生活，洪亮地发出了盛唐之音的序曲。

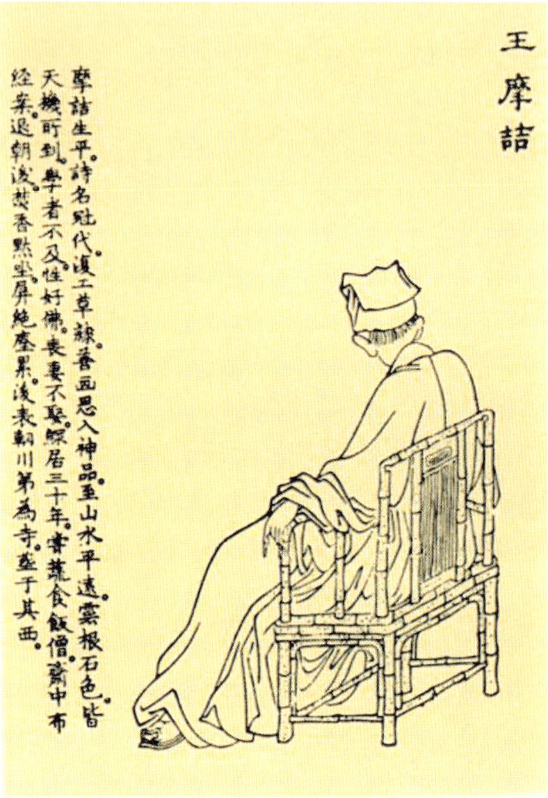

王维画像

盛唐诗人王维（701—761），祖籍太原，是我国山水田园诗开宗立派的大师。早年官场受挫后，他开始了亦官亦隐的生涯，曾先后隐居淇上、嵩山和终南山，并在终南山筑辋川别业以隐居。安史之乱中，叛军攻陷长安，他被迫接受伪职。次年官兵收复长安，他因此被定罪下狱，但随即得到赦免，官复原职，还逐步升迁，官至尚书右丞。晚年的王维常焚香独坐，以禅诵为事，终卒于辋川别业。王维也是早慧的天才诗人，年未及弱冠便写下著名的《九月九日忆山东兄弟》：“独在异乡为异客，每逢佳节倍思亲。遥知兄弟登高处，便插茱萸少一人。”表现思乡的情愫，朴实无华，却又情致动人。雄浑的边塞诗句：“大漠孤烟直，长河落日圆。”“劝君更进一杯酒，西出阳关无故人。”不同凡响的审美气象，写出了唐人阔达而又细腻的胸襟。

唐代诗坛上，太原籍诗人的边塞诗是一大景观。这与家乡自古为北边重镇、尚武之风盛行的特质与底色相合。

被誉为“七绝圣手”的王昌龄，字少伯。据《河岳英灵集》与《唐才子传》记载，他为太原人。王昌龄今存诗一百七十余首，绝句占半数以上，其中七绝七十五首。他的诗以边塞诗最为出色，这与他青少年时期曾漫游西北边塞的经历有关，如《出塞》：“秦时明月汉时关，万里长征人未还。但使龙城飞将在，不教胡马度阴山。”又如《从军行》之四：“青海长云暗雪山，孤城遥望玉门关。黄沙百战穿金甲，不破楼兰终不还。”当然，在这些战士之歌之外，他还有赠别、闺情宫怨等诗，且不乏“洛阳亲友如相问，一片冰心在玉壶”这样的名篇名句。

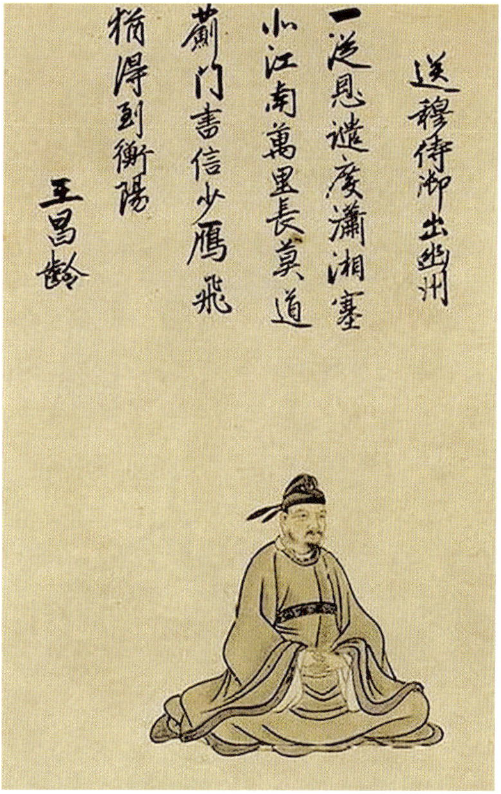

王昌龄画像

王之涣（688—742），字季陵，祖籍太原。他是享有盛名的边塞诗人，与高适、王昌龄唱和，名动一时，可惜仅存诗六首，但篇篇是佳作。“羌笛何须怨杨柳，春风不度玉门关。”“欲穷千里目，更上一层楼。”他的这些诗句至今仍为人们日常引用，足见其经典之处。而在当时，“羌笛何须怨杨柳”引得高适、李白闻笛诗竞相争艳，可见王诗影响之大。

王翰，字子羽，晋阳（今太原市）人。生卒年不详。景云年间进士及第。开元九年张说入朝为相，推荐王翰为秘书省正字，擢通事舍人，迁驾部员外郎。王翰今存诗十四首，最著名的当数《凉州词二首》，其一：“葡萄美酒夜光杯，欲饮琵琶马上催。醉卧沙场君莫笑，古人征战几人回？”

三晋唐代诗人中，官位最为显赫的是太原人王涯（字广津）。他生活于中唐时期，官至宰相，封代国公。他的诗多五绝和七绝，写得很出色。“王涯”和“王维”，行书草字形相近，又都是山西人，创作风格有相通之处，因此，王涯有三十首诗被收录在王维名下，宋人洪迈独具慧眼，在编《万首唐人绝句》时澄清了真相。

中唐时期，原籍太原的诗人白居易独领风骚，著《太原白氏长庆

白居易画像

集》，存诗二千八百余首，是中国历史上诗坛泰斗之一。他生于安史之乱结束十年后的772年，十六岁时即以一首《赋得古原草送别》深得名士顾况称赞。他曾因逃避战乱而过着颠沛流离的迁居生活，后进士及第，曾授左拾遗，充翰林学士，最终以刑部尚书之衔退休，闲居洛阳履道里，自号“醉吟先生”、“香山居士”。

白居易独创讽喻诗的诗体和风格，以《新乐府》五十首为代表，其中又以《卖炭翁》成就最高：“可怜身上衣正单，心忧炭贱愿天寒。”诗中未发一句议论，纯以形象说话，却尤能发人深思。代表其诗歌艺术最高峰的，是带有故事性、抒情性的长篇叙事诗《长恨歌》、《琵琶行》。前者以唐明皇与杨贵妃故事传说结构全篇，将浓烈的抒情贯穿于叙事的全过程，并融入想象与虚构，全诗风情摇曳，生动流转，极富艺术感染力。诗人叙写亲身见闻的《琵琶行》作于江州贬所，通过对琵琶女沦落命运的叙述，关合自己遭际，深沉地发出“同是天涯沦落人，相逢何必曾相识”的千古绝叹。“千呼万唤始出来，犹抱琵琶半遮面”，以及“大珠小珠落玉盘”“四弦一声如裂帛”“唯见江心秋月白”等意象、意境、氛围的绝妙表达，成为永恒的经典，创造了无法逾越的文学高峰。

诗至晚唐，太原籍诗人以温庭筠最著名，他是初唐宰相温彦博后代，虽生于太原，但后来长时间生活在江南，自称“江南客”。他是唐代第一个专业致力于词的作家，被誉为“花间鼻祖”，体现着“香而软”的词风。

唐代太原诗坛如此繁荣，得益于这里深厚的文化底蕴。在颇重郡望的唐人眼里，作为唐帝国发祥地的“北都”是盛大而荣耀的，太原诗人自然更有昂扬奋发、豁达开朗之气，他们普遍在文学和政治上早熟，眼界开阔，精神活跃，创造力旺盛。太原作为军事重镇，历来有报效疆场的爱国传统，这种粗犷、豪迈的性格，对太原诗人边塞诗形成了重要影响。此外，由于山西处于联系唐代东西二京的枢纽，是来往于长安、洛阳的必经之地，众多唐代著名诗人游历太原，留下了大量诗篇。这种频繁密集的文化交流，无疑给太原文化的发展引入了新鲜血液，进一步促进了太原文学的繁荣。

唐代晋阳佛教

被称为“天王三京，北都其一”的晋阳，在佛教盛行的唐代，乃全国佛教活动的中心之一。内外远近众多的寺庙伽蓝集中地反映了唐代晋阳的佛教盛况。《旧唐书·裴休传》载：“太原……近名山，多佛寺。”元好问《威德院功德记》载：“并州，唐以来图经所载，佛塔庙处示他郡为尤多。”根据现有古籍记载，唐代晋阳的佛寺庙院主要有三类。

开化寺连理塔

一类是前朝所建寺庙。这类寺庙一般规模大，名气高，香火盛。最早的有东汉建安年间建的普光寺，该寺唐初赐名普照寺，唐中宗时避天后武则天讳而改名普光寺。北魏时在阳曲县西三十里虎狼山建有治平寺，东魏权臣高欢在晋阳城内建的定国寺等，都是历代名刹。北齐时在晋阳城外建的寺庙有：崇福寺，天保二年(551)，高僧永安建，武则天时御史大夫魏元忠曾为其撰写《崇福寺钟铭》。法华寺，在晋阳城西十五里的蒙山，北齐天保二年(551)建，原名开化寺，寺后依山刻佛像，高二百尺(66.66 米)；隋仁寿元年(601)，建造高大佛阁，以庇尊像。一种说法是，李渊镇晋阳，曾到此寺瞻礼。夜梦化佛，遂起兵建唐。童子寺，在晋阳西十里的龙山，天保七年(556)弘礼禅师建，寺内有石刻造像，高一百七十尺(63.3 米)。唐高宗李治与皇后武则天曾于显庆六年(661)来此瞻礼。

一类是由官衙名宅改建的寺庙。晋阳多前朝官衙名宅，唐代为了保存这些建筑，将其改为佛寺，供人瞻礼。这类寺庙有：高欢在天龙山的避暑行宫改为天龙寺；并州尚书省改为大基圣寺；王韶宅先改为百官寺，又改为解脱寺；斛律明月宅，唐改为正觉寺；萧瑀宅，改为开元寺；宇文述宅，李渊晋阳起兵于此发端，因此改为义兴寺。

一类是唐代新建寺庙，主要有奉圣寺，在晋祠南，武德五年(622)，鄂国公尉迟恭将自己的别墅捐出建佛寺，唐高祖李渊赐名“十方奉圣禅寺”。尉迟恭晚年皈依佛门，在此寺栖居。崛崛寺，在阳曲县西三十里崛嵎山上，贞元二年(786)建，初名三教堂，后改为多佛寺。此外，唐代在晋阳及其附近新建寺庙还有千佛寺、圆通寺、龙泉寺、华塔寺、闲居寺等。

十方奉圣禅寺

十方奉圣禅寺大雄宝殿

唐文宗开成三年(838),日本高僧圆仁随遣唐使来华,前后在扬州、五台山、长安等地向中国佛学界求法请益。唐宣宗大中元年(847),圆仁携大量佛经传记和法门道具回国,不久写下了《入唐求法巡礼行记》一书。该书与唐玄奘的《大唐西域记》、马可·波罗的《东方见闻录》(《马可·波罗行记》)并称作"东方三大旅行记",在世界文化史上享有盛誉。

《入唐求法巡礼行记》卷三记载了唐文宗开成五年(840)七月十三日到二十七日圆仁在北京晋阳的所见所闻,为我们研究唐代晋阳的交通、手工业,特别是佛教文化提供了珍贵资料。

书中记载了晋阳众多的佛教寺院。短短十五天,圆仁住宿和巡礼过的晋阳城内外寺院有十四处。对于一些古刹名寺,圆仁给予了详细描绘,如:"次入崇福寺,巡礼佛殿,阁下诸院,皆铺设张列,光彩映人,供陈珍妙,倾城人尽来巡礼。""到童子寺,慈恩台法师避新罗僧玄测法师,从长安来始讲《唯识》之处也。于两重楼殿,满殿有大佛像,见碑文云:'昔冀州礼禅师来此山住,忽见五色光明云,从地上空而遍照。其光明云中,有四童子坐青莲座游戏，响动大地，岩巇颓落。岸上崩处，有弥陀佛出现。三晋尽来致礼，多有灵异。禅师具录申送，请建寺，遂造此寺。因本瑞号为童子寺。敬次镌造弥陀佛像，出现颜容颙然，高十七丈，阔百尺。观音、大势各十二丈'云云。”这是研究唐代晋阳佛寺的第一手资料，弥足珍贵。

此外，书中还记载了晋阳城盛况空前的佛事活动。如“山门有小寺，名为石门寺。寺中有一僧，长念《法华经》已多年，近日感得舍利，见倾城人尽来供养。僧俗满寺，不知其数。”

唐代晋阳佛教，为太原这处古老的地域输入了丰富的文化元素，在中国佛教历史上写下了灿烂的篇章，具有重要的价值。

并州好马应无数

晋阳之风流，在于悠久，在于深厚，在于雄壮，在于威武。马，就是太原地域精神的一个象征。

1988 年，太原发现春秋末期赵卿大墓，出土大型车马坑，坑中有四十六匹战马和十五辆战车。数量之多，阵容之豪华，实属罕见。车马象征着武力，车马演绎着战争。太原籍诗人白居易曾赞“并州好马应无数，不怕旌旆试觅看”，说出了对太原神韵的感悟。并州好马承载着北方重镇的风雨，一步步驶入了大唐盛世。

太原是大唐祖业之基，李渊、李世民父子晋阳起兵，书写了唐朝以武功开国的序幕，那个马背上身姿矫健的太原公子，永远定格于历史风尘中。太宗李世民本人就善于使用骑兵，他著名的六匹坐骑后称昭陵六骏。这六匹骏马载着李世民驰骋汾晋，为收复大唐王业发祥地——太原，立下了战功。因此，唐太宗李世民称赞六骏：“应策腾空，承声半汉，入(一作天)险摧敌，乘危济难。”在唐代特别是唐初时期，唐人十分重视对骑兵的建设，作为“龙兴”之地的太原重镇，“并州好马应无数”当是真

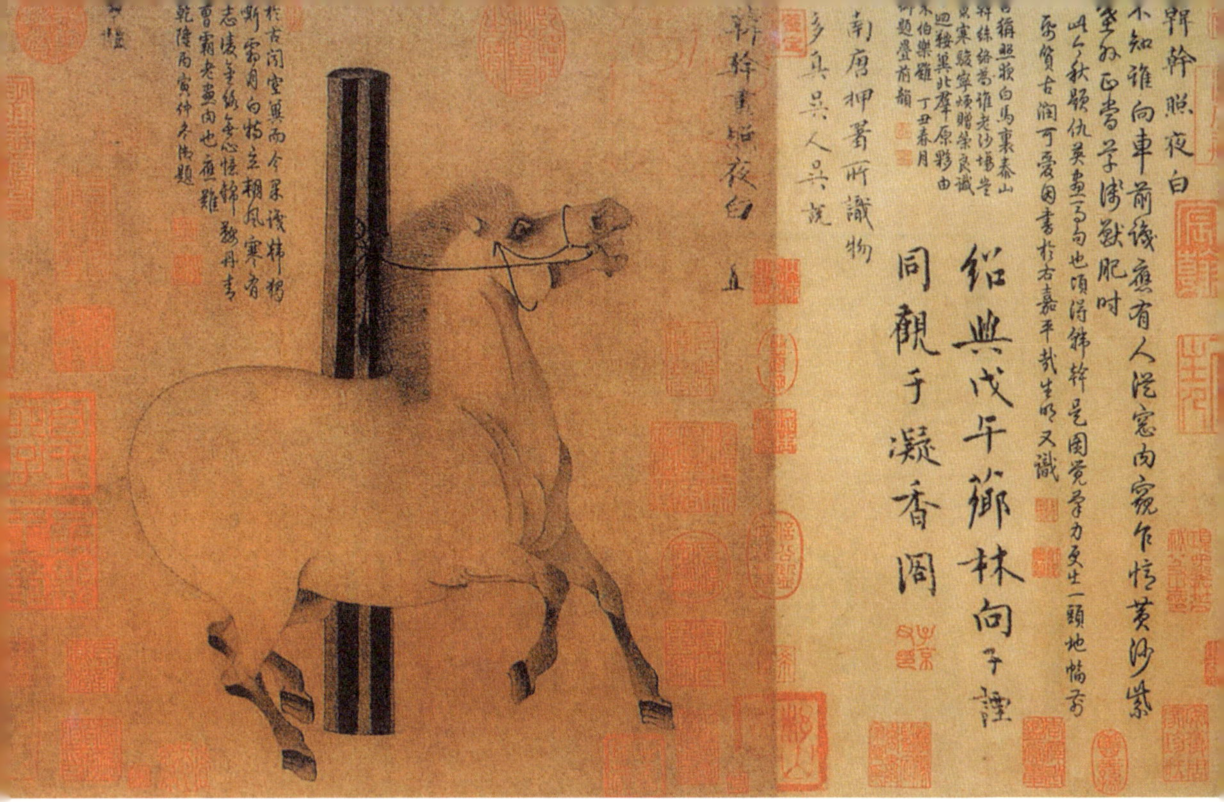

"照夜白"——唐玄宗所喜爱的御马像

实写照。

《后汉书·马援传》称:"马者,甲兵之本,国之大用"。而晋阳也因马匹的放牧与交易更显重要。秦末汉初时期,因战争需要,马、牛类的大牲畜急剧增加。当时并州太原就置有"家马官"一职。据《西京杂记》载,"文帝自代还,有良马九匹,皆天下之骏马也:一名'浮云',一名'赤电',一名'绝群',一名'逸骠',一名'飞燕骝',一名'绿螭骢',一名'龙子',一名'麟驹',一名'绝尘',号九骏(逸)。有求宣能御马,代五号为琅,俱还代邸。"汉武帝时,卫青击匈奴,曾派人到河东、太原买马。霍去病骑这里产的战马英勇善战、闻名于世。随着骑兵的迅速发展,其军马牧养制度也趋于充实和完备。畜牧经济和农耕经济的交融发展,可大量养殖军马。太原成为全国军马基地,超过了秦代。到武帝初年,民间养马遍及城市大街小巷,千家万户,乡村田间道路更是到处充斥着来往的马群。晋阳地处交通要冲,河西马匹进入中原以前,必须在晋阳一带驯养,以适应中原的气候环境。《魏书》记载:"每岁自河西徙牧于并州,以渐南转,欲其习水土而无死伤也。"可见,魏晋时期晋阳附近常年喂养着数千匹马,这些马经过晋阳流通到各地,以至江淮。

在隋唐和五代时期,统治者为了防备来自草原民族的威胁,阻铁骑

《昭陵六骏》之一雕像

于大漠，在作为重要边境城市的太原驻有大量军士和战马，以巩固边防。在这一时代，骑兵已经确立了在军中的地位，骑、步并重。五代各国的骑兵规模虽不及南北朝时期，但是骑兵仍是一支重要的力量。

马上得天下的李渊父子，更是从晋阳起兵之始就逐步完善马政建设，以备军用。唐在边地多置监牧，属太仆管理，监牧马五千以上为上监，三千为中监，以下为下监。唐初，宪州辖楼烦、天池、玄池三处牧马监，为唐北部边疆军马主要来源地，时有“娄（楼）烦骏马甲天下”之谓。楼烦马是西域马和汉地马的杂交种，兼收两种之长。这种马具有“卧而显小，立而显大，能驮善走，体格健壮，力大无比，性情温良，不拣水草，不畏风沙，耕不知疲劳，战可避刀枪”的优点。今太原市的娄烦县唐初为楼烦监牧地，置监牧使。

唐代的骑兵最为强大。盛唐时期的大唐骑兵完全可以同突厥骑兵作正面对抗，而且胜率极高。这当然也是让盛唐诗人们兴味大发、豪情涌动的一件事了。而一句“并州好马应无数”的诗句，传神地记录了大唐北都的轩昂气象。

五代十国时期，后晋据守太原的刘知远离夺取帝位只差一步了，在他犹豫之际，大将郭威说：“河东地区山川险固，盛产战马，当地百姓崇

唐张萱绘《虢国夫人游春图》（宋代摹本）

尚勇武，和平时期勤于耕作，一旦发生变乱就加入军旅，这是成就霸业的资本呀。”这一番话，更将昔日太原山川形势、强悍民风、丰厚资质解析得到位。

穿越岁月风尘，当我们从唐诗中品味晋阳风骨之际，“并州好马”已成为我们解读这个城市的文化意象。如今，太原一些地名依稀可见当年畜牧业之影踪，如位于清徐马峪乡的马鸣山，地处白石沟东北中段，距清徐县城十五千米，山势陡峻，松柏成林，环境幽雅。旧志中“清源八景”之一的“白石云松”即是指此。此山海拔 1258 米，是清徐的最高峰。山势陡峻，松柏丛生，相传汉文帝曾牧马于此，有驹蹄印迹。此山上还有一处神泉叫马跑泉，相传汉高祖路经此地，口渴无水，有神马跑上山，泉遂涌出，故名马跑泉。另一则说法是，唐王李世民曾狩猎于此，以马刨泉饮其水因而得名。此泉冬夏不竭，乡人称神泉。娄烦县有“马”字的地名更多，马家庄、马家岩、马道沟、老马坪……从这些凝固和沉淀下的地名，可以感知这里作为一定历史时期畜牧业基地的内涵，可以管窥太原久远的习俗，可以遥想并州好马特有的洒脱。

并州不仅有好马，还有快刀和宝镜。

隋唐五代时期，太原手工业已相当发达，其中以矿冶业最负盛名，而凝结了太原地域灵光的“并刀”与“宝镜”，成为这种繁荣气象的名片。

唐代诗人任华在《怀素上人草书歌》中有“锋芒利如欧冶剑，劲直浑是并州铁”之句，可知“并州铁”在当时是很有名的。在唐代，能获得并使用“并刀”是令人自豪的事。而唐诗与“并刀”结合，更升华为永恒的审美意象，将太原这种意象说得最美的，还要数诗圣杜甫的“焉得并州快剪刀，剪取吴淞半江水”。

与“并刀”共同表明唐代太原手工业繁荣景象的，是太原铁镜、太原铜镜。太原是著名的铁镜产区。唐代工部尚书乔琳写过《太原进铁镜赋》，赞美了太原生产铁镜的精巧，质量上乘。赋曰：“晋人用铁兮从革无方，其或五金同铸，百炼为钢。雕镌而云龙动色，磨莹而冰雪生光，烂成形于宝镜。”唐代太原所产铜镜和铁镜一样有名，二者皆为贡品，岁入京城。《新唐书·地理志》明确提到贡镜的地区有二，一是并州铜镜和铁镜，一是扬州铜镜。唐代太原铜镜远销西域和周边各国。

第五章

从中原北门到锦绣太原城

（宋辽金元时期）

概述

宋辽金元时期是我国封建社会进一步发展的时期，也是中华文明又一次大融合大发展阶段。陈寅恪先生曾指出："华夏民族之文化，历数千年之演进，造极于赵宋之世。"这一时期，宋王朝结束了晚唐以来中原地区近百年的封建割据和战乱纷争，实现了一定时期内的地区安定发展，促进了经济的重新起航。

在五代十国期间，太原是多个王朝更迭的策源地，而在宋统一全国的战争中，是进行过顽强抵抗后才归服的。因此，在宋朝进一步强化中央集权统治的策略下。宋太宗占领太原后，下令毁城，降其为紧州军事，徙州治于榆次，其政治地位有所下降。宋代太原隶属河东路，先设为并州，后嘉祐四年(1059)复设太原府，下辖十县，即阳曲、太谷、榆次、寿阳、盂县、交城、文水、祁县、清源、平晋。其范围大致包括今太原市之大部、晋中市之一部、阳泉市和吕梁市之小部。

此后，在宋对外作战中，太原的战略位置极其重要，"西控党项，北控云朔"，因此有宋"唐明镇新建太原城"，并选派能臣镇之，皆能尽职尽责，秉公用权，发展经济，造福一方。如符昭愿、陈尧佐，前者曾“三典晋阳”，新建太原城；后者治理汾河水患，修筑“柳堤”，“柳溪夜月”成为太原公共园林建设之肇始。

有宋一代，太原经济发达。尤其手工业发展迅速，其高超技艺在晋祠留下了珍贵的印记。圣母殿前42尊宋代侍女像，金人台上四座宋代铁人像，均惟妙惟肖，名扬天下，让人称奇。太原逐渐恢复了往日辉煌，人口便是重要特征。到1102年，太原的人口户数增长到15.6万多户，人口124万余众。随着经济的发展，文化也随之繁荣。这一时期，涌现出很多出众的太原画家，如米芾、米友仁，“米氏云山”在我国水墨山水画史上影响极大；如郭若虚，著《图画见闻志》，不仅擅画，且开绘画理论之先河；如驸马画家王诜，取法自然，感同身受。他们都引领时代画风。

宋金元时期，太原是战争多发地区，先后成为宋金之战、金元之战的重要战场，涌现出像王禀、乌古论德升等忠贞信义之士，成为后人敬仰的人物。

元朝建立后，对全国实行行中书省、路、州、县四级建置。山西、河北、山东三地二十九路地处腹里，直属中书省辖领。太原地区初设“太原路”，后因多年地震不断，遂改为“冀宁路”，取“希望大地安定”之义，仍属中书省。下辖录事司一、县十、州十四及州下所领九县。直辖十县为阳曲、文水、平晋、祁、榆次、太谷、清源、寿阳、交城、徐沟。十四州及所领县为：汾州，领西河、孝义、平遥、介休四县；石州，领离石、宁乡二县；忻州，领秀容、定襄二县；平定州，领乐平一县；临州；保德州；崞州；管州；代州；台州；兴州；坚州；岚州；盂州。境域远较前代广大。

元代太原的煤铁业发展迅速，尤其冶铁业更成为著名产业。到元代中期，太原所产云子铁，年产量已达五万公斤。商贸业也发展迅速，为此，元在太原设了场务，置监管理生产和销售。当时太原以年税银五千锭列全省之冠。马可·波罗把当时太原的繁荣景象，记录在其《马可·波罗行纪》中。在他的眼中，太原城恢宏壮丽，工商业兴盛，是制造兵器供给元朝军队的重要基地。这里还种植着很多葡萄，酿造的葡萄酒产量丰富而有名气，也种养蚕桑，出产的丝品也很多。

金元时期，太原地区的文化教育也很发达，府学、私学数量增多，戏曲普遍流行。诗人元好问、戏曲家“烟霞状元”乔吉等都生于此间。此外，宗教也颇为流行，道教全真教主丘处机的“十八弟子”之一的宋德方就曾到太原，修建了著名的西山昊天观。

故太原古有“花花真定府，锦绣太原城”之说，乃出于宋、元时代的北方民谚，可见其当年的繁荣富足。

宋初晋阳城之毁

宋朝建立之初，局势并不稳固。占据上党地区的后周昭仪节度使李筠率先发难，而与之结为同盟的便是割据太原地区的北汉主刘承钧。虽然叛乱最终得以平息，但不容乐观的形势让宋太祖赵匡胤寝食难安。

赵匡胤画像

在一个大雪纷飞的晚上，赵匡胤与时任开封尹的弟弟赵光义，微服来到宰相赵普府第，君臣席地而坐，炽炭烧肉，普妻行酒。《续资治通鉴长编·卷九·太祖开宝元年》中记载了这个情景：

普从容问曰："夜久寒甚，陛下何以出？"上(赵匡胤)曰："吾睡不能着，一榻之外，皆他人家也，故来见卿。"普曰："陛下小天下耶？南征北伐，今其时也，愿闻成算所向。"上曰："吾欲收太原。"普嘿然良久，曰："非臣所知也。"上问其故，普曰："太原当西北二边，使一举而下，则边患我独当之，何不姑留以俟削平诸国。彼弹丸黑子之地，将何所逃。"上笑曰："吾意正尔，姑试卿耳。"

于是，宋朝"先南后北"、"先易后难"的统一战略得以制定，先于建隆四年(963)平灭荆湖，后于乾德六年(968)扫除后蜀。没有想到的是,平灭北汉的路程却异常艰难。乾德六年七月,北汉主刘承钧突然去世。宋太祖赵匡胤认为,这是平灭北汉的好时机,便弃“先南后北”的战略方针,御驾亲征太原。但坚固的晋阳城和顽强的太原军民让宋军吃尽了苦头。在宋军持续几个月的猛烈攻击下,晋阳城仍旧岿然不动。迫于无奈,宋太祖在部将建议下,效仿春秋时代的知伯,决开晋水和汾河,水灌晋阳。可惜又经历四个月的苦战,宋军还是不能攻下太原,再加上潮湿炎热的环境使宋军痢疾流行,而两次被击退的契丹援军又卷土重来,出师未捷的赵匡胤面临理智与颜面的抉择。赵匡胤料不能胜,便开始撤军,撤退中仍不忘迁太原周围军民万余家于山东、河南,以削弱北汉的实力。

这次失利让赵匡胤意识到收服北汉的时机、条件还不成熟,于是重新回到“先南后北”的既定战略上来。在完成了对南方的统一之后,征伐北汉,统一北方,成为赵匡胤的夙愿。可是就在他踌躇满志完成统一大业之时,却在“烛影斧声”的千古疑案中神秘死去。

赵光义画像

继位的宋太宗赵光义在经过长期细致的准备后,于太平兴国四年(979)御驾亲征。宋军制定的“围城打援”的既定战略得到有效贯彻,陆续攻克太原外围州县,并在石岭关成功击退契丹援军,为会攻太原扫清了障碍。经过三个月的苦战,

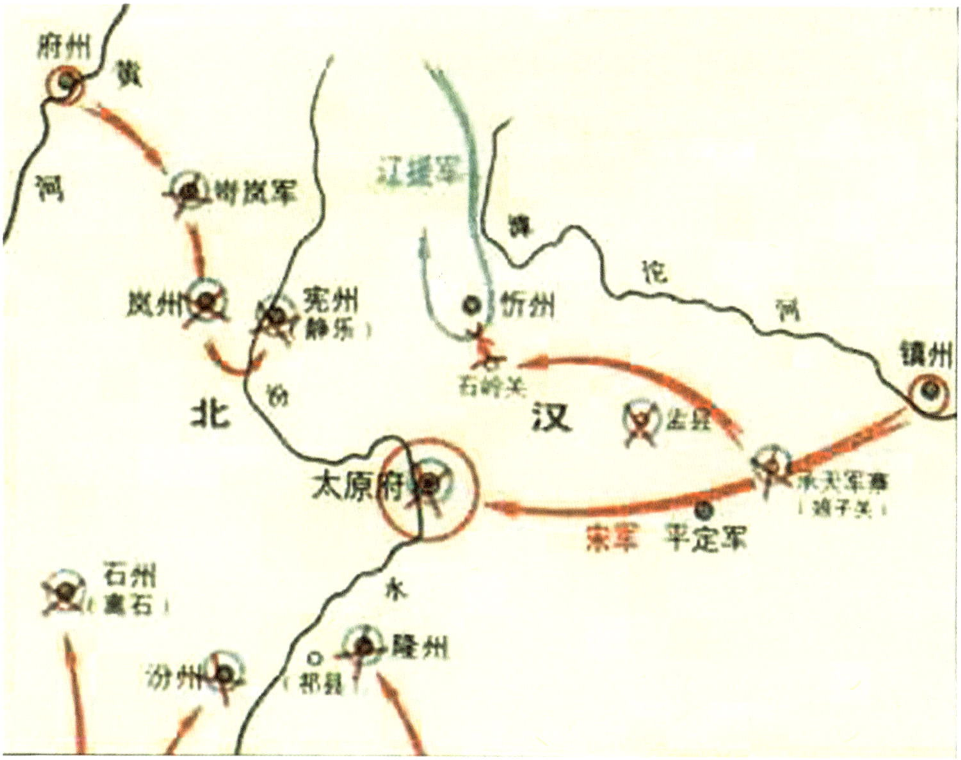

宋灭北汉之战形势图

太原守城军民极端疲惫，城中粮草消耗殆尽。在左右大臣苦苦哀劝下，北汉主刘继元终于出城投降。至此，宋朝完成了统一北方的大业，五代十国的分裂局面就此结束。

力战太原的宋太宗杀红了眼，决定将这座有一千五百余年历史，“周四十二里，东西十二里，南北八里三十二步”，由内三城、外三城大小六座城池组成的我国北方重要的政治、经济、军事重镇彻底摧毁。太原城被毁，除了宋朝统治者“历经两代，三下河东，仍未能攻下太原城”的恼怒，实际上，更多的是基于他们“惩创五季，而矫唐末之失策”的考虑。

宋太宗开始组织人马平毁晋阳城。他采取的第一项措施，就是降低太原的政治地位，削弱太原的政治影响，诏令降太原为“紧州军事”，即一般州，移治于榆次，并限制太原科举取士的名额。接着，又下令在汾河以东，宋军原来攻晋阳时的行营驻地筑新城，取名平晋城，强迫晋阳百姓迁居于此。

不到半月，宋太宗"遣使分部徙居民于新并州，尽焚其庐舍"，即下令放火烧毁晋阳城，其时新城、仓城、大明城、西城、东城、连城，里三城、外三城的四十余里繁华都市燃起了熊熊烈火，大火一烧就是三个月，"民老幼趋城门不及，死者甚重"。到第二年初，宋太宗又"诏壅汾水、晋水灌太原故城"，意在彻底毁灭太原城。这样经火烧、水淹之后，千年古城灰飞烟灭，只剩一片废墟。

唐明镇新建太原城

晋阳城从肇始之初，便带有极强的军事色彩，经过历朝历代经营，成为北方地区重要的战略要塞之一，也成为中原王朝对抗北方游牧民族入侵的安危所系，"其控扼二边，下瞰长安，才数百里，弃太原则长安京城不可都也"。但宋朝平定北汉后，对晋阳进行了惨烈的焚毁，这不仅给晋阳城以毁灭性的打击，也给宋王朝的边防带来了潜在危险。

当时，在宋、辽、西夏等诸国并起的年代，太原对于维护宋都汴梁的安全具有重要的战略意义。在这样的形势下，太原便成为北宋牵制辽国的重要堡垒，其战略地位始终无可取代。宋朝统治者屡派重臣，加强太原边防守备力量。宋太宗太平兴国七年(982)，也就是在火烧晋阳三年之后，宋廷决定在晋阳故城北 40 里的汾河对岸，以阳曲县唐明镇为基础修筑了一座土城(今杏花岭区西羊市至后小河一带)。这座城规模很小，成为宋以后太原城发展的胚胎。尽管这座小城无法与晋阳故城相提并论，但是山川形胜不改，民风依旧。正所谓"太宗平太原，虑其恃险，徙州治焉。然犹为重镇，屯精兵以控边部云"。

那么，是谁主持在唐明镇修建新太原城呢？在以往宣传太原历史的书籍、报纸和杂志上，潘美曾被认为是太原的修建者，但事实并非如此，实际上是知并州的符昭愿。宋灭北汉后，宋太宗"恶其负固后服，坠而废

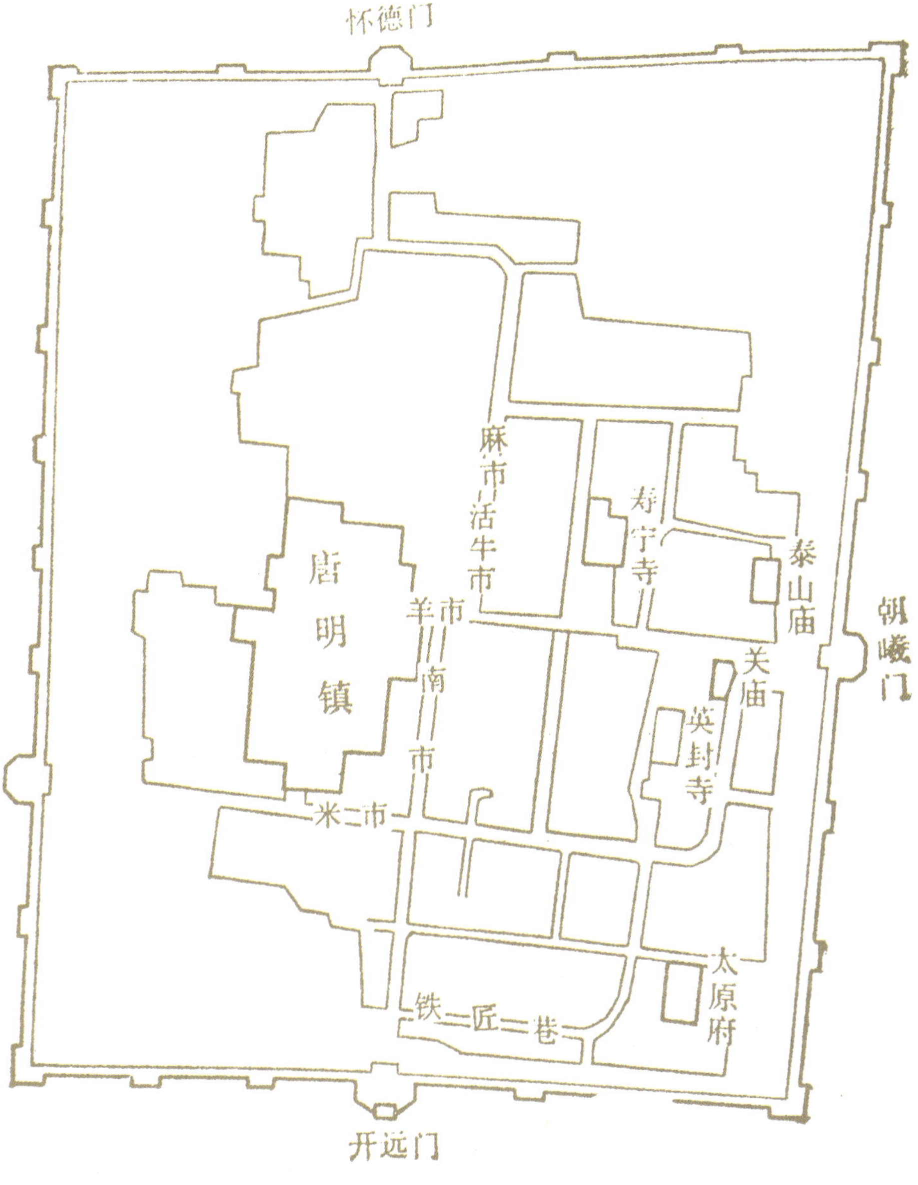

宋代太原城示意图

之，降为紧州军事，以榆次为州治”“命潘美为河东三交口都部署，以捍契丹”。到太平兴国七年，“复迁并州于三交寨，即以潘美为并州都部署”，但是潘美两次所任的“都部署”，主要是为了防御契丹屯戍边防的军事长官，并没有负责并州行政事务的职责，而负责“并州军州事”的正是符昭愿。

唐明镇为古军镇,时为阳曲县管辖,在宋之前就具有一定规模。符昭愿在此基础上,主持修建太原城。“扩建整饬,疏浚汾渠,引以城河,夯筑城墙,围以城池。”从《永乐大典·太原府》中可知,新建的太原城近似方形,“周一十里二百七十步……四门,东曰朝曦,南曰开远,西曰金肃,北曰怀德。”在新城中,晋阳故城中著名的北齐十二院、开化寺、大中寺及一些集市街巷、商号等,先后得到恢复与重建,分立城中。由于新建的太原城是以唐明镇为基础扩建的,因此,城周四门不对称,形成的官街呈“丁”字形格局。这也体现出宋初太原城在实际建设中更加具有灵活性,逐步由唐代里坊制向宋代开放式坊巷制过渡。在如今太原市西羊市大关帝庙附近,便是当时唐明镇的后街,靠西一点为前街。当时太原城的大致范围是:东起今海子边、桥头街、国师街一带,北至今后小河,南达今起凤街,西止今水西门。

《永乐大典·太原府》还记载了宋代太原城市内部布局。当时,城内建有子城,位于城市中部偏西,周长“五里一百五十七步”,几乎占去宋太原城的一半,是唐明镇建筑最为集中的区域,是“城中之城”。其大致范围是北起今旱西关街,南到今西羊市街,西起今半坡东街,东到今解放路以东,呈南北纵长方形。四面各开一门,南门为正门,有“河东军”城额,其他三门按所处方位分别命“子东、子西、子北”之名。子城中建有官衙、仓库、监狱等,是宋太原城的行政中心。其中,官衙建于子城中心的唐明后街,在今省政府附近。

宋太原外城内约有二十四坊,其中南门正街南端两侧、西门正街以南地区,即原唐明镇所在西南隅,就分布有九坊,其他北门正街、东门正街等地则相对稀疏,反映了宋代太原城依借唐明旧镇所建的事实。

《符昭愿墓志铭》中记述了符昭愿“三典晋阳”的故事,其中就有他修筑太原新城,并在太原任职,深受百姓爱戴和被太宗褒奖的记载。

宋太平兴国五年(980),符昭愿“知并、澶二州,不逾月,复移并门”。而在“并门”,一待三年。据钱大昕考“当云太原”,此为“一典晋阳”。当时,“公之颁政也,一岁而城池缉,再岁而仓廪实,三岁而府库完,复逋逃八千,增版籍三万,富庶成颂,皆公力焉”。“城池缉”便是对城围结构的修建,而“仓廪实”和“府库完”两项工程则主要是对子城的营建。

符昭愿墓志铭整纸拓本

太平兴国九年(984),符昭愿回朝复命。由于他在治并期间,受到并州民众的好评、请留,宋太宗遂命其“再典并门”。不久,又命周保权“知并州”。雍熙二年至四年(985—987)又命王杲“知并州”。

端拱初年,符昭愿第三次受诏,由北边屯兵的邢台“复理太原”,兼驻泊马步军副都部署。时潘美“知真定府,未几,改都部署,判并州,加同平章事,数月,卒。”

从上面所列举的历史文献记载可以认定,北宋主持修建太原城的是“知并州”的行政长官符昭愿,而他“三典晋阳”的事迹也成为后人所传颂的佳话。

城池建成后,新太原城距离太原北门石岭关更近,战略地位远胜榆次。不久,宋统治者便以榆次“地非要会”,将并州州治和阳曲县治先后迁入了这座新城。后来,为加强太原城的军事防卫能力,淳化三年(992)后,北宋陆续增建了南关城、东关城和北关城“以处屯兵”。

宋仁宗嘉祐四年(1059),并州复名为太原府,规模进一步恢复,下辖十县:阳曲、太谷、榆次、寿阳、盂县、交城、文水、祁县、清源、平晋。

王禀与宋金太原之战

宋徽宗宣和七年(1125),金军兵分两路,大举侵宋。金军计划:西路军以完颜宗翰为主帅,率军六万,从西京大同出发,进击太原;东路军以另一员竭力主张攻宋的大将完颜宗望为主帅,率军六万,自平州入燕山,直取真定,然后两路大军会师于开封城下,一举灭亡宋朝。主懦臣庸的宋王朝面对急剧变化的形势,并没有做出积极的回应和准备。一方面没有及时缓和与西夏的关系,以抽调战斗力较强的西北边防军加强北境防务;另一方面也没有在太原等二线战略要地做出战略部署,仍然幻想着以屈让和牺牲来换回幽云各州,再加上内部腐败,士兵怨怒,心怀贰志,或溃或降,战局完全出乎预计,完颜宗翰西路军接连攻取了朔、武、代、忻四州。

宋徽宗画像

事实上,当时曾多次

出使金朝的宋将马扩，早就对金兵的南侵之企图有所察觉，并提醒镇守河东的童贯应早做防备，但童贯却对此充耳不闻，仍然沉醉于以一百万燕京代租费收回幽州空城的沾沾自喜中。金军南侵前夕，曾参加燕京谈判的马扩再次前往宗翰军中商议收回蔚、应二州，并借此机会侦视金兵有无攻宋之意。狂妄的宗翰笑道：“你还在指望得到这两个州吗？山前山后都是大金朝的土地，还有什么好说的？”金兵严阵以待，南侵企图表露无遗。

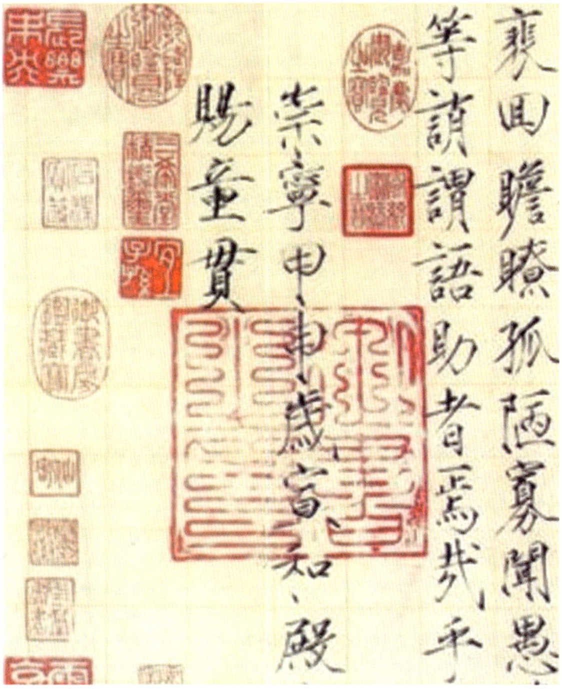

宋徽宗赐童贯书法（局部）

马扩回太原复命后，大惊失色地对童贯说：“金人初国立，遂敢作如许事！”马扩劝童贯速作防备，而童贯却想尽快离开太原，返回开封。童贯离开太原不久，一路势如破竹的金朝西路军攻破石岭关，太原北部门户洞开，金兵随即直抵太原城下。危在旦夕之际，太原周围宋军纷纷赶来救援，如孙翊所率朔州兵，刘光世所率鄜延兵，折可求所率麟府兵等，可惜都被金兵击溃。随后，金兵对太原展开猛烈进攻。

太原自古以来便是军事重镇，但宋初平毁故城之后，新建的太原城防御守备能力要远逊往日。金兵围城时，城中仅有宣抚司统制王禀率领的胜捷军三千人。胜捷军是童贯负责西北边防时招募的一支数万人的亲军。面对强敌，太原军民毫不畏惧，在王禀的指挥下积极组织防守，给金兵以有力的打击。王禀武艺高强，常身先士卒，率轻骑主动出击，“马上运大刀，径造敌营，左右转战，得首级百十，方徐引归”。由于王禀率领太原军民坚决抵抗，金兵士气受挫，一时间无计可施。

与此同时，金朝东路军主帅宗望，在宋降将郭药师的引导下，更是纵横千里大平原如入无人之境，黄河南岸的数万宋军望风而逃。六万金军在宗望的狂笑声中，乘坐搜寻来的十几条小船，用五天五夜的时间从容渡过无人把守的黄河天堑，于靖康元年（1126）正月初八兵临开封城下。

按照金军的战略部署，西路军不仅要与东路军会师开封发起总攻，而且要阻击唯一可与金军抗衡的宋朝西北边防军。为防止赵宋朝廷从西路奔蜀，宗翰还负有攻取洛阳这个战略要地的重任。太原久攻不下，宗翰不能贻误战机，只得留下部将银术可继续围困太原，自己则率军疾驰南下。

此时的宋廷内部也发生着巨变，宋徽宗匆匆传位于儿子赵桓，是为宋钦宗。而懦弱无能、优柔寡断的宋钦宗，仍在战与和之间徘徊不定，竟然接受了宗望割让太原、中山、河间三镇的退兵条件。当宋朝使臣路允迪进太原城宣读割让太原的诏书后，太原军民与中山、河间两镇一样，坚拒这份屈辱的圣旨，誓死与太原城共存亡。恼羞成怒的宗翰下令大举攻城，又在城外弓箭射不到的地方，用“锁城法”构筑重重工事将太原团团包围。“锁城法”即“植鹿角木环其城，厚数里，中为小径，往来纵犬警之”，这样，就把太原与外界的联系彻底切断了。太原军民不为所动，仍然英勇不屈地坚守着。金兵出师已近半年，此时已是日益疲惫、粮草不济，宗翰只好留下大将银术可继续围城，自己则率领主力撤回大同。

宋钦宗画像

长期的围攻，使太原的情况日益恶化，以致城中粮草用尽，“煮弓弩及皮甲以食”。情况非常危急，王禀于是不断派人潜出城外，向朝廷告急。但因金兵封锁严密，派出的人多数被抓，少数涉险逃出，把太原军民坚守的消息传到开封。而京师解严之后，在请战派与舆论的压力下，宋钦宗也认识到太原保卫战的战略意义与三镇“国之屏蔽”的重要地位，于是下诏重新确保三镇，加封三镇官员职位，褒奖他们守城之功。同时，北宋尝试组织力量救援太原。

靖康元年四月，宋廷命姚古率兵六万自隆德府北上，种师中率兵九万自正定入井陉关。两军互为犄角之势，救援太原，结果被金兵先后击败。

六月，太原形势更加危急。为了鼓励太原守军，宋廷特授太原守臣张孝纯为武当军节度使，王禀为建武军节度使。同时，北宋又组织了第二次救援太原行动。但由于宋廷高层之间还在进行着激烈的内斗，倾轧与排挤仍未停止，再加上诸部各自为战、南兵不习水土等原因，救援太原的行动再一次以失败告终。

八月，苦苦支撑的太原军民，存粮基本用尽，士卒先是宰杀牛马骡等牲畜，后来只好烹煮弓弩皮甲以充饥，而城中百姓则只能用秕糠和干草来果腹，甚至出现了人相食的惨剧。尽管如此，太原军民依然矢志

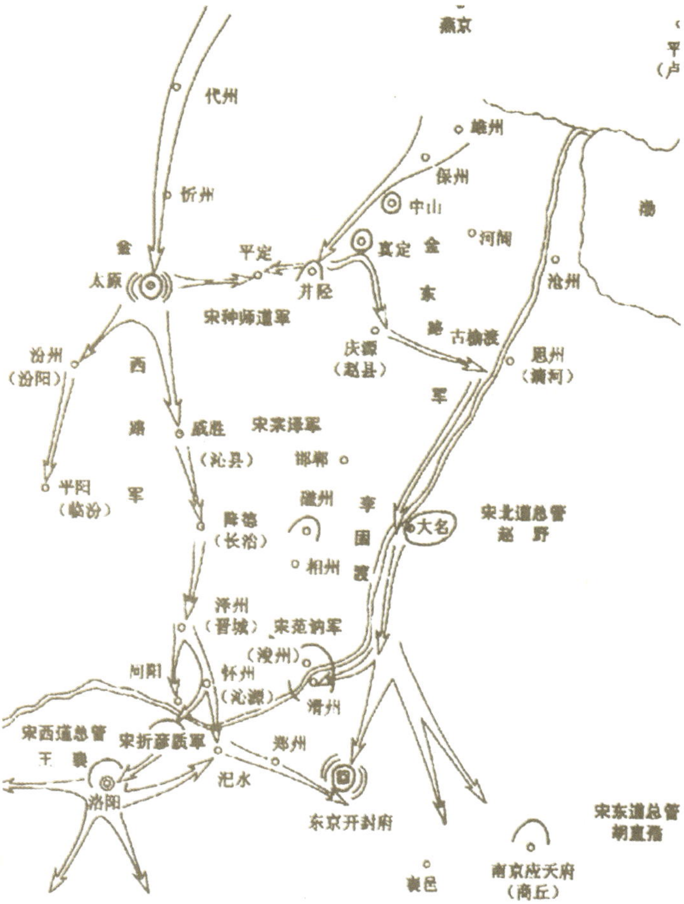

金灭北宋形势图

不渝，拒绝了卷土重来的宗翰大军的数次劝降，决心以死报国。

作为一个游牧民族，女真人长于野战，而短于攻坚。为了夺取太原，金军总结了攻取辽朝五京时的作战经验，除了早已实施有效的“锁城法”外，还制定了一整套凌厉的攻坚战术。首先，金军环城置三十座大砲，能将大于斗的砲石抛入城内，城头用于防御的敌楼屡屡被击中摧毁。其次，金军建造了五十座下部安有车轮的大型机动洞屋，其作用犹如现代的装甲运输车，金军企图用它来运送土木填平护城壕。金军还制造了集洞屋与云梯于一体兼顾防守与攻击的鹅车，这种形如鹅状的装备下安车轮，上冠皮铁，能够有效保护士卒进攻。

太原守将王禀针锋相对。对于大砲，王禀命人在敌楼前设立棚墙，楼顶覆盖糠布袋，这样敌楼即使被击中也不会有大的损坏而能够迅速修复。对于填壕，宋军挖掘地道直通护城壕，等金军填满木柴后就放火焚烧使其前功尽弃。对于鹅车，宋军在城头设立了类似鹅状的跳楼，从跳楼上将系有绳网的巨石套在鹅车顶部，使其重心上升，然后用搭钩和绳索将鹅车拉倒。金兵使用的其他器械，也都被守城的太原军民一一化解，太原依然挺立。特别是在守城中，王禀用尽才思，与金兵斗智斗勇。对此，知府张孝纯在家书中感叹道：“非王公之巧，则太原不旬日即失矣！”

尽管太原军民拼死抵抗，顽强战斗，但连续作战数月之久，军民死伤惨重，且意志力已经难以支撑。九月初，最终太原城破。眼见大势已去，王禀依然率领饥饿疲惫的士卒坚持巷战，后背负着供奉于太原祠庙中的宋太宗御容突围出城。金兵全力追赶，身中数十枪的王禀，携长子王荀一起投入汾河自尽。金兵得到王禀的遗体后，宗翰破口大骂，命令士卒策马踏为肉泥以泄其愤。

王禀，字正臣。原本是一名普通士卒，靠着在与方腊义军作战中的英勇表现，擢升为武泰军承宣使，后至宣抚司的都统制。宋宣和七年（1125），王禀随童贯驻防太原，后童贯逃离太原，留他为副都总管负责守城。像王禀这样的忠义之士，永远不会被自己的百姓所遗忘。当夜，王禀尸身被太原军民盗出城外，藏匿于城南一小村中，数日后，就地安葬。传说，藏匿王禀尸身的小村，后来便称作“王村”。可惜，这样的忠臣，元朝所修《宋史》，竟然不为其立传。八百年后，王禀的三十三世裔孙、国学大师王国维在《补家谱忠壮公传》中赞曰："呜呼！处无望之地，用心死之兵，当蚩尤之攻，为墨翟之守，粮尽援绝，父子殉之，公之忠可谓盛也。"

乌古论德升与金元太原之战

金朝占领太原后，在太原设河东北路，下辖太原府及忻州、平定等十一个州，其行政机构为都总管府。到金熙宗年间，太原地区的经济文化逐步得到了恢复和发展。但是蒙古军队多次南下，对所过地区烧杀破坏，太原周边遭受了多次浩劫。

金兴定元年(1217)，蒙古兵曾急攻太原，未能成功。这年八月，成吉思汗封木华黎为太师，把对金作战完全交给木华黎指挥，自己率蒙古军主力西征。木华黎率兵攻打金中都以南的地区，主要目标指向陕西、河东。次年九月，木华黎率兵数万人围攻河东重镇太原。这次蒙古军到太原之后，一改以往攻掠的做法，而是将太原城团团围住，并很快攻破外壕和城墙。太原军民面对强敌，毫不畏惧，在太原府事、元帅左监军乌古论德升的主持下，积极组织反击。

乌古论德升，本名六斤，益都路猛安人，明昌二年(1191)进士。先后担任过尚书省令史、吏部主事、绛阳军节度副使、太常博士、侍御史、肇州防御使、翰林侍读学士兼户部侍郎。这位进士出身的文臣，有着一副铮铮铁骨，不仅敢于弹劾朝中奸恶，而且多次向皇帝上书论政，并因此触怒金宣宗。他被迫离开京城出任外职，不久改任为太原知府。

《金史》中记载了他几件关心国事、尽职尽责的事。

一件是，金宣宗迁都汴京，曾召乌古论德升入朝问策。乌古论德升上奏说："泰州已是千疮百孔，东北路招讨司猛安谋克人皆寄居在肇州，凡有征调，往返十分困难，请把肇州升为节度使级州镇，委招讨使兼任。另外置招讨副使两名，分治泰州及宜春。"金宣宗接受了他的建议。

一件是，乌古论德升以翰林侍读兼参知政事，与平章政事抹捻尽忠，对弄权专政的术虎高琪进行弹劾，惹怒了金宣宗。抹捻尽忠以谋逆的罪名被处死。乌古论德升也被罢除参知政事的官职，离京出任集庆军节度使。不久，乌古论德升重新得到重用，改任汾阳军节度使、河东北路宣抚副使，再改知太原府事，元帅左监军，在危难之际驻守太原城。

金兴定元年（1217），蒙古军队进攻太原，破坏了来往城内的粮道。在此危急之时，乌古论德升屡出兵战，粮道复通。同时，戎马倥偬的他依然关念着金朝政局，上书请求为皇太子选派德高望重之士教导。他上奏说："皇太子聪明仁孝，保训之官已备，更宜选德望素著之士朝夕左右之。日闻正言、见正行，此社稷之洪休、生民之大庆也。"金宣宗对他的意见十分赞许，并予以采纳。后来，蒙古军复围太原，猛烈攻城，乌古论德升在恢复太原城粮道的同时，也极大地激励太原守军的士气，让蒙古军这次攻打太原无功而返。

次年，木华黎集重兵于应州、飞狐，准备再度南下，目标直指去年的硬钉子太原府。九月，木华黎亲率数万之众的精锐步骑兵，进抵太原，迅速在城外"环之数匝，已破濠垣"，形势十分危急。在外无救兵的情况下，乌古论德升组织将士们重新"植栅为拒"，并拿出其家中银币及马犒赏战士，希望大家能够同仇敌忾，共保太原城。

很快，蒙古军在太原城西北角打开缺口，士卒鱼贯而入，乌古论德升便以"联车塞之"，即用大量的战车联成一体，组成一条防线，继续阻挡蒙古军的前进。双方你来我往，战斗异常激烈。乌古论德升"三却三登"，一次又一次打败蒙古军的进攻。怎奈蒙古军"矢石如雨，守陴者不能立"。眼见大势已去，乌古论德升退回府署，谓其姑及其妻曰："吾守此数年，不幸力穷。"乃自缢而死。其姑及其妻皆自杀。激烈的太原保卫战以守将乌古论德升的殉职而告终。

太原城破，金廷如失藩篱。金廷被迫迁都开封，与蒙古以大河为界，仍不能阻止蒙古军的南下。兴定三年（1219），金廷以"太原不守，河北州县不能自立，诏百官议以为长久之利者"。金宣宗最后采纳完颜伯嘉的建议，将黄河以北在当时比较有实力的军事首领封为公，共封九公，其中郭文振被封为晋阳公。

郭文振，太原人，金朝进士，曾任辽州刺史、昭义军节度使，受封晋阳公后，又遥授中都副留守、行河东北路元帅府事。彼时，太原一带已为

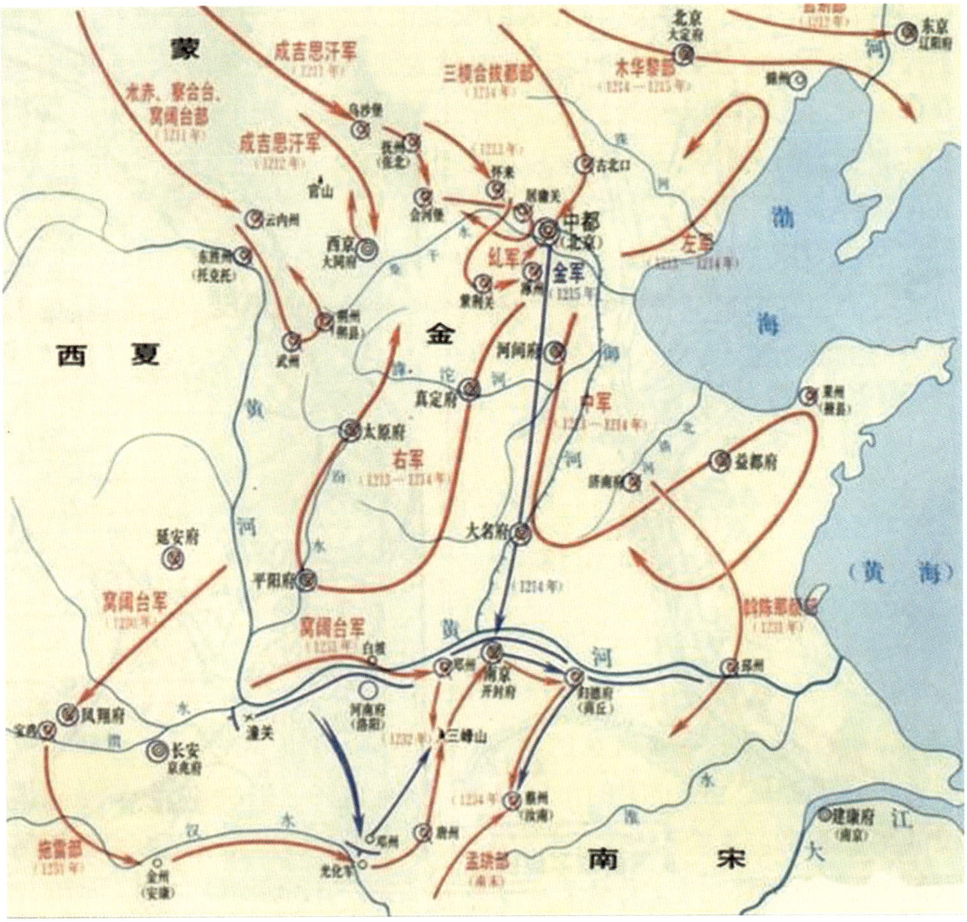

蒙古灭金形势图

蒙古军占领，郭文振到达太原地区后，先将太原东山一带二百余村收复，“迁老幼于山寨，得壮士七千，分驻营栅，防护秋获”。时有太原人赵益，在蒙古军进攻太原时，即“鸠合土豪，保聚山硖，屡战有功”。郭文振特任其为寿阳县令，驻兵榆次（今山西省晋中市榆次区）重原寨。

兴定五年（1221），郭文振、张开联合坚（今山西省繁峙县）、台（今山西省五台县）二州之义军准备收复太原，“夜登其城，斩馘甚众，所获马杖不可计，护老幼二万余户以出”。当时镇守太原的蒙古主帅攸哈剌的妻子也被赵益军俘获。后来，攸哈剌奋力追杀，才将妻子夺回。双方战斗异常激烈，但最终金廷未能收复太原。

之后，郭文振、赵益等义军便依托着太原周边的很多堡寨进行抵抗，蒙古军虽进行了多次围剿，依旧没有消灭金朝军民的反抗意志。金正大四年（1227）五月，河北真定恒山公武仙率兵再次围攻太原，城中民众作内应，夜开东门，金兵拥入。攸哈剌慌忙应战，死于阵中。太原城被金廷收复。但随着蒙古西征军主力回师东征，太原于正大七年（1230）九月再次被蒙古军攻占。

金代太原军民抗击蒙古军的斗争，前后经历近 20 年，围绕太原城得失，反复攻守，最后还是被蒙古军占领。但是太原军民不屈不挠、英勇斗争的抗暴精神，为后人所敬仰传颂。

陈尧佐与公共园林

“柳溪”是一个富有诗意的名字，据地方史书记载，宋初，柳溪街这一地带是太原城外西北隅的汾河荒滩。汾河常在这里决口，危害城郊人民的生命和财产安全。宋天圣三年（1025），并州知州陈尧佐为治理汾河水患，在汾河大坝之东，又套建环坝新堤五里，引汾水贯注其中，把它作为汾河洪汛期间的分洪缓冲地带。为了加固这段新堤，陈尧佐亲率城民植柳树万株于堤坝之上，又在围堤之上、垂柳丛中建造“彤霞阁”、“四照亭”，在湖泊之中建造“杕华堂”、“水心亭”，在堤内汾河淤积的沙滩之上种荷植藕，取名“芙蓉洲”，使一个偏僻荒凉、人迹罕至、水患不息的荒滩，变为绿柳婀娜、荷叶田田、水光湖色、亭阁相映的自然园林，获“柳溪”美称，成为宋金时代太原的风景胜地之一。每逢春和景明的时节，红男绿女，官宦城民，或泛舟于湖面，或涉足于亭阁，或漫步于柳荫，实在是一处令人神往的乐园。元初太原府有名的和尚小仓月曾有诗赞美“柳溪”胜景：“堤边翠带千株柳，溪上青螺数十峰。海晏河清无个事，画楼朝夕几声钟。”这个令人神往的“柳溪”一直在太原的大地上存在了三百余年。

陈尧佐出生在一个官宦诗书礼义之家，父陈省华（939—1006）在蜀

地时做过阆州西水县尉，兄尧叟（961—1017）为宋太宗端拱二年（989）殿试榜首，尧佐则在端拱元年（988）进士及第，弟尧咨（970—1034）为真宗咸平三年（1000）科考状元，号称“陈氏三状元”。陈省华家教严厉，在当时乃至后世都颇有影响，宋利州东路安抚使阎苍舒《将相堂记》记载“天下皆以陈公教子为法”。在“三陈”入仕前，陈省华选择远离闹市的石岩洞穴，作为诸子读书之所，并亲自讲授儒家经传。《宋史》载：“尧佐少好学，父授诸子经，其兄未卒业，尧佐窃听已成诵。”后来陈省华北上做官，又带三个儿子相随，随时督促学业。在济源县时，他安排三子就读于城西龙潭的延庆佛舍中，后来又让儿子们“从种放于终南山”。儒家济世为民、仁爱为怀的入世精神与道家隐居山林、怡情自然的审美情怀，使得陈尧佐养成了面向现实人生，既仁爱为怀，又重视生活情趣，推崇平淡天然的审美个性与审美自觉。

陈尧佐画像

咸平三年（1000），陈尧佐任潮州通判时，张氏的儿子与母亲在江边洗衣，被鳄鱼吃掉。陈尧佐听后非常悲伤，下令捕获，作文通报鳄鱼罪状，当众烹杀，可见其仁爱与放达情怀。陈尧佐济世为民，治水功劳卓著。他任两浙转运副使时，钱塘堤被海水冲毁，他提出“下薪实土”法，堤岸得以坚固持久。天禧年间，黄河决堤，他调知滑州，创“木龙杀水”法，堵决口成功，又筑第二道防护长堤，人称“陈公堤”。天圣三年（1025），陈尧佐知山西并州时，汾水暴涨，灾患甚剧，他勘察地质地势，沿河筑堤，又种植柳树万株，形成“柳溪”，消除水灾。陈尧佐临终前一日，曾自为墓志云：“年八十不为夭，官一品不为贱，使相纳禄不为辱。三者粗备，归息于先秦国大夫、仲兄丞相栖神之域，吾何恨哉!”寥寥数十字的碑文，体现了其生死之间的豁达态度。

陈尧佐一生有文集三十卷，现在尚存诗约五十多首。从现存诗作看，作者多写山水花木，其诗明白清丽、恬淡自然，如《游惠州西湖》、《题野吏亭》、《林处士水亭》、《智果寺》、《归阙感怀》、《湖州碧澜堂》、《虎丘》、《怀杭州西湖》等多篇诗作，都具有一种寄情山水的人文情怀与审美意趣。兹举其《潮阳作》可窥一斑：

景淡花初落，寒生海上潮。门前归北路，微雨柳垂条。

从史料看，“柳溪”不仅名称富有诗意，而且是一个名副其实的具有公共性特征的风景园林。陈尧佐对“柳溪”的规划、布局充分体现了古典园林顺应自然、美化自然的传统，而且具有现代公园的特征。北宋之时，太原城之外，恢宏壮丽的晋祠圣母殿建成，晋祠的规模比前代大为扩展。几乎是在同期，陈尧佐任并州知州，建成“柳溪”。这两座园林的巍然屹立，足以鼓舞这座城池前行的勇气，而“柳溪”所具有的开放性的公共园林特征，足以光耀这座城池的历史。

元代之后，由于年久失修，战乱不息，“柳溪”逐渐被汾河的泥沙淤灌壅积，树木花草，亭台楼阁，或被砍伐，或被湮没。到明代初期，已是断壁残垣，残花败柳。及至嘉靖年间，洪水冲毁堤坝，连同那些断壁残垣都被冲之一空。20 世纪 80 年代，群众在古代“柳溪”，即原旱西三巷的故址旧地上，种植国槐，以示纪念陈尧佐，而旱西三巷也在 1982 年更名为“柳溪街”。

宋代晋祠圣母殿与鱼沼飞梁

“三晋之胜，以晋阳为最，而晋阳之胜，全在晋祠”，此话可谓一点不为过。20 世纪 30 年代，著名建筑学家梁思成、林徽因伉俪被晋祠正殿的一角侧影所吸引而游访晋祠，他们曾感慨万端地写下：“晋祠的布置

太原建城2500年纪念邮册《晋祠传说》之“剪桐封弟”

晋祠三晋名泉

又像庙宇的院落，又像华丽的宫苑，全部兼有开敞堂皇的局面和曲折幽深的雅趣。”

祠堂是族人祭祀祖先或先贤的场所。据《史纪·晋世家》载，周武王之子成王姬诵封同母弟叔虞于唐，史称唐叔虞。叔虞的儿子燮父，因境内有晋水，改国号为晋。为了奉祀叔虞，大约于北魏时期，后人在晋水源头建立了祠宇，称唐叔虞祠，也叫作晋祠。在等级森严的封建社会，修建祠堂有等级之限，在明代嘉靖之前民间是不得立祠的。作为华胄贵族的唐叔虞，其身份的尊贵是不言而喻的，所以晋祠历经过数代的不断扩建。南北朝时，高洋建立北齐，将晋阳定为别都，于 550 年到 559 年间扩建晋祠，“大起楼观，穿筑池塘”。隋开皇年间，在晋祠西南方增建舍利生生塔。646 年，李世民来到晋祠，撰写碑文《晋祠之铭并序》，并又一次进行扩建。到宋代时，太宗赵光义在晋祠大兴土木，修缮竣工时还刻碑记事。宋仁宗赵祯于天圣年间，追封唐叔虞为汾东王，并为唐叔虞之母邑姜修建了规模宏大的圣母殿。此后，又铸造铁人，增建献殿、钟楼、鼓楼及水镜台等。这样，以圣母殿为主体的中轴线建筑物基本告成。

晋祠是国家首批 4A 级景区，其中圣母殿、鱼沼飞梁、献殿被称为三

晋祠鱼沼飞梁

大国宝建筑。

圣母殿是晋祠最古老、最壮丽的建筑之一，是太原现存重要的宋代建筑之一，始建于宋天圣年间。它位于晋祠主轴线上，背靠悬瓮山，前临鱼沼，晋水的其他二泉——“难老”和“善利”分列左右。殿坐西朝东，重檐歇山顶，面阔五间，进深四间，殿堂结构为单槽形式，有一排内柱，四周有深一间的回廊，构成下檐，即北宋建筑专著《营造法式》所载“副阶周匝”的做法。大殿正面八根下檐柱上有木制雕龙缠绕，即《营造法式》所载的“缠龙柱”，是现存宋代这种柱的孤例。大殿副阶斗出两跳，华头外延为假昂头，殿身斗出三跳，为两华一下昂，上加昂形耍头。补间铺作仅正面每间一朵，侧面及背面不用。此殿是现存宋代建筑中唯一用“单槽副阶周匝”的建筑，柱身侧脚，生起显著，屋顶及檐口曲线圆和，表现了典型的北宋建筑风格，可视为宋式建筑的代表作。殿顶覆盖黄绿色琉璃剪边，脊上饰各种动物走兽。廊下高悬的楹联匾额，古香四溢。远看飞阁流丹，气势十分雄伟。殿内有宋代彩塑四十三尊，主像圣母邑姜居中而坐，神态庄严，雍容华贵，凤冠霞帔。围绕主像于殿内四周塑有宫娥、侍女四十二尊，因其年龄、性格、职务的不同而表现出极不相同的神态。

晋祠宋代侍女像

塑像形象逼真，造型生动，情态各异，是我国古代雕塑艺术的珍品，也是研究宋代雕塑艺术和服饰的珍贵资料。1959 年，郭沫若先生游览晋祠时，惊叹侍女像为“神品”，豪情满怀，逸兴遄飞，挥笔题了一首酣墨淋漓的七言律诗：

圣母原来是邑姜，分封桐叶溯源长。
隋槐周柏矜高古，宋殿唐碑竞炜煌。
悬瓮山泉流玉磬，飞梁荇沼布葱珩。
倾城四十宫娥像，笑语嘤嘤立满堂。

鱼沼飞梁是一座精致的古桥建筑，位于圣母殿前，原建于北魏年间，北魏郦道元的《水经注》中即有“枕山际水，有唐叔虞祠，水侧有凉堂，结飞梁于水上”的记载，后重建于北宋天圣年间，现存整个梁架是宋代的遗物。古人以圆形为池，方形为沼，此方形沼因原为晋水第二大源头，流量甚大，沼中多鱼，所以取名鱼沼。沼上架十字形板，本着“架桥为座，若飞也”、“飞梁石磴，陵跨水道”的说法，被称作“飞梁”。鱼沼飞梁是中国少有的一种十字桥梁形式。在方形沼内，置约 30 厘米见方的小八角形石柱，柱头置木斗拱与梁枋，承石头桥板与石栏杆，石桥面中部高两侧低，木斗拱与梁枋改变了石桥面的推力传递方向，使重量垂直传到桥柱上，桥柱从梁枋荷载角度分布，间距宽窄不等。桥梁充分利用材质

在三种环境中的特长，石柱水中耐腐，木材具韧性与塑性，石桥板耐磨、防火，达到了桥梁坚固、美观、耐久的效果。这种十字形桥也是中国现存古桥梁中的孤例，梁思成曾赞叹道：“此式石柱桥，在古画中偶见，实物则仅此一例，洵为可贵。”

献殿位于鱼沼飞梁之东，是供奉圣母邑姜的享堂，是一座四面开敞、柱间装栅栏的单檐歇山顶小殿，与对越坊、钟鼓楼围成一个小院落，其间坊、楼、亭、殿相映相衬，构成一组风格相近的建筑，隔水与圣母殿相呼应。

晋祠有名的唐碑，矗立在“贞观宝翰”亭中。此碑的碑文是唐太宗李世民亲自撰写的，名为《晋祠之铭并序》，其书法颇有王羲之的特色，是一篇融政治思想、文学书法艺术于一体的旷世之作，也是我国现存最早的一块行书碑，对于研究我国的书法艺术有重要的价值。

晋祠的周柏隋槐也给人以深刻的印象。周柏相传为西周时所植，位于圣母殿左侧，树身向南倾斜，约与地面成四十度角，枝叶披覆殿宇之上。宋文学家欧阳修赞其曰：

地灵草木得余润，郁郁古柏含苍烟。

晋祠金人台

晋祠全景图

它与难老泉、宋塑侍女像一起被誉为“晋祠三绝”。隋槐在关帝庙内，老枝纵横，盘根错节。这些古树年代久远，至今仍然生机勃勃，浓荫四布。古树和泉流相配，使大殿楼阁掩映在浓荫疏影，静水急流之间，极具韵味。

晋祠建筑中引人注目的还有其屋顶的琉璃瓦面和饰物，应该说这也是山西古建筑的一大特色。琉璃瓦屋顶本不多见，彩色琉璃瓦更少见。北京故宫、十三陵等处的建筑全是琉璃瓦屋顶，但全部采用黄色琉璃瓦屋面，绝无二色。而晋祠古建筑几乎均采用彩色琉璃瓦屋顶，从晋祠公园大门前的“晋祠胜境”坊开始，小如金人台上尺许见方的小阁，大到面阔七间的圣母殿，均为数种色彩搭配而建，更有屋脊檐头繁复兽头饰物，真可谓流光溢彩，让人叹为观止。2013 年，在晋祠塔院中央的舍利生生塔塔顶，首次发现八条琉璃龙，色彩鲜艳，栩栩如生，古建专家称赞其为琉璃中的上乘之作。夕阳西下时，晚霞映射，满塔生辉，“宝塔披霞”不愧为晋祠外八景之一。

米芾、米友仁“米氏云山”

米芾（1051—1107），字元章，世居太原，迁居襄阳，后定居润州（今江苏省镇江市）。宋徽宗时，米芾官至书画博士，后任礼部员外郎。因古代称礼部为“南宫”，故有“米南宫”之称。米芾能诗文，擅书画，书画自成一家，与其子米友仁创立了“米氏云山”山水绘画样式。米芾个性怪异，举止癫狂，遇石称“兄”，膜拜不已，人称“米颠”或“米痴”。

米芾平生在书法方面用功最深，为“宋四书家”（苏、米、黄、蔡）之一，他的书法作品具有痛快淋漓、欹纵变幻、雄健清新的特点，尤其是行书，用笔迅疾而劲健，尽兴尽势尽力。明代董其昌《画禅室随笔》谓：“吾尝评米字，以为宋朝第一，毕竟出于东坡之上。”皇帝询问书法，米芾自称自己是“刷字”，明里自谦而实点到精要之处，从现存的近六十幅米芾的手迹来看，“刷”这一个字正将米字的神采活脱脱地表现出来。苏东坡赞叹其书法：“超逸入神”、“风樯阵马，沉着痛快”。

古人云，书画同源。米芾不仅在书法方面具有极深造诣，在绘画方面也表现出超人的创造能力。他完全摈弃了一般画家的常态，让文人、书法家率直的“情”、天真的“意”进入了画中，用一种超乎常人之“我法”式的大智慧铸就了“米氏云山”这一独具个性的山水画艺术形象。所谓“风格即人”，“米氏云山”的创造与米氏父子的品性具有高度一致性。北宋中期所形成的“立异求胜”、“耻与人同”的士风，在米芾身上有淋漓尽致的发挥。黄庭坚说：“米元章在扬州，游戏翰墨，声名籍甚。其冠带衣襦，多不用世法，起居语默略以意行，人往往谓之狂生。”米芾几乎在描绘任何一种对象时，都要本能地求得独一无二的面貌，努力避免“与他人面目相似”。在山水画创作方面，这一点体现得较为突出。他认为，山水画的发展基础是传承，但更要“出尘格”。他说：“又以山水古今相师，少有出尘格者，因信笔作之，多烟云掩树，树石不取细，意似便矣。”从绘画史来看，中国山水画于五代时期已经出现了南北不同画风的代表性画家。

米芾拜石图（明代 陈洪绶）

山西卦山上米芾题写的“第一山”牌匾

北宋山水画的主流是荆浩以来的北方画风，著名的有李成、关仝、范宽三家，这些画家的成就在米芾眼里是“山水古今相师，少有出尘格”。同时，他在董源画法的基础上，进行新的创造，画山水多用水墨点染，不拘形色勾皴，充分发挥了水墨融合、墨色晕染所形成的效果，形成了含蓄、空蒙的神韵。

米友仁（1086—1165），字元晖，是米芾的长子。其绘画草于其父，邓椿《画继》称：“（米友仁）天机超越，不事绳墨，其所作山水，点滴烟云，草草而成，而不失天真，其风气肖乃翁也。”米友仁画《楚山清晓图》得到徽宗赞赏，已小有名气。据邓椿《画继》载：“元章当置画学之处，召为博士，便殿赐对，因上友仁《楚山清晓图》。”米友仁承继并发展米芾的山水技法，作画以机趣为旨归，常把自己的画作称为“墨戏”，进一步奠定了“米氏云山”在画坛的地位。

米芾的绘画作品极少，在今天更难觅其真迹。米氏山水的面貌，从其长子米友仁传世的《潇湘奇观》、《云山墨戏》等作品中略见其大概。米氏云山所描绘的是五代画家董源画幅里时常出现的烟云掩映、微雨迷蒙的江南景象。而构成米家山水不可重复的独特面目的，是那些浓淡参差、迷离氖氲、布满山头树梢水畔的意态横斜的点，人称“米点”。在宋代文人眼里，墨色天然去雕饰而近于道，以墨色作画可以去俗，回归本真。米芾的“游戏翰墨”和米友仁的“墨戏”，以及技法上重墨色的横笔点、大浑点笔法和多遍渲染法，表现了文人画“寓意寄兴”本色相应的本真回归。

明董其昌在《容台别集》说:“唐人画法,至宋乃畅,至米又一变耳。”米芾提出的“寄兴游心”、“游戏翰墨”的画学思想和以“云山”、“米点”为特征的笔墨格式,把先前山水画追求可望、可行、可游、可居的完全写实风格向着更高的精神境界迈进, 在艺术实践上对当时苏轼等倡导抒情写意的绘画思潮起了很大的支持作用,为“文人画”成为画坛主流奠定了基础。米氏父子作为一种精神象征,作为一种文化认同,在艺术精神层面上具有永久的生命活力。

宋德方与龙山道教石窟

道教是中国土生土长的宗教,正式创立于东汉末年,其标志是太平道和五斗米道的出现。南北朝时期,经过葛洪、寇谦之、陆修静、陶弘景等人的努力和改革,道教成为与佛教并列的中国本土宗教之一。南北朝以后,历代统治者基本上都重视儒释道三教,在尊奉的同时,统治者也加强了对佛道二教的控制。唐宋时期,道教受到统治阶级的推崇并得到进一步发展,形成了多种流派,金元时期逐步形成全真派和正一派两大流派。

全真道自创教以来,在王重阳及全真七子的不懈努力之下,其影响力由山东逐渐扩展到陕西、河南、河北等地。特别是在丘处机西行觐见成吉思汗之后,取得了成吉思汗及元初统治者上层的大力支持,全真教走向全国,最终成为与正一派并立的中国两大道教宗派之一。宋德方曾跟随丘处机西行觐见成吉思汗,后来开凿山西太原龙山与山东莱州寒同山两个大规模的全真教石窟,对金末元初全真教的发展做出巨大贡献。

宋德方(1183—1247),字广道,号披云,金大定二十三年(1183)出生于莱州平村一个号称“士林右族”、“以积善见称”的家庭。宋德方幼年时期, 南宋与金之间的战争时有发生, 战乱与灾荒不断夺去人们的生命,年幼的宋德方较早地接触到生死问题。受家庭的影响,宋德方很小

丘处机画像

就对生死问题进行思考，十二岁就师从长生真人刘处玄，后来先后师从王处一与丘处机这二位全真教大师。

刘处玄，字通妙，号长生子，莱州（今山东省莱州市）武官庄人，金大定九年（1169）拜王重阳为师入道，为全真教七真之一。王处一（1114—1217），号玉阳子，宁海（今山东省乳山市）人，金大定八年（1168）师事王重阳，长期隐居昆仑山烟霞洞，曾西行传真布道，足迹遍及山东、江西、陕西、山西、北京等地，在中国北方产生极大影响。丘处机（1148—1227），字通密，道号长春子，登州栖霞人，因以七十四岁高龄远赴西域劝说成吉思汗止杀爱民而闻名，被奉为全真教七真之一以及龙门派的祖师。刘处玄为宋德方的开蒙师，王处一为其度师，而丘处机则使其归于大成。宋德方分别得到三位大师的真传，可谓"三灯传一灯，一灯续三灯"。金兴定四年（1220），宋德芳跟随师傅丘处机赴西域拜见成吉思汗，三年后回到燕京，师傅被封为"国师"，宋德芳为提点，往返于大都、平阳、终南山之间，主持醮事。金天兴三年（1234），宋德方云游到太原西山，发现了两窟道教造像，于是在原有石窟近旁增修三洞石窟。

魏晋以来，随着佛教的兴起与繁荣，佛教石窟雕造活动日渐频繁。作为中国土生土长宗教的道教，在三教不断融合的文化发展大趋势下，也开始出现了造像石窟的现象，但与佛教在魏晋隋唐开凿的大量石窟相比，道教石窟数量较少，而由全真教开凿的石窟更是凤毛麟角。现存全真教石窟只存有宋德方主持开凿的山西太原龙山与山东莱州寒同山两个大规模的全真教石窟。

龙山石窟是中国现存规模最大的元代道教石窟群，位于山西太原西南二十千米的龙山山顶，总共八窟，第四、第五两窟中的雕像，发髻凸起，衣饰流畅，侍者身材修长，侧身微曲，极富宋风，为宋人开凿。第一、第二、第三窟，实则一窟三层，与第六、第七两窟为宋德芳主持开凿。史载，宋德芳游太原西山时，已经“有二石洞”，即现在的第四、第五两窟。

龙山道教石窟是我国现存规模最大的纯道教石窟，具有鲜明的北方艺术特色。石窟中形象逼真、富有艺术性的道教雕像，向世人展示了道教艺术的博大精深，具有珍贵的艺术价值，在中国道教和道教艺术史

太原市龙山石窟卧如龛

上占有举足轻重的地位。另外，石窟中遗存的许多元代题记，是研究中国道教发展史和道教美术不可或缺的重要依据，也是研究元代雕刻、书画和文学艺术的实物依据。

元好问过晋阳故城

八百多年前，一代文冠元好问降生在三晋大地之时，就已注定了他这一生与太原休戚相关。金明昌元年(1190)，元好问出生于太原秀容(今山西省忻州市忻府区)。其祖先原为北魏皇室鲜卑族拓跋氏，后随北魏孝文帝由平城(今山西省大同市)南迁洛阳，并在孝文帝汉化改革中改姓元。北魏亡后，元氏落籍汝州(今河南省临汝县)。五代时期，元氏又由河南移家平定州(今山西省平定县)。其高祖元谊，在北宋晚期徽宗宣和年间(1119—1225)，任忻州神武军使，曾祖元春任北宋隰州团练使。其后，元氏举家从平定移居太原秀容，从此世居此地。

元好问的祖父元滋善，在金正隆二年(1157)任柔服(今内蒙古土默特右旗托克托附近)丞。父亲元德明多次科举不中，以教授乡学为业，平时以诗酒自娱，喜爱杜诗，推崇苏、黄，著有《东岩集》。元好问出生后七个月，就过继给他的叔父元格。

元好问自幼聪颖过人，据《遗山先生文集》卷三十七《南冠录引》与《墓铭》记载，他四岁便开始读书，七八岁便会作诗，被称为神童。十一岁后，随叔父元格官冀州(今河北冀州)，期间受到翰林侍读学士路铎的赏识并指点其作文。十四岁时，元格调官陵川，元好问受业于泽州名儒郝天挺(字晋卿)。十六岁时，师从郝晋卿的元好问从陵川到太原参加应试，在汾水旁遇到了一个张网捕雁的农夫。农夫告诉元好问一件奇事——今天早晨，我在河滩上网到两只大雁，捕杀其中的一只后，另一只脱网逃走的大雁在空中悲鸣哀叫，始终不愿离去，最后竟然一头撞向地面殉情而死。听完农夫的诉说，元好问唏嘘长叹，向农夫买下了这两只大雁，将它们埋葬在汾河岸边，用石块筑起一座坟丘，称之为“雁丘”。随后写下了千古绝唱《摸鱼儿·雁丘》。

这首词以爱情为主题，却写出了历史的厚重与人生的沧桑。从中可看出，十六岁的元好问所怀抱的绝世才情。但是，历史的沧桑与悲凉对于家道优裕的元好问来说，似乎有些意外。作家陈为人从诗人所作《雁丘》词小序“旧时作无宫商，今改定之”中推断：“我们现在读到的《雁丘》已非原版，元好问后来对这首小词做了修订，这绝不会仅仅是对诗词格律方面的规范修订，这恐怕是一次脱胎换骨的改写，把初始也可能仅是爱情的诗篇，加入了成年饱经沧桑后对人生的重新认识。”或许十六岁的诗人已经具备了把人生与历史相互交融的才情，初步展露出其“以诗存史”的创作倾向。

金宣宗贞祐三年(1215)，蒙古军攻陷燕京，二十六岁的元好问途经晋阳故城，感慨万千，挥笔写下《过晋阳故城书事》，诗中写道：

君不见，系舟山头龙角秃，白塔一摧城覆没。

薛王出降民不降，屋瓦乱飞如箭镞。

诗歌以晋祠优美的景色起笔，记述了晋阳故城历时一千多年造就的辉煌却被大宋王朝水淹火烧的惨痛历史，表达了诗人极大的惋惜与愤慨，联系了当时国破家亡的现实。这首诗还记述了北宋王朝于晋阳北四十里的唐明镇重筑晋阳的史实，对其官街十字改丁字的迂腐予以嘲弄。诗歌写景简洁凝练，叙事真切朴实，所述史实精当，如“中原北门形势雄”、“系舟山头龙角秃”、“汾流决入大夏门，府治移著唐明村”寥寥几句，就把晋阳的辉煌战略地位以及被毁和重建的历史过程叙述清楚，展露出其以诗写史的深厚功力。

金兴定五年(1221)，三十二岁的元好问进士及第，与京中名士交游酬唱。画家李平甫乘兴为元好问挥毫泼墨，点染一幅系舟山图。彼时的金王朝文坛盟主赵秉文、元好问好友刘昂霄各题诗于图上。元好问亦作《家山归梦图三首》题于画作之上，诗中开笔即点出“别却并州已六年，眼中归路直于弦”，表达了回归故园的急迫心情。

元好问的文学成就以诗歌创作最为突出，诗歌以“丧乱诗”为主，奠定了他在文学史上地位。这些诗写在金朝灭亡前后，主要有《岐阳》三首、《壬辰十二月车驾车狩后即事》五首、《俳体雪香亭杂咏》十五首、《癸

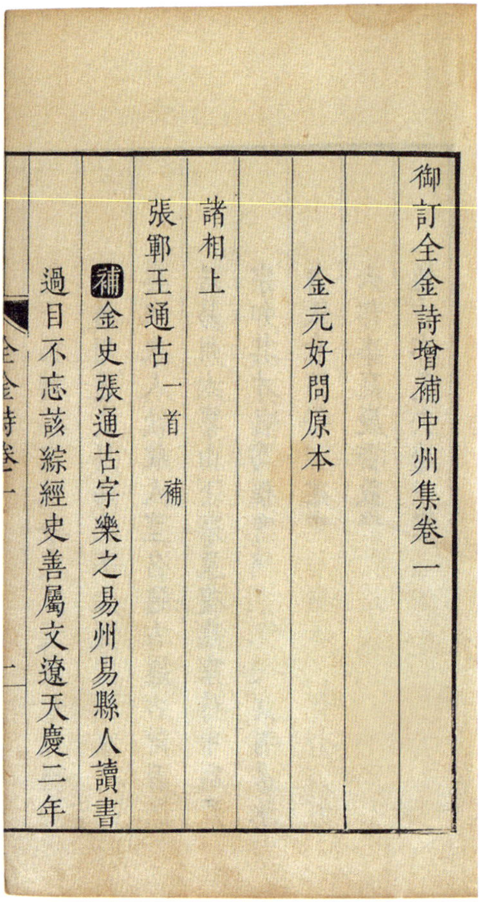
御訂全金詩增補中州集卷一
金元好問原本
諸相上
張鄆王通古 一首 補
補金史張通古字樂之易州易縣人讀書
過目不忘該綜經史善屬文遼天慶二年

《御订全金诗增补中州集》书影

巳五月三日北渡》三首、《续小娘歌》十首等，这些诗篇广泛而深刻地反映了国破家亡的现实，具有诗史的意义。总之，元好问的诗歌具有强烈的感染力，掀起了杜甫之后的现实主义诗风的又一高潮。

金天兴二年（1233），蒙古军围开封，金朝灭亡，元好问和大批官员被俘，押赴聊城羁管软禁，到元太宗十年（1238）时才结束羁系生活。作为囚徒，元好问与家人辗转于山东聊城、冠氏之间，并逐渐与汉军首领严实、赵天锡等接上关系，生活逐渐好转。这期间，他痛心金国的沦亡，奸贼的误国。为了以诗存史，他勤奋编辑金国已故君臣诗词总集《中州集》，这时诗人已经进入花甲之年。《中州集》历时六年，才获付印。《四库全书总目·遗山集》曾经评元好问："好问才雄学赡，金元之际屹然为文章大宗，所撰《中州集》，意在以诗存史，去取尚不尽精。至所自作，则兴象深邃，风格遒上，无宋南渡宋江湖诸人之习，亦无江西派生拗粗犷之失。至古文，绳尺严密，众体悉备，而碑版志铭诸作尤为具有法度。"

元好问五十岁时返回故乡忻州，到元宪宗七年（1257）九月初四在河北获鹿寓舍去世，终年六十八岁。临终之时，他嘱咐后人在他的墓碑上只题七个字"诗人元好问之墓"，足见他对自己诗歌创作的重视与肯定。而"诗狂他日笑遗山，饭颗不妨嘲杜甫"一句更是显示了他对自己诗才的自信。

太原这座城市因为与元好问相联而增光溢彩。"雁丘冢"静静地立

于汾河岸边，连同《雁丘》词这千古绝唱，定格于城市的历史深处，成为太原城市文化的一大景观。

马可·波罗眼中的太原

太原地处中原农耕民族和北方游牧民族的中间地带。北方游牧民族主要从事畜牧业，不事农耕，依赖商业贸易补充吃穿用度。太原作为蒙古军队占领较早的地区，一旦社会稳定下来，商业就会得到很快的恢复和发展。

元廷在统治北方之初，虽然社会秩序还没有完全稳定下来，但他们还是很重视手工业生产的恢复和发展，一定程度上促进了科学技术的发展和手工业作坊的繁荣。《元史·食货志》记载，太原一带有制铁所，冶炼业、印刷业、酿造业、纺织业都十分发达，其产品除满足统治者需求外，大量流入各地。

此外，元朝在商品的产地和销售地设立场务，设有专官监管生产和征税。税额虽有升降，但基本保持在“三十税一”。而从这些场务固定的税收额，也大致可以了解当时某一地区的经济情况。《元典章》记载，在当时的山西地区，税收额在五千锭银以上的有太原、平阳两地。三千锭银以上的，只有大同一地，潞州、河中府、汾州等地均在五百锭银以上。这说明，经过短暂的恢复，当时太原地区的商业贸易税收额遥遥领先于今山西其他地区，而从全国范围来看，达到五千锭银商税收入的城市也屈指可数。意大利人马可·波罗在其《马可·波罗行记》中对太原府商贸的繁荣做了记述。

马可·波罗，意大利威尼斯人。在 1271 年夏天，他随自己的父亲和叔父，从地中海东岸阿迦城出发，经过四年长途跋涉，抵达元上都，受到了元世祖忽必烈的欢迎。从 1275 到 1292 年的十七年间，他成为元朝政府的一名官员，期间常常奉命巡视各省。后来，他返回意大利后，便将自

忽必烈画像

马可·波罗画像

己游历中国的所见所闻记录下来，成为《马可·波罗行记》。

《马可·波罗行记》中有一章为“太原府王国”，其中便记载了当时太原府的情况：

自涿州首途，行此十日毕，抵一国，名太原府。所至之都城甚壮丽，与国同名，工商业颇盛，盖君主军队必要之武装，多在此城制造也。……亦种桑养蚕，产丝甚多。

从马可·波罗所记来看，太原更像是一个大宗货物的集散地，即太原地区的商贸并不仅是满足当地人民的需要，而是周围各地将货物运到太原，再转往其他地区。应该说，太原是西北各地连接中原地区的商贸桥梁。

书中还描述了太原附近葡萄丰收的景象：

出太原府，过桥三十里有大片葡萄园。……其地种植不少之葡萄园，酿葡萄酒甚饶，契丹全境只有此地出产葡萄。

这里所说的葡萄园应该就是清徐地区的葡萄园。其

马可·波罗旅行路线图

实太原清徐县是中国最早种植葡萄的地方之一，素有“葡萄之乡”的美称。民间流传着“清源有葡萄，相传自汉朝”的说法，其栽培历史可上溯到两千年之前的汉朝。据说，清徐马峪一带有一姓王的皮货商人，从西域贩皮货，带回葡萄枝条在当地栽植成功。之后，栽培渐广。

唐代，太原的葡萄种植已非常有名了。开元年间，葡萄为太原府的贡品。《唐书》记载“太原、平阳皆作葡萄干，货之四方”。诗人刘禹锡更有《葡萄酒》来赞颂。宋代文学家、《资治通鉴》的作者司马光写有“山寒太行晓，水碧晋祠春。斋酿葡萄熟，飞觞不厌烦”的诗句。到元朝，太原清徐葡萄园已是全国最大的葡萄庄园之一。

元朝立国虽然只有九十余年，却是我国古代社会葡萄酒业和葡萄酒文化的鼎盛时期。因为元代统治者重视农业生产，在各级官员身体力行、农业技术指导具备、官方示范种植下，元朝的葡萄栽培与葡萄酒酿制有了很大的发展。葡萄种植业的空前发展和饮用葡萄酒的普及，在元朝的文学作品中得到反映。此外，元朝统治者十分喜爱马奶酒和葡萄酒，这无疑提高了马奶酒和葡萄酒在农业生产中的地位。

清徐葡萄酒酿造由来已久，在唐代便是朝廷钦定的贡品。《太平御览》记载,“太原公子”李世民特别钟爱清徐的葡萄酒,不仅把它作为招待最高贵客人的礼品,还亲自用清徐的龙眼葡萄酿造葡萄酒。他当皇帝之后,将清徐酿造葡萄酒的作坊统一御封了“李氏作坊”的名号。

元代的中国葡萄酒生产发展水平应该是达到了历史最高峰。明人叶子奇撰《草木子》载,为了保证官用葡萄酒的供应和质量,元朝廷还在太原与南京等地开辟官方葡萄园,并就地酿造葡萄酒。其质量检验的方法也很奇特——每年农历八月, 元廷将各地官酿的葡萄酒取样,“至太行山辨其伪。真者下水即流,伪者得水即冰冻矣”。因此,太原地区葡萄酒酿酒技术也达到历史最高峰。但随着粮食白酒的发酵技术,特别是蒸馏技术的日臻完善,蒸馏白酒自明朝开始成为中国酿酒产品的主流,但山西清徐葡萄酒的酿造一直在继续。明初朱元璋谓之“甘寒清洌”。到清雍正年间,清徐葡萄酒仍有一定的市场,有诗称“向晚葡萄有酒熟,醉乡有梦不分明”。

“烟霞状元”乔吉

“烟霞状元”乔吉,字梦符。钟嗣成在《录鬼簿》中称:“吉甫字梦符,太原人。号笙鹤翁,又号惺惺道人。美仪容,能词章。以威严自饬,人敬畏之。居杭州太乙宫前。有题西湖《梧叶儿》百篇,名公为之序。江湖四十年,欲刊所作,竟无成事者。至正五年二月,病卒于家。”从这段叙述中,大致可知乔吉的生平——他是一个相貌俊美,擅长于作词写曲,为人清高严整,使人敬而远之的落魄文人。他一生贫寒,无力回归太原原籍,流落杭州,寓居在道观太乙宫附近。他写有散曲多篇,并请名士为他作序,但是,流落江湖四十年,想要把一生所作刊印成册,却因无人资助,未能如愿,最后客死他乡。

乔吉出生的年代大约在元至元十七年(1280)前后,赵义山《元散曲通论》中称,乔吉由太原南下,“与曾瑞等人一样,大概最初是想南下求

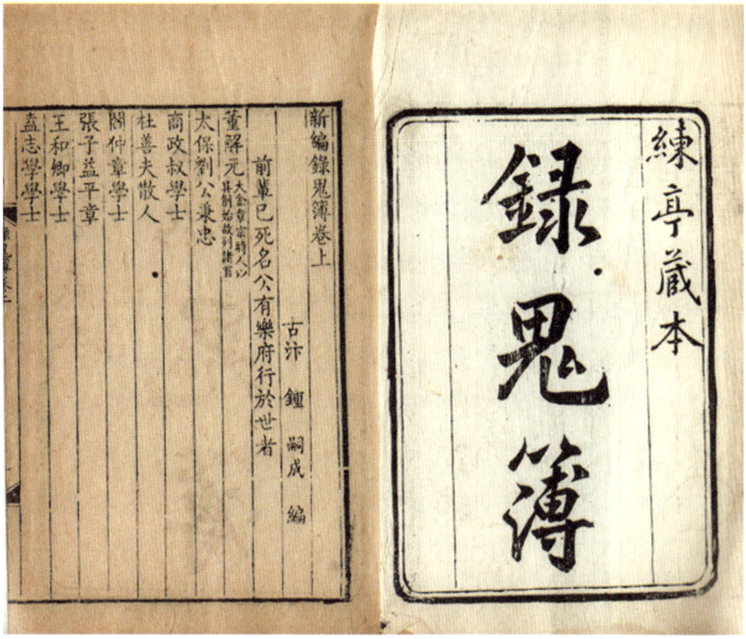

《录鬼簿》书影

仕，有所作为，最后理想落空，于是放浪江湖”。有一点可以确定，当时的东南沿海地区经济文化的发展在全国居于先进地位，苏杭地区是当时全国的经济文化中心。乔吉的青壮年时代，正好是元朝统治者废止科举的时代。直到延祐二年（1315），元朝才重开了科举，但时开时停且名额极少，并且采取歧视性的民族政策，这令乔吉的仕进之途严重受阻。在其叹世散曲《绿幺遍·自述》中，有“时时酒圣，处处诗禅，烟霞状元，江湖醉仙”之词，传达出他穷困潦倒却以“烟霞状元”自称的沧桑与无奈。

乔吉是元朝中后期杰出的杂剧、散曲大家，刘熙载在《艺概·词曲概》中说：“元张小山、乔梦符为曲家翘楚。”今人论元曲，将他与关汉卿、马致远、白朴、郑光祖、王实甫并称为“元曲六大家”。

乔吉现存杂剧作品都是写爱情、婚姻故事，许多题材反映了青楼妓女的痛苦生活。《金钱记》写韩翊与柳眉儿恋爱婚姻故事，以私情始，奉旨完姻终。《扬州梦》以杜牧《遣怀》诗“十年一觉扬州梦，赢得青楼薄幸名”命意，又采用了杜牧《张好好诗》的部分细节，虚构了杜牧与妓女张好好的恋爱故事。该剧对商业城市扬州繁华景色描绘得颇为生动。《两世姻缘》的故事，本于唐末范摅《云溪友议》，是写妓女（小说中为婢女）

玉箫与韦皋相爱，两世才得结为夫妇的故事。乔吉的杂剧曲辞清丽，立意新巧，题材上多才子佳人、风流韵事。

乔吉的散曲创作成就高于杂剧。在他的散曲中可以看到他客居异乡、穷困潦倒的生活经历，如《折桂令·自叙》。他由于一生不得志，作品中寓有对现实的不满，如《卖花声·悟世》、《玉交枝·闲适》等曲。乔吉一生漂泊辗转，足迹所至，除安徽、福建等省，江苏、浙江亦为他常游之地。颠沛流离的羁旅生涯，给人生失意的乔吉增添了更多失落，如《折桂令·客窗清明》、《平阑人·金陵道中》，抒发了他天涯羁旅的孤寂情怀。

乔吉的散曲以婉丽见长，精于音律，工于锤炼，喜欢引用或融化前人诗句，不避俗言俚语，具有雅俗兼备的特色。明李开先评他："蕴藉包含，风流调笑，种种出奇而不失之怪，多多益善而不失好之繁，句句用俗而不失其为文。"陶宗仪《南村辍耕录》载其言曰："作乐府亦有法，曰'凤头，猪肚，豹尾'六字是也。大概起要美丽，中要浩荡，结要响亮；尤贵在首尾贯穿，意思清新。苟能若是，斯可以言乐府矣。"这是他创作经验之谈，颇有见地。他的代表作如小令《水仙子·重观瀑布》："天机织罢月梭闲，石壁高垂雪练寒，冰丝带雨悬霄汉，几千年晒未干。露华凉，人怯衣单。似白虹饮涧，玉龙下山，晴雪飞滩。"作品描写瀑布，想象大胆，词句诡丽，出奇制胜。《水仙子·为友人作》、《怨风情·咏雪》、《天净沙·即事》等篇，又以生动浅白的语言以及社会生活中常见的事物作巧妙的比喻，入于曲中，形成独特的风格。

至正五年二月，未能实现作品结集出版愿望的一代散曲大家乔吉客死杭州。钟嗣成在给乔梦符写悼词时，近乎感伤地评说："平生湖海少知音。"然而，时间会让一切灰飞烟灭，也会让真相澄明。落魄一生的乔吉，以其清雅的作品，在其百年后瞩目于世人，瞩目于故土，抑或可慰其潦倒一生的经历吧！

第六章

从九边重镇到晋商之都

（明清时期）

概述

元末，纲纪日紊，民心怨叛，群雄并起，天下骚动。朱元璋攻下南京后称帝，建立明朝。不久便派大将军徐达、常遇春等北伐，开始统一全国。到1368年秋，明军攻取太原，改冀宁路为太原府，改行省为承宣布政使司，同时设置提刑按察使司和都指挥使司，即“三司”。山西“三司”均驻于太原，辖领府、州、县，管理军、民、财政，治所皆在阳曲（今太原市城区）。明代前期，太原府辖领六州、二十二县。其中府直辖十三县，州辖九县。明万历二十三年（1595），割永宁州（元代为石州）及其属县归新置的汾州府。至明末，太原府实辖五州二十县，其中府直辖十三县，州辖七县。府直辖十三县为阳曲、太原、榆次、太谷、祁、清源、徐沟、交城、文水、寿阳、盂、静乐、河曲。府辖五州及其所领县为平定州，领乐平；忻州，领定襄；代州，领五台县、繁峙县、崞县；岢岚州，领岚县、兴县；保德州。

退至漠北的元朝残余势力，不断侵扰明的北部边境，有时甚至深入明朝腹地，太原即多次遭受蒙古军队的侵扰。为了抗御蒙古军队的侵扰，明在东起鸭绿江、西至嘉峪关的一线上，先后设置了辽东、宣府、大同、榆林、宁夏、甘肃、蓟州、太原、固原九个军事重镇，当时被称为“九边”。“九边”中的太原镇，总兵驻在偏关，但巡抚都御史则驻扎在省城太原，太原实际是太原镇的战略基地。太原镇的建立，在防御蒙古军队南下侵扰方面发挥了关键的作用。

明初，朱元璋为了树立和维护朱明王朝的宗法统治，实行了封王建藩的政治制度。朱元璋对三子朱棡寄以重任，封为晋王，受藩太原。按明朝封王规定，受封的藩王，分封而不赐土，列爵而不临民，食禄而不治事。但以太原为首府的山西，要面对蒙古军队的侵扰，因此晋王拥有很多政治特权，并对太原城进行了大规模的扩建。与此同时，晋王还大规模地经营晋王府，从而使太原城较前代有了很大的变化。扩建后的太原城周长二十四里，城高三丈五尺，池深三丈，全城都用大砖砌就，有八座宏伟高大的城门与瓮城，城墙之上有十六座伟岸的大城楼，城之四隅有四座高大的角楼，沿城有九十座小楼近万个垛口。太原今天街道的名称，还有很多与当时扩建太原城及修筑晋王府有关。新建晋王府宫城的三个门就是今天的西华门街、东华门街、南华门街。当年晋王府外城城墙，就是现在几处名为肖墙的街道，而杏花岭、松柏坡当年都是晋王府的花园。明代著名文学家、侍郎王世贞来到太原，曾惊叹道：“太原城甚壮丽，二十五睥睨作一楼，神京所不如也。”清顺治《太原府志》中载：“崇墉雉堞，壮丽甲天下，昔人有锦绣太原之称。”说明宋元时代的北方民谚“花花真定府，锦绣太原城”之说，到明代，仍然受到百姓的认可。这是对明代扩建太原城、兴建晋王府等一系列城市建设活动的认可。

清顺治元年(1644)秋，清兵攻占太原，开始了清王朝对太原长达200多年的统治。清初，改明山西承宣布政使司为山西行省，同时保留冀宁道和太原府建置，治所皆在阳曲。沿袭明朝制度，太原府仍辖五州二十县，其中州下辖七县。到雍正二年(1724)，清政府对地方建置进行了较大变动。太原府所属保德、平定、代、忻四州升为省直隶州。同时，划河曲、兴县二县隶属于保德州；盂县、寿阳、乐平三县隶属于平定州；五台、繁峙、崞县隶属于代州；静乐、定襄二县隶属于忻州。经此一番变动，太原府仅领岢岚一州和十县，其中岚县为岢岚州隶县。之后复从保德州划出兴县隶属于太原府岢岚州。乾隆二十八年(1763)，裁清源县，并入徐沟县。至清末，太原府辖一州十县，其中府直辖阳曲、太原、榆次、太谷、祁、徐沟、交城、文水八县；岢岚州辖岚、兴二县。原明代设在太原府的太原右卫，于顺治十一年(1654)裁并入太原前卫。雍正三年(1725)，太原左卫、太原前卫同时裁撤。

明初扩建太原府城

明初，朱元璋为了树立和维护朱明王朝的宗法统治，实行了封王建藩的政治制度。其三子朱棡被寄以重任，封为晋王，受藩太原。按明朝封王规定，受封的藩王，分封而不赐土，列爵而不临民，食禄而不治事。但以太原为首府的山西，要面对蒙古军队的侵扰，晋王除拥有很多政治特权，还对太原城进行了大规模的扩建，使其面积超过宋代太原城的三倍。

太原府总图

明洪武四年(1371)10月,工部调发山西民夫,在太原、大同、潞安三府分别为晋王、代王、潞王建造宫殿。

到洪武五年(1372),开始在太原建府衙,除正堂之外,在正堂左设清军厅、管厅,在正堂右设收粮厅、理刑厅。府衙内还设有经历司、知事厅、检校厅、司狱司。城南设税课司,城东是大盈仓。此外,在府署东、鼓楼后,有巡抚、布政使司衙门;半坡街有巡按御史察院;四牌楼街西面有提刑按察使司;迎泽门东,承恩门西有贡院。

洪武九年(1376),晋王朱棡的岳父永平侯谢成在宋太原城的基础上,自东、南、北三面对太原城进行了大规模的扩建,城墙内以夯土加固,外以砖石砌成,环以壕沟。万历《太原府志·城池》载:“洪武九年,永平侯谢成因旧城展作东南北三面,周二十四里,高三丈五尺,池深三丈,门八。”八门分别是:东为迎晖、来春,南为太平、朝天,西为阅武、通汾,北为镇朔、拱极(今已重修),八门皆有瓮城。城门外皆设有吊桥。城上建有城楼八座,城四角建角楼四座,谓“建大楼十二”。沿城楼上建小楼九十座(后增为九十二座),城墙垛口七千八百多个。远望太原城郭,巍峨壮观,崇墉雉堞,气势非凡。明著名文学家王世贞赞曰:“太原城甚壮丽,二十五睥睨作一楼,神京所不如也”,昔人便有“锦绣太原城”之誉。

与此同时,谢成主持新建了晋王府。据史载,晋王朱棡生得修目美髯,顾盼有威,并且天资聪颖,善于骑射,从小与太子一起师从于著名学者、《元史》总编宋濂,受到良好的教育。朱棡十二岁就被册封为晋王,可皇室的优裕生活养成了他骄横放纵的习性。朱棡在就藩路上,鞭打了厨师徐兴祖。朱元璋闻讯后, 派人飞驰传谕:“我率领手下大将平定天下时,从来不姑息他们的任何错误,但唯独厨师徐兴祖,跟随我二十三年从未责罚过。类似的错误不能再犯。”但是,朱棡来到太原后,并没有吸取教训,常有不法行为,以致于被人诬告意图谋反。朱元璋大怒,准备将其治罪,在太子朱标的力救下,朱棡才得以幸免。父子几近反目,无异于当头棒喝, 使朱棡不得不反省自己的行为并有所收敛。洪武二十四年(1391),当他跟随巡视陕西的太子回南京时,已经留下了彬彬有礼、谦恭谨慎的美名。作为朱元璋倚重的嫡子,朱棡和他的四弟燕王朱棣分封在太原和北平,肩负着边防重任,每年都要巡行塞外、督察军屯。前一年,他和燕王朱棣分别率兵北伐蒙古,明代的开国功臣冯胜、傅友德、王

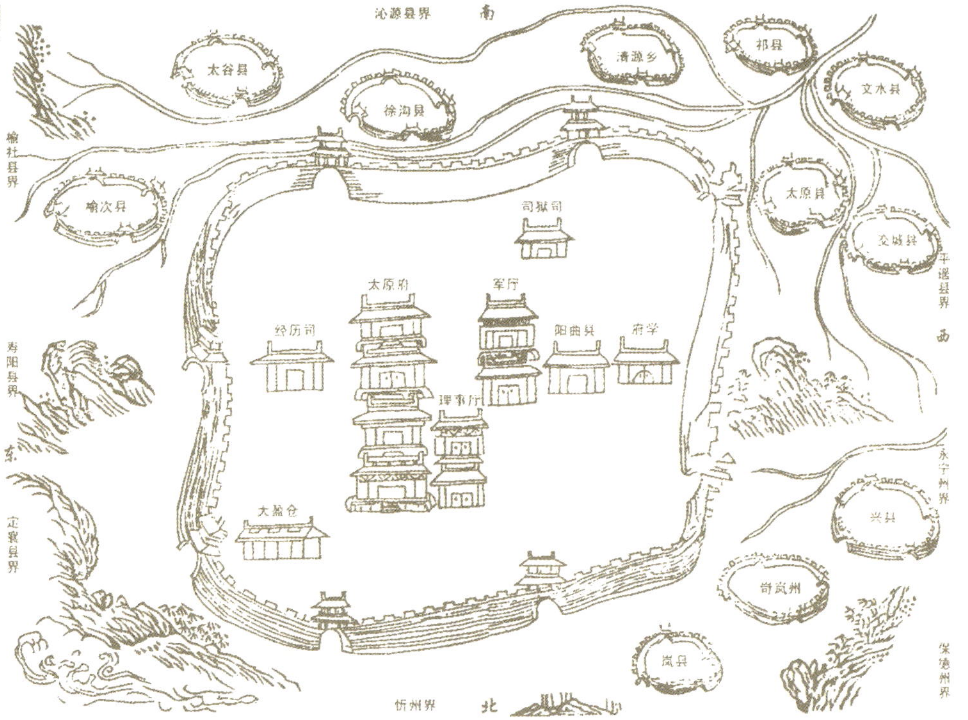

太原府属各县全图

弼都在其麾下受其节制。晋王朱棡，薨于洪武三十一年（1398）三月，年四十岁，谥号“恭”，后人称“晋恭王”。

晋王府是朱明王朝在山西的皇权象征，其旧址位于明太原城的东北角，是一座方形的宫城。东西 320 步（约合 528 米），南北 422 步（约合 696 米），占据了全城 1/6 的地方。宫城辟有东华、西华、南华、后宰四门。围绕宫城的还有外城，外城的城墙叫“萧墙”，如今太原市的“南肖墙”“北肖墙”“东肖墙”“西肖墙”等街名便与修筑晋王府有关。新建晋王府宫城的三个门也就是今天的西华门街、东华门街、南华门街，而杏花岭、松柏坡当年都是晋王府的花园。

然而，晋王府伴随着明朝的兴起而建立，也随着明朝的灭亡而颓圮。清军攻陷太原后，晋王府突遭大火，当时“烈焰烛天，俱成五色。比日出，自内城至公门、大殿、东西斋殿、灵寿等宫尽被焚毁。飞灰蔽野，烟烬逾月始息”。历经二百多年沧桑岁月的晋王府化为一片废墟。与晋王府具有相同命运的崇善寺，也在十六年之后遭受大火，火后只留下了后院的一座大悲殿以及《崇善寺建筑全图》。如今，晋王府布局已无考。仅从地名上得知，后称东丹墀、西丹墀是宫殿台阶所在地，东夹巷、西夹巷是宫内的东、西夹道。肖墙内则有祭天地的天地坛街，管理膳食的典膳所街和官府花园的杏花岭街。

晋王府失火二十年后，当时著名反清志士、学者屈大均来到太原，望晋王府花园而思朱明王朝，留下了一首《望晋恭花园》：

襟带河汾玉殿长，一朝弓剑委秋霜。

将军死战哀宁武，帝子生泽恨晋阳。

马首关山空落日，城中歌吹罢清高。

悲风处处吹松柏，谁到并州不断肠。

到了雍正年间，太原驻军清理晋王府废墟，辟建为精骑兵军营，此地后来也就被称为精营街，地名沿用至今。如今，太原仍有许多晋王府的遗迹，旧时达官贵人所享用的宁化府醋最为有名，如今已进入寻常百姓家中。

扩建明太原府城及晋王府，是太原城市沿革史上的一件大事，其规模、规制与建筑，虽远逊于唐北都太原，但扩建的太原城，赋予了军事意图和防御功能，潜移默化中影响了后世的太原城市文化。明太原城在空间布局上呈现一定的功能分区：宫殿区、官衙区、工商区、文化区。这些功能区与城区地理条件的关系十分密切。宫殿区位于城的东北部，地势

1909年，太原城的南海子、鼓楼、四神阁以及远处的大东门和小东门

高爽，多气势宏伟的建筑；官衙区，主要集中于鼓楼之北，位于城的北部，便于控制全城；工商区，主要集中在大南关一带，这里交通地位重要，人口云集，是商业贸易的最佳场所；文化区，位置在城区东南，这里人烟稀少、环境幽静，有文瀛湖景观。

岁月蹉跎，时至今日，明太原城及其他所属建筑和设施，除拱极门处城垣、城门和城楼外，都消失得无影无踪。当年“锦绣太原城”的壮观，只能从修缮一新的拱极门中窥斑见豹，令人遐想了。

明太原县城

明太原县城，建在晋阳古城遗址上。隋开皇十年(590)，文帝诏废龙山县，复称晋阳县，另在汾东初置太原县，为太原县名之始。宋毁晋阳城后，废太原、晋阳二县，筑平晋县于汾东(今小店区城西村东一带)。明洪武四年(1371)，平晋县城被洪水所淹，移县治于汾河之西故唐城基之南，即古晋阳之南关基。洪武八年(1375)，废平晋县名，改称太原县。此后风雨沧桑六百年，虽经自然或人为损坏，但明代太原县初建时的基本布局结构未变。

明太原县城，又被誉为“凤凰城”。其起源历史悠久，据晋源文庙所藏唐大历七年(772)《渤海吴君墓志铭》碑文记载：(墓主)葬于“凤城”之西龙山之侧。另据唐大历十二年(777)碑文记载：(墓主)出窆于北京西五里，左距“凤城”，面晋祠。碑文确实证实，唐代晋阳城池为“凤城”。我们也可以从唐玄宗李隆基的《过晋阳宫》“井邑龙嘶跃，城池凤翔余”的诗句略见一二。由此可知，明太原县城源于唐代晋阳“凤城”，并与唐代晋阳城有着千丝万缕的关系。就其建筑造型而言，城之东西长二里，为凤凰翅膀；南北宽一里半，为凤凰身躯；北门瓮城门洞向东开，取“丹凤朝阳”之意，瓮城内的通道两旁各有水井眼，象征凤之双目。城东、西门各向正东、正西，其瓮城外门洞转折向正南，表示凤之双翼尖端指向南方。南城门为凤尾，内外两门洞在一条直线上开向南方，门外宏伟的宝华阁，又似高翘起的凤凰尾羽。

但经过实地考证和查阅史料，明太原县城是一座不规则的方城。城垣周长 3732 米，南边从东到西 1152 米，呈向外弧形状；西边从南至北 676 米，由南向东北直线倾斜；北边从西至东 1150 米，由西向东南方向倾斜；东边从北至南 756 米，由北向西南方向倾斜。城中十字街中心凸起，东西南北四条街呈弧形形状。

现存太原县城修筑于景泰元年（1450）。明嘉靖《太原县志·城池》载：“景泰元年，知县刘敏因旧基始筑城，周七里，高三丈，壕深一丈，门四。”其城周七里，东西宽，南北窄，呈长方形。城高三丈，壕深一丈，设四门。东曰“观澜”，西曰“望翠”，南曰“进贤”，北曰“奉宣”，瓮城门额分别书“东汾聚秀”、“西兑金汤”、“桐荫晋阳”、“古原屏翰”。

明永乐年间太原县图

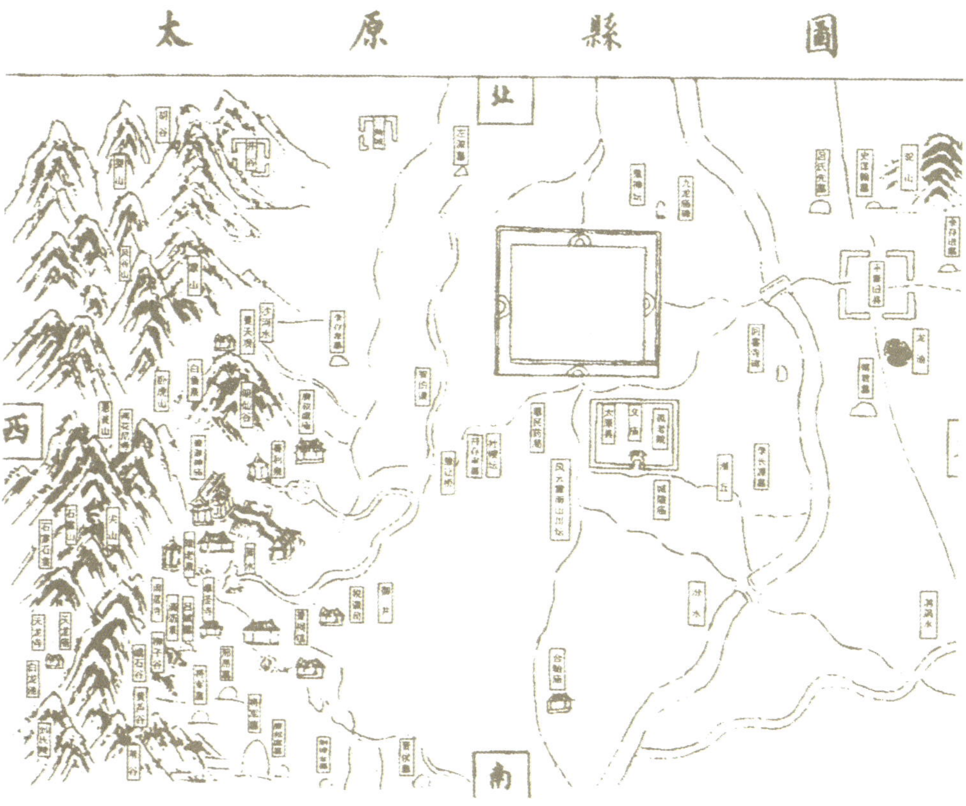

正德七年(1512),明廷重臣、邑人王琼丁母忧居家,倡议重修城楼与角楼,经知县白晟、梅凝主事相继落成。正德十四年(1519),王琼又与知县吴方修补女墙。嘉靖二十一年(1542),鞑靼入境,邑人高汝行(曾任浙江按察使副使)与王朝立(王琼长子)等捐资倡修城墙,外增敌台三十二座。据清道光《太原县志·城垣》载,隆庆二年(1568),知县王世业增城一丈。万历十八年(1590),知县陈增美在旧壕外筑女墙,墙外浚壕阔十丈,深三丈,植柳环岸。清代、民国期间太原城又有多次规模不等的修筑,但其大致格局未变。近代以来,受战争影响,城中古迹受到不同程度的损坏。

明太原县城,尽管没有当年晋阳古城的威仪,却仍是当时一方政治、经济和文化中心,体现着商业文明和农耕文明交融的特色。城中有东、西、南、北四条正街,此外还有北后街、东横街、小西街、仓巷等几条较大的街道。城内外分布有明清两代所建的公署、书院、寺庙、仓场、坛邑、官邸、名宅——可见其过去的繁荣景象。北街有玄帝祠、关帝庙、北寺。北后街有东岳寺、吕祖庙、奶奶庙、按察分司、晋泉书院(桐封书院)。西街有玉皇庙、隆恩寺、窑神庙、姑姑庵。西门外有尹公祠、观音阁、邑坛、社稷坛、官亭等。南街有财神庙、城隍庙、梁公祠、安宁寺、药王庙、养济院、预备仓。南门外有宝华阁、龙天庙、天地坛、观音堂、空王佛、仙翁庙。东街有县衙、布政分司、文庙、三官庙、南寺、鼓楼等;东门外有文昌宫、河伯祠、先农坛、八腊庙。据村中老人回忆,到20世纪40年代,县城内作坊店铺多达一百六十余家,南关、北关车马旅店有四十余座,其繁华景象非同一般。可惜由于历史原因,太原县城的古建筑遭到了破坏,实在令人扼腕痛惜。

丰富的历史遗迹蕴含着深厚的历史文化,明太原县城还保留着很多具有鲜明地域特色的民俗文化,有的已成为非物质文化遗产,如延续千年的龙天庙会、南街架火,在2008年均列入市级非物质文化遗产名录。如今,明太原县城复兴保护工程已被列为太原市"十二五"重点工程,相信在不久的将来,我们便能重新目睹古城新颜,见证太原城市的历史兴衰和发展变迁。

九边之一太原镇

洪武元年(1368),朱元璋在南京建立明朝,史称明太祖。不久,他便派遣大将军徐达、常遇春率兵北伐,统一了全国,但退至漠北的元朝残余势力仍伺机南下。而后蒙古分裂为鞑靼、瓦剌和兀良哈三部,诸部不断南下骚扰抢掠中原。因此,明王朝从洪武初年就开始经营防务,在随后的二百多年中,从未停止过对长城的修筑,最终形成了贯穿东西、全线连接的长城防御体系。

为了防御蒙古势力的南下,明统治者着手加强北部防务,在东起鸭绿江西至嘉峪关绵亘万里的防线上,陆续设立了九个军事重镇,从而分地守御,“初设辽东、宣府、大同、延绥四镇,继设宁夏、甘肃、蓟州三镇,而太原总兵治偏头,三边制府驻固原,亦称二镇,是为九边。”这样“九边

九边图

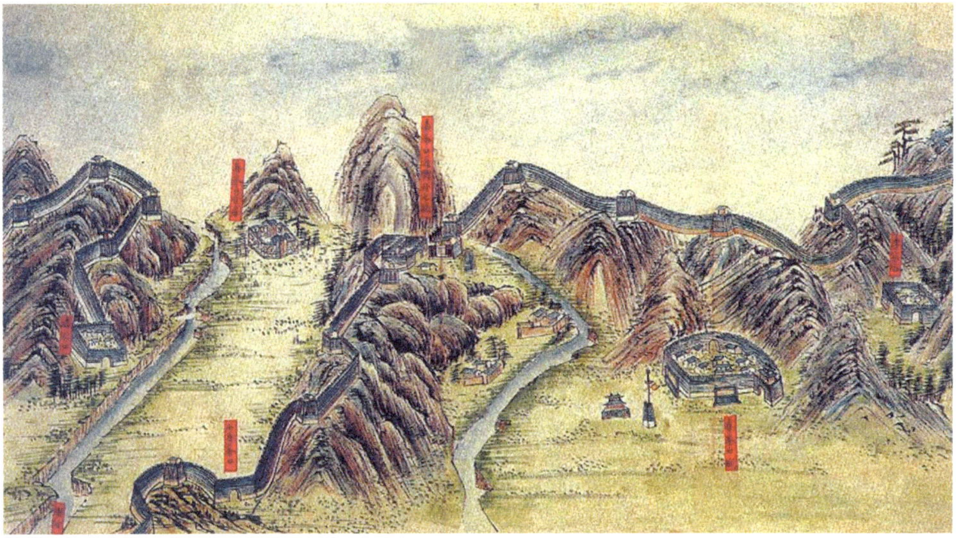

军镇”从东到西分别是辽东镇、蓟州镇、宣府镇、大同镇、太原镇、延绥镇、固原镇、宁夏镇、甘肃镇。九边重镇的防御体系，在军事管理层面上，指九边重镇的设置及各镇的层级组织机构；从物质层面上，指具整体性及层次化的军事防御工程体系。组织机构依附在工程体系这个载体之上，两者不可分割。这样，便于明廷管理长城的防务，指挥调遣长城沿线的兵力，从而保障首都及国家的安定。

从九边军镇的设置看，山西战略地位重要，是抵御蒙古军队的重要地区，首府太原则是重中之重。何乔远《名山藏》称：“雁门之南，太原其都会也，表里河山，以王晋。”太原镇与其他军镇的设置有些区别。太原作为山西都司的所在地，明初并没有派驻镇守总兵官。可以说，太原镇是因袭太原及其以北地区业已形成的防御网而成的。明初，太原府已设有太原左卫、太原右卫、太原前卫，每卫士兵五千六百名。洪武三年（1370），又置太原都卫。洪武六年，朱元璋又下诏移山西都卫于雁门关、太和岭及宁武、朔州各山谷间，共设置险要关隘七十三处，全部驻兵戍守。洪武九年，明廷又在太原设都指挥使司，到永乐十年（1412），山西境内沿边墩守修筑完备，此后又连年加固整修，演变发展，如《明史·兵志》所说，这是在蒙古军队进入河套后对明朝威胁加剧，遂有“太原总兵治偏头，三边制府驻固原，亦称二镇”。太原镇遂成为“九边军镇”之一，总兵初驻偏头关（今山西偏关县），后太原镇总兵移驻宁武所（今山西宁武县），管辖着西起河曲（今山西河曲县旧县城）的黄河岸边，经偏关、老营堡、宁武关、雁门关、平型关，东至太行山岭之真保镇长城，全长八百多公里。

面对蒙古军队的进攻，明边军长年东西调守，疲于奔命，防不胜防，于是明朝又采取了“分地守御，划分防区”的政策。太原镇在明代九大边镇中居于承东启西的中腰位置，对明代的北部边防起着相当关键的支撑作用，而且多次抵御了蒙古军队对山西的进犯。仅明嘉靖年间，蒙古军队进犯山西地区多达 31 次，几乎是年年进犯，有时一年数次。该镇按定额设马步官军 49250 人，骡马 44295 匹，卫所连绵二百余里。

山西北临蒙古，南靠中原，是北方蒙古高原单一的游牧经济区域和中原汉族广大农业、手工业区域之中介地带，素有“路当孔道”之说。随着明九边军镇的建立，形成了一个军事消费区，广大士兵的粮饷则成了重要问题。为解决屯驻重兵所需的粮饷、布匹、草料等军用物资，明廷实施了官卖食盐的“开中法”。山西商人充分利用明镇边政策和“开中法”，以“极临边境”的地理优势，置北边屯田、贩运粮食、换取盐引销盐于一身，从而捷足先登成为“开中商人”，掘出了经商路上的第一桶金。太原府所辖的阳曲县、太原县、徐沟县、代县、祁县、太谷县商人遂竞相供应军粮。当时“山西富户，百十万家资者，不一而足。为便储蓄，山西多地窖，除藏金银外，三晋富家藏粟数百万担，皆窖而封之，及开则市者纷至，如赶集然”。完成资本积累后，山西商人或在边市屯田开垦，就近纳粮中盐，兼粮商、盐商于一身，或迁到扬州充当内商，或活动在河东、长芦盐区，不断扩大经营范围和地区，奠定了晋商纵横五百年的基础。

至今，在太原镇范围内，仍有许多遗迹见证当年边市之繁荣。至代县雁门关，最醒目的建筑便是明代修建的代县边靖楼。战争年代，此为险关。边靖楼是烽火台，全城居民惟此楼号令而动。和平年代，此为边市，雄关内外，熙熙攘攘。

总之，太原镇是明朝设在山西地区防御蒙古军队侵扰的军事据点，就战略形势而言，它的依托地是太原。这也直接孕育了明清晋商。

晋商之都

我国近代思想家梁启超曾骄傲地说：“鄙人在海外十余年，对于外人批评吾国商业能力，常无辞以对，独至有此历史有基础又能继续发达的山西商业，鄙人常以自夸于世界人之前。”“山西商业”指的便是 14 世纪中叶到 20 世纪初（明清时代）以善于经营著称于世的晋商。他们活跃于商界 5 个多世纪，经营足迹遍及国内各地以及欧洲、日本、东南亚国家和阿拉伯国家。他们创立票号，独领风骚，引领了中国金融业三百年之久。

山西有史以来即有经商的传统。太原，正处于山西的中部，乃中原

汉民族与北方游牧民族的交界地带，在古代商品交换和流通中占有重要地位。伴随着商品经济的发展与朝代的更迭，晋商不断发展。

明清五百余年间，随着开中法的实施，山西商人势力得到进一步发展。特别是到清中期以后，太原商人势力逐渐超越平阳和泽州地区商人的势力，尤其是货币经营资本迅猛发展，不仅当铺、钱庄资本雄厚，而且创造了账局、票号等信贷金融机构。由于商品经营资本与货币经营资本相互支持，实现了晋商货通天下、汇通天下的奇迹，成就了晋商最为辉煌的时期。而太原府，作为山西的中心，更是晋商活动的中心地带。晋商作为一种社会文化现象，在晋商之都太原的发展进程中写下了灿烂篇章。明人谢肇淛在《五杂组》中对晋商的财富有形象的描述：

富室之称雄者，江南则推新安，江北则推山右……山右或盐，或丝，或转贩，或窖粟，其富甚于新安。

茶叶之路

明清时期的太原，先后作为抚署、府治所在地，是山西的政治中心，各类军政官员聚集此地。祁县、太谷、榆次、徐沟一直属于太原府，而平遥、介休则属汾州府。太原商人的发展轨迹是曲折的，明代太原帮的发展落后于平阳帮、泽潞帮，进入清代以后，太原帮、晋中帮商人才逐渐兴起。特别是票号兴起以后，太原帮的实力脱颖而出，活动范围北至恰克图，南达云贵，经营行业涉及盐、茶、矿、金融、日用百货等领域，为山西乃至全国商业、金融的发展做出贡献，影响深远。

再加上“正当孔道，交通之冲”的区位优势，使得太原在历史上形成了独特的商贸经济区，成为晋商商路的重要枢纽地带和重要活动地。当时，各大商号、票号（如平遥的日升昌、蔚字号，祁县的百川通、大德通、大德顺、合盛元等）均在太原设有分号，是各总号的重要分支机构，承担着为各商家结托政府官员，拓展业务的重要职能。太原作为“晋商之都”，出现了一些富甲一方、声名显赫的商业家族，如大常秦家、青龙王家。他们形成了一个群体，始终活跃在中国的经济舞台上。在创造物质财富的同时，在商业制度、经营艺术、商业教育以及对社会的风俗、礼仪等继承方面，均有社会影响。可以说，他们构造了一个商业文明体系。这些都极具说服力地印证了梁启超先生的赞语。

现在在内蒙古土默特地区，还有很多用太原府辖地命名的村庄和街巷，如阳曲窑、盂县窑、代州营子、寿阳营子、忻州营

砖茶

子、交城坡、宁武巷、太谷巷、定襄巷等。这些都曾是太原府所管辖的地域，足见当时太原府晋商势力所及之广。

在整个明清时期，太原都是“抚署”和“府治”的所在地，这就从行政管理意义上确立了太原作为“晋商之都”的历史地位。晋商既然是山西的商人，当然要受到山西抚署的节制与管辖。今之隶属于晋中、吕梁、阳泉和忻州的一些县、市，在明清时期均属于太原府治下的地盘。这是太原作为“晋商之都”的一个先决条件。

晋商驼队

当时的太原，区位优势明显，东经平定、井陉可达京师；南经平阳、蒲州过黄河可至陕西潼关、西安；西经汾州，从军渡过黄河至陕西吴堡；北经忻州、代州达大同，可与蒙古相通；东北经繁峙、灵丘，过紫荆关入冀；西北经岢岚、偏头关，达陕西榆林等地；东南经沁州、潞安、泽州，越太行山入河南。而在省内，以太原为中心，有六条重要的官道驿路横纵交错，形成了巨大的商贸交通网。

在特定条件下，太原以其资源优势、服务条件和辐射功能影响着周边广大地区。明清太原，城制严整，城建恢宏，商业资源丰富，商业从业人员众多，店铺、市廛、街区之广、之繁、之大，均在全省名列前茅，其交易额和营业额咸可称冠。清代的太原城虽然规制承接前朝，但规模却比前朝更加宏大，总体为南北走向的长方形构制，城周二十四里，城墙三丈五尺，护城河深达三丈，共开有八座城门，按东南西北顺序依次为：宜春、迎晖、迎泽、承恩、阜城、振武、镇远、拱极。与此八门相对应的城内主要街道也有八条，它们依次是：大东门街、小东门街、大南门街、新南门街、水西门街、旱西门街、大北门街、小北门街。

在整个明清时期，太原的商贸和金融业始终对全省起着引领和督导作用，并逐渐形成了许多商业街和老字号。像钟楼街、帽儿巷、柴市巷、柳巷、桥头街、大剪子巷、南市街、唱经楼街、开化市、大南门、海子边、姑姑庵等，都是当时的商业闹市。在这些商业街上，坐落着许许多多闻名遐迩的商业字号，像创办于清嘉庆年间的宁化府“益源庆”醋坊，创办于清道光年间的“大兴号”酱坊，创办于清光绪年间的“丰盛泉”油坊等。与此同时，太原的饮食业、旅栈业、照相业、洗染业、典当业、票号、银行、银号、保险业、理发和澡堂等服务业，也都随之发达起来，并出现了正太饭店、晋隆饭店、林香斋、清和元、晋山饭店、晋瀛食堂、并州饭店、栖凤楼、宴华春、礼和饭庄、桃园春等特色浓、品牌亮、风味鲜、质量优的餐饮业名店，以及诸如老豆腐、丸子汤、醪糟、灌肠、脂油饼、烧麦、元宵、糖醋鲤鱼、头脑等太原名吃。这些都增强了太原市的吸引力，反映了当时太原的商贸之繁与市景之盛。

对于太原来说，其作为“商都”的缘起，则可以说是早而又早的。作为唐尧故地、战国名城、北魏陪都、大唐北都的太原，既然二千五百余年前董安于就在太原建起了晋阳城，那也就意味着从那个时期起太原或许就已出现了商人和商业活动，在其周边地区形成了物流的中心。更何况太原的北边有马，南边有盐，中间又盛产粮、棉、煤、铁，在太原形成物流中心是自然而然的。晋商扎根于山西悠久深厚的历史文化土壤中，依靠黄土文化赋予的吃苦耐劳、坚韧不拔、诚信笃实、刚健有为的精神，从山西走向全国，走向世界，横跨明清两个朝代五百多年，以锐不可当之势驰骋于华夏，推动了明清社会经济发展和进步，在世界商业史上谱写了一曲独特篇章。

晋商历史、晋商文化、晋商精神，都是太原的宝贵资源，是晋商之都的灵魂精华所在，是三晋文脉的重要传承和代表，也是我们这座拥有二千五百多年历史的文化古城的精神财富和无价瑰宝。

文学巨匠罗贯中

罗贯中画像

元末明初，我国古典小说创作进入一个新的时期，尤其是章回体小说步入日臻成熟、名篇迭出的阶段。中国第一部流传最广、影响最深、成就最高、气魄最大的章回体古典小说《三国演义》，全称《三国志通俗演义》，就是通过生活在这一历史时期杰出的文学巨匠罗贯中的椽笔而诞生并风行于世的。

罗贯中，名本，字贯中，号湖海散人，生卒年不详，约生于元文宗至顺元年(1330)，卒于明惠帝建文二年(1400)。关于他的籍贯有多种记载，但最为可靠的，是太原说。明人贾仲明所著《续录鬼簿》载："罗贯中，太原人，号湖海散人。与人寡合，乐府隐语，极为清新。与余为忘年交，遭时多故，天各一方。至正甲辰复会。别来又六十年余，竟不知其所终。"

这是今天所能见到的关于罗贯中籍贯最早、最可靠的文献记载，它揭开了罗贯中身世之谜。鲁迅先生对这一发现给予高度评价，在其《小说旧闻钞·再版序言》中写道："自《续录鬼簿》出，则罗贯中之谜，为昔所聚讼者，遂亦冰解，此岂前人凭心逞意之所能至哉！"

一代文学巨匠罗贯中的生平史事、活动轨迹，鲜见于史，这是有其时代根源的。有元一代，实施种族统治，国民按蒙古人、色目人、汉人、南人四个层次分而治之。由于罗贯中为汉人，又一生从事小说、杂剧创作，社会地位极低，处在娼妓、乞丐之间，被视为勾栏瓦舍的下九流，为当时统治阶级和高门富户所不齿，因而史无记载。但是，由于他的巨著影响很大，终究有一些稗史搜其事迹，载记其中，多则成篇成段，少则只言片语，但还是可以“管中窥豹”，以见一斑。

青年时代的罗贯中，曾漫游晋、冀等省，后沿运河南下，到达东南经济、文化的中心城市——杭州。在游历中，他开阔了视野，增长了知识，同时也为日后的文学创作积累了素材。到杭州后，罗贯中开始了他的文学创作，写了《赵太祖龙虎风云会》等杂剧——讲述宋开国皇帝赵匡胤与石守信、赵普等大臣风云际会平定天下等故事。随后，罗贯中便把创作兴趣转移到深受民众欢迎的“话本”（小说）上，先后撰写了《残唐五代史演义传》，同时与比他年龄小十几岁的《续录鬼簿》作者贾仲明成为忘年之交。

罗贯中在杭州时，全国爆发了大规模农民起义。罗贯中也加入其中，成为张士诚门下的幕僚。这段经历表明罗贯中在元末曾经想有所作为。有学者认为，“有志图王”的早期经历与其晚年的特殊心境，是罗贯中偏好政治历史题材小说，并在这类小说上取得艺术成功的动力。

图王未果，发愤著书。罗贯中离开起义军后，流寓于江、浙一带，以小说创作抒写其“图王”的胸襟。《三国演义》无疑是罗贯中一生中的扛鼎之作。在这部名著中，罗贯中倾注了他毕生的心血，吸收陈寿《三国志》的长处，博取裴松之对《三国志》的补缺、备异、惩妄、论辩及所保存的大量珍贵史料。他以正史为骨架，同时又以自己数次寻访三国故地收集而来的传说故事以及西晋以来民间传说，作为《三国演义》的丰富营养，再加上自己参加元末农民起义军的生活经历和感情体悟，运用个人卓绝的艺术才能，以艺术的形式演绎着那段风云际会的历史，而且以高超的手法把历史演义小说推到了最高峰，形象生动地描述了三国鼎立近百年中浩瀚丰富的历史事件，从而完成了这部长达七十五万字的鸿篇巨制。

《三国演义》开创了我国章回小说的题材，它分章叙事，分回标目，每回故事相对独立，段落整齐，但又前后勾连、首尾相接，将全书构成统一的整体。他分卷分目，目录文字也很讲究，保存了宋元话本中开头引开场诗，结尾用散场诗的体制。正文常以“话说”两字起首，往往在情节开展的紧要关头煞尾，用一句“欲知后事如何，且听下回分解”的套语，中间又多引诗词曲赋来作场景描写或人物评赞等。他的章回小说在体制上得以定型的同时，在艺术表现方面也日趋成熟。其成书过程从历代集体编著过渡到个人独创；创作意识从借史演义，寓言寄托，到面对现实，关注人生；表现题材从着眼于兴废争战等国家大事，到注目于日常生活、家庭琐事；描写的人物从非凡的英雄怪杰，到寻常的平民百姓；塑造的典型从突出特征性的性格到用多色、动感的笔触去刻画人物的个性；情节结构从线性的流动，到网状的交叉；小说的语言从半文半白，到口语化、方言化。这足以说明罗贯中的章回小说在中国的小说史上所取得的巨大成就。

罗贯中经历了元末的社会大动乱，目睹了现实的纷争，对人民苦难深重的生活处境比较了解，对他们的理想追求也有所认识。因此，他从社会的、文学的需要出发，改变当时话本艺术中存在的弊端，为民众，为说话艺人提供了一个方便的说话底本。尤其是《三国演义》的出现，标志着中国古代小说从“话本”阶段向长篇章回体过渡的完成，为明代中后期的白话短篇小说出现鼎盛的局面奠定了厚实的基础，揭开了我国小说发展历史的崭新一页，对后世文学产生了深远影响。

除《三国演义》外，罗贯中还有许多著作传世，譬如《隋唐志传》、《残唐五代史演义传》、《三遂平妖传》等，也曾参与了《水浒传》的编纂、创作。《英国大百科全书》称罗贯中为“第一位知名的艺术大师”。

当然，罗贯中和他的《三国演义》，也渗透着封建正统意识。在人物塑造和描写上，如鲁迅先生所指：“欲显刘备之长厚而似伪，状诸葛之智而近妖。”这是需要以历史的眼光看待的。总之，罗贯中所创作的《三国演义》，不仅在国内家喻户晓，妇孺皆知，而且还被翻译成多个国家的文字，远播全球。如今，在太原市清徐县建有罗贯中纪念馆，成为后人缅怀和研究这位文学家的重要场所。

“父子尚书”周瑄、周经

一方水土养育一方人。忠贞信义一直是太原城和太原人与生俱来的秉性。在明代，太原府阳曲县的周瑄、周经父子，先后入朝为官，博得“父子尚书”之褒誉，成为忠义之臣的典范，其孙辈周曾、周孟亦为高官，再得“四世宫保”之盛赞。

周瑄（1406—1483），阳曲人。据《明史》记载，他休官后“家无田园，卜居南京”，似可知，其祖上非富庶之辈，其家非农桑之家，乃久居阳曲县城之平民。

周瑄大器晚成。他大约三十岁时，乡试得中，为明宣德十年（1435）举人，旋入国子监，在明朝最高学府就读。正统六年（1441），他迁为刑部主事。周瑄深思善析、多谋善断，以“善治狱”而深受明英宗朱祁镇信任，正统十三年（1448）被擢升为刑部员外郎。

明英宗画像

正统十四年七月，蒙古瓦剌部大举南侵，明英宗在宦官王振的愚弄挟持下，率军亲征，在土木堡一败涂地，“六师覆没”，连英宗本人也成了瓦剌人的俘虏。这便是震惊明廷朝野的“土木之变”。

随军出征的周瑄，在“英宗被俘、文武扈从者多死，王振也为乱兵所杀”的情况下，身负重伤，侥幸逃得性命，得擢升署郎中。任上，有校尉受贿，释放囚盗，充以仇人为盗囚禁。周瑄在理案中，明察秋毫，使冤者得雪，后又擒拿校尉，追责其罪。不久，“外郡送囚，一日至八百人。时日暑天炎，瑄虑其触热”，就加紧审理，昼夜不怠，仅用三天时间，全部审理完毕，一时传为刑部佳话。

景泰元年（1450），刑部尚书王直，见周瑄躬尽职守，善处积案，遂向朝廷举荐，周瑄被破格晋升为刑部右侍郎。任上的六七年间，周瑄理案缜密，办案迅捷，属吏仰慕，无人敢弄虚作假，吏风为之大治。景泰八年（1457）春夏，顺天（今北京）、河间（今河北河间）两府大旱，民饥，周瑄奉诏赈救灾区。是年九月，英宗复辟，以周瑄是当年随征之臣，诏还朝廷，周瑄则不听诏，以赈灾为己任，“遍历所部，大举荒政，先后赈饥民二十六万五千，给牛种各万余”。直至灾情缓解，民有余力，他才回朝“奏行利民八事”。英宗未斥周瑄，反转任周瑄为刑部左侍郎。

成化元年（1465），英宗驾崩，宪宗继位，擢升周瑄为右都御史。是年，周瑄已在刑部任职近二十五个春秋，仅侍郎一职，便干了十六年之久。

都御史为都察院官职，专管纠察贪墨、监察百官工作。周瑄，迁右都御史后，督理南京粮储，赴任南直隶（今江苏南京）。时南京诸粮道官员，以为天高皇帝远，作奸犯科者甚多。周瑄到任后，铁面无私，重典治疴，他迅速侦破赃官污吏龌龊之行，擒惩犯官数辈，多年之贪风贿气宿弊为清。恰凤阳、淮（南）、徐（州）数州，旱涝交加，生民大饥，周瑄禀奏朝廷，直言实情，获廪四十万以赈灾。他安抚一方，吏民称颂，同时，严宽相济，大服民心。当时有一案，名为黄岩妖言案，连坐者竟有三千人。周瑄获知后，再次提审案件，查清了受诬告和被陷害之人，重典惩罚了首犯，其余皆教戒赦之。

任右都御史十年后，周瑄升为南京刑部尚书。他要求下属对于一些不必再勘核的案件，审判发落不能超过五日，提高行政效能。此后，监狱之中没有滞囚。夏天，偶遇瘟疫，他释放狱中的所有罪轻者，只要求“诏汝则至”。结果，犯人没有超过期限而不归的。他任职九年，社会环境风清气正。他后因年迈体弱，屡上书乞休。“久之乃得请，家无田园，卜居南京。卒后赠太子少保，谥庄懿。”如今在南京市还存有周瑄墓遗址，系衣冠冢。现为市级文物保护单位。

周瑄一世清白，史称其“性刚直，莅政勤敏，当大事，决大疑，推诚布公，庙堂嘉其忠节”，诚为一代良吏。其子周经承父风，亦贤臣。

周经（1439—1510），字伯常。少年时，母慈父肃，家教颇严，行为举止皆有大家风范。逮长成，精于学。二十岁乡试，中天顺己卯科举人。二十一岁会考，中天顺庚辰科进士，为翰林院庶吉士，授检讨。成化中叶，周经被选为侍读、中允，侍读皇太子朱佑樘于东宫。

有一天，宫中讲《文华大训》，依例太子站立拱听。阁臣怕太子劳累，议请坐下听讲。周经则说：这是祖宗规矩，不可偏废。耿直率真之性，跃然纸上，不愧后人谓之为“谔谔之士”。

成化二十三年（1487），太子朱佑樘登基，是为孝宗，周经晋升为太常少御，兼新君侍读。弘治二年（1489），擢升为礼部右侍郎，旋调吏部左侍郎。弘治十三年（1500），年逾花甲的周经上章乞休。孝宗念其年事已高，遂准奏，加赠太子太保。廷臣纷纷上章，请留之，荐者多达八十余疏。周经致仕后，迁父周瑄遗骨回阳曲，葬之城郊西山裴村，请大学士刘翊志铭。五年后，孝宗死，武宗继，言官复谏，诏周经为南京户部尚书。时恰逢周经之母新逝，丁忧未任。正德三年（1508），丁忧期满，周经之婿、兵部尚书曹元方，言岳丈虽老，尚可用，武宗复诏为礼部尚书。怎奈年近七旬，上任数月，疾病缠身，谢恩致仕。两年后，周经病笃故里，时正德五年（1510）三月，终七十一岁，葬父侧，大学士杨廷和志铭。

周经为官，耿直进谏，不阿权贵，比其父有过之而无不及。《明史》中有颇多记载，称他：“刚介方正，好强谏，虽重忤旨不恤，宦官、贵戚皆惮而疾之。”

治世重臣王琼

明朝是继汉唐宋后又一个强盛的中原王朝。在明代276年的历史中，决大疑，定大难，为重臣者，有于谦、王琼、张居正等，其中王琼是太原人。

王琼（1459—1532），字德华，号晋溪，别署双溪老人，山西太原人。他出生于一个官宦之家，成化二十年（1484），时年二十六岁的王琼得中进士，历事成化、弘治、正德、嘉靖四帝，由工部主事六品之官一直做到一品大员。一些史书对王琼诟病，杨廷和主持修撰《武宗实录》认为王琼是奸佞。但是，细考史实，王琼善于谋事，极具才干，政绩卓著，是明代中期一位治世重臣。他一生做了三件大事：一是治理漕河，二是平定朱宸濠叛乱，三是总制西北边防。因此，历史上称他和于谦、张居正为明代三重臣。

王琼事迹图之“金榜题名”

青年时期的王琼，就显露出才能和胆略，而且具有求实、务实的精神。王琼二十六岁登进士后，授为工部主事，不久，任主管水利的都水郎中。在出治漕河三年中，他采取了一系列有效措施。首先，他推行了“整肃人员，习以专职”的办法，奏请朝廷“核实人员编制，革除地方所谓兼差，责令专司河道本职”。经过整肃，漕务出现了新的局面。其次，他建立了“稽核资财，杜绝贪耗”的法规。原来为治理漕河，朝廷每年向民间征收扫草数量十分巨大，县官通过征集，从中大量贪污，而每年所征扫草“陈新积壅，腐烂无稽”，但百姓负担却逐年增加。王琼亲自组织稽查、核对，先将各州、县所积扫草数量统计核实。经过计算，他发现扫草足够数年之用。然后，他“量裁征数”，做到了“草不积腐，民不困征”。一年以后，他又采取了“年征十分之三，折银储官”的新办法。二年后，积攒银两三万多两。另外，当时不少州县随便动用河防木材移作他用，官员从中贪污。王琼奏请皇帝下旨：“沿漕河州、县，不得动用河防专用木材，违者严加议处。”既保住了河防资财的专用，又刹住了贪污浪费之歪风。当时舆论认为王琼办事“秉公识体”，且又能说到做到。《明史·王琼传》中称赞他“治理漕河，敏练著称”。再次，实地勘查，编制图志。他在治理漕河的三年任期内，无论每步每里的河道闸座，还是一尺一丈的漕舟水材之费用，都要“考稽画一，着入漕志，不爽毫发”。他参照明成化年间王恕所著《漕河通志》，经过实地认真勘查，于弘治八年（1495）编著了《漕河图志》八卷。全书对漕河河图，河之脉络、原委、古今变迁，修治河道的经费以及历朝有关漕河奏议、碑记等，无不详细备载。《漕河图志》在当时和后来都被称得上是一部“切于实用”的治理漕河的著作。王琼治理漕河三年，不仅使漕运得到恢复和发展，同时也起到了促进当时南北经济发展的作用。

正德十年（1515），王琼出任兵部尚书。不久，根据当时“军令偏出，边军腐败”的状况，他提出全面整顿边防军务的《审大计以重本兵疏》。接着，他又提出从组织上整顿边军的具体方案《设提督以振军旅，裁冗员以安边防疏》。这些奏议，都得到当时朝廷的嘉许。由于官逼民反，四方盗起，将士以所斩首级数计功。王琼对这个残暴的定制，激烈反对。他在《内地征讨应废除首功疏》的奏议中，痛切地说：“此嬴秦弊政，行之边防犹可，未有内地而用首功者。”自此，明朝废除了“首功进秩”的残暴定制。正德十二年（1517），河套地区有警，王琼上疏提出“自古制御边廷之

王琼事迹图之“点选官军”

道，不可贪功以启衅，亦不可怯懦以求和”的原则。正德十三年，他又上疏提出《宣（化）大（同）延绥应援节度》的规定：“敌不渡河，则延绥听调于宣、大；渡河，则宣、大听调于延绥。”皇帝御批准奏。这一军事应援制度的确定，从根本上改变了边将各领一方、互不支援的状况。在王琼的治理下，当时内地和边防都呈现出了比较安定的局面。

在平定宁王朱宸濠叛乱中，王琼识人用人，决大疑，定大难，起了关键作用。明中期社会动荡，封建统治集团内部权力斗争十分激烈。朱宸濠是明太祖朱元璋第十七子宁王朱权的五世孙，封地在江西南昌。朱宸濠见武宗皇帝整日游嬉，朝政荒废，认为有机可乘，便图谋夺取皇位。为了实现这一目的，朱宸濠先是向宦官刘瑾行贿，得以恢复王府护卫。刘瑾被诛后，护卫也随之被取消。但宁王长期被左右恭维“龙姿凤表，可为天子”，又听说“南昌城上有天子气”，因此，宸濠沾沾自喜，急欲篡位。正德八年（1513），陆完出任兵部尚书，宸濠与陆平素就有交往，便请他相助复卫。同时，宁王勾结武宗所宠伶人臧贤与宠臣钱宁，辇载金室于臧家，分别贿赂众权要。宸濠在陆、臧、钱的帮助下，终于在正德九年（1514）四月又恢复王府护卫。复卫后，宁王更加恣意行事。同时，他又与钱宁勾结，以“当今无嗣”，让钱宁在正德皇帝跟前进言：“宁王勤孝，愿将其子送京，司香太庙。”正德皇帝不分皂白，竟答应下来。此时，京城里尽知宸濠大肆活动，图谋帝位。满朝官员尽受其贿，唯“王琼未有所染”。王琼对宸濠所为早有察觉，特举王守仁（字伯安，号阳明）出任赣南巡抚。接着又借福建省有警，以兵部请旨，准王守仁“便宜提督军务”。其实，王琼与王守仁从未见过一面，但王琼素知王守仁的才能与为人。他以贤取人，事先筹划，安排王守仁于江西。正德十四年六月十四日，宁王朱宸濠叛乱。七月十九日，王守仁飞书报警，京师震动。收受钱财的高官大吏态度暧昧，胆小怕事者惶惶不安，无人提出对策。当时任兵部尚书的王琼独具胆略，胸有成竹，一夜之间拟十三道奏疏，对平定宸濠之乱，作了严密部署。首请下诏削藩属籍，正贼名；命南和伯方筹祥督操江兵防南京；命赣南巡抚王守仁、湖广巡抚秦金各率所部趋南昌；应天巡抚李充嗣据镇江；许庭光镇浙；淮扬巡抚丛兰扼仪真。史称，王琼当时对众大臣言：“诸君勿忧，吾用王伯安（守仁）抚赣州，正为今日，不过旦夕，贼成擒耳。”王守仁擒宸濠正如王琼之策，仅用三十五天就得以平定。王琼未雨绸缪,启用王守仁成为粉碎朱宸濠叛乱的关键之举。

平定朱宸濠叛乱,王琼功不可没,第二年即出任吏部尚书。当时,大学士首辅杨廷和素忌王琼才能,更不愿意王琼进入内阁。正德十五年(1520)三月,皇帝朱厚照病死。为立嗣事,王琼率九卿在左顺门当面质问杨廷和,局面甚为尴尬。结果,杨廷和等迎立了兴献王长子朱厚熜,就是嘉靖皇帝。从此,杨廷和利用新皇帝排挤打击王琼,指使其党诬陷王琼"交结内侍",诏下御史狱。先是论死罪,经王琼据理力争,改为谪戍绥德。王琼被贬,谪居绥德达五年之久。王琼遭陷时,年已六十三岁。嘉靖十年(1531),王琼回京,再任吏部尚书。次年七月,病逝于京城。明朝追赠他"太师"之号,谥"恭襄",长子王朝立扶灵柩回原籍,葬王琼于蒙山脚下(今太原市晋源区金胜乡王家坟),礼部尚书霍韬撰神道碑,后诏建专祠于晋溪园西,名"王琼祠"。

启蒙思想家傅山

傅山(1607—1684),字青主,初名鼎臣,后改名山,原字青竹,后改青主,别号甚多。祖籍忻州顿村,隶籍阳曲西村(今属太原市尖草坪区)人。

傅山早年曾领导全省诸生进京请愿,直指明廷阉党弄权,为恩师袁继咸鸣冤昭雪,"直声闻天下";中年,剃发出家,从事秘密反清活动二十余年。在四十九岁时,傅山被逮下狱,几经严讯,备极拷掠,抗词不屈,绝食九日,抱定必死的决心,坚持斗争后,在友人救助下,终于获释。晚年的傅山致力学术研究,对经史子集、书法绘画、医学医术、鼎彝训诂,以至文学诗赋等,都有深刻研究,且达到极高造诣。傅山先后交游皆天下名士,如昆山顾炎武、容城孙逢奇、富平李因笃、周至李颙、和川戴务旃、彭城阎尔梅、番禺屈大均、秀水朱彝尊、新城王士祯、太原阎若璩等,并以七十三岁的高龄,绝食七日,拒绝参加清廷为笼络汉族知识分子所举办的博学鸿词科考试,拒绝做清朝的官。这些壮举在他所处的时代确实

够得上特立独行，其进步思想、铮铮风骨、不朽诗书、高超医技，已然彪炳史册。

傅山塑像

“荡荡乾坤病，戋戋肺腑收。三山逃不得，百药庋何投。”傅山的前半生，处在统治中国近三百年的明王朝的最后三十七年。明朝末期，阶级矛盾日益尖锐，天灾人祸不断发生。陕北爆发了大规模的农民起义，一时席卷全国。在王朝内部，阉党和东林党在党争中互相消长，此起彼伏。而作为封建社会上层建筑的思想文化界，充斥着性理之学的空谈、复古的迂论、陈腐的八股和柔媚的艺术作风。在傅山三十八岁这一年，即1644年，发生了中国历史上的大事件，先是李自成农民起义军的旗帜插上了北京城头，崇祯皇帝吊死在万寿山；后是清兵的铁骑跨过了山海关，旋即踏遍中原。这对傅山来说，不啻是天崩地裂。当时，许多知识分子在世俗的浊流中丧失了立场和尊严，傅山既不同明朝的奸臣同流，也在清朝统治集团面前保持了气节，堪称“儒士典范”。

“三十八岁尽可死，栖栖不死复何年！”以甲申之变为转折点，傅山的后半生，目睹了清军野蛮的镇压、屠杀和掠夺，以及清廷对汉族知识分子的思想统治、文字狱和笼络收买，等等。改朝换代，摧残文化，激起大矛盾、大动荡，包含着血与泪的大痛苦，却也孕育和锤炼着大人才！就在这样一个时代，在思想文化界产生了顾炎武、黄宗羲、王夫之、傅山、李颙、颜元、屈大均、吕留良、潘格平等一大批文化志士，他们各具特色，都关心民间疾苦和民族兴亡，不同程度地具有初步民主思想和关注国

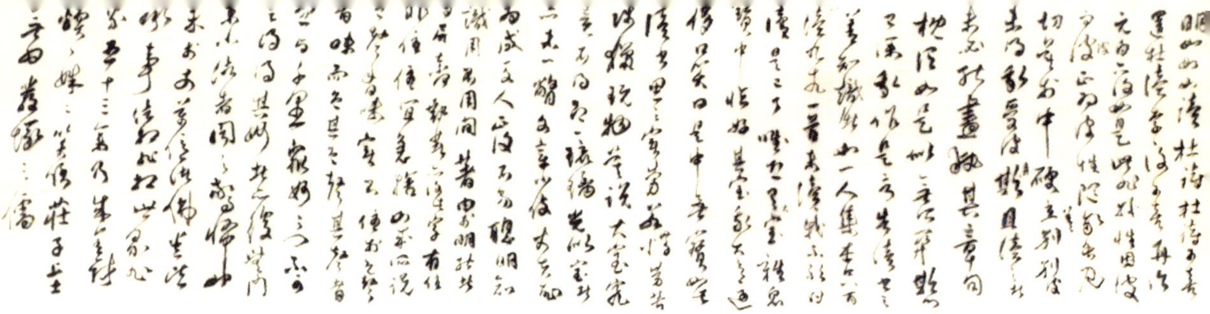

计民生的政见，掀起了17世纪后半期的一股启蒙思潮，可以说形成了继春秋战国时代百家争鸣之后的又一次思想解放的活跃局面。

可以说，傅山先生是中国17世纪与顾炎武、黄宗羲、王夫之齐名的著名启蒙思想家。在这个动荡的过渡时代，学术领域十分活跃，新思潮纷纷涌现，既非“乱世之音”，又非“衰世之音”，而是思想转型期即由古学向近代的转化期。而傅山的一生就与这种文化生态环境相依相伴。傅山作为明末清初的启蒙思想家，有着十分超前的人生观和伦理观，其在哲学领域内达到的思想水平，在同时代是很多人都难以企及的。这种思想反映了是时市民经济、市民权利之诉求，蕴涵着时代变革的要求。

傅山倡导反理学，以“异端”自命，对古代一些主要哲学命题进行了认真探究、批判。在对理学的批评中，他着重针对理学的唯心倾向和空谈义理弊端，阐述了自己的辩证观点和学以致用的主张。他不仅否定宗法专制，还斥责奴儒、奴君子，主张“扫荡奴性”，反对禁欲主义和父母包办婚姻，并在其《圣人为恶篇》中，全面论证了“市井贱夫可平治天下”的政见，期望以此取代现存的社会制度。这在专制社会中，无异于晴天霹雳，具有划时代的意义。这也是他亲眼目睹明末政治腐败，官场龌龊，众生乱象后的清醒认识。

首先，傅山提出自由的思想。他在发扬“童心说”与“性灵说”的基础上，主张扫“奴性”，即种种压抑个性、禁锢思想和缺乏独创精神的奴性，要求个性解放，树立人的独立人格。《霜红龛集》卷三十七中载：“不拘甚事，只要不奴。奴了，随他机巧雕钻，为狗为鼠已耳。”

其次，傅山明确提出人人平等的思想。这在讲究尊尊卑卑、等级森严的社会里，无异于一声惊雷。它直接抨击了专制主义和专制制度，对专制制度下的君王提出了挑战。《霜红龛集》卷三十一中载：“王侯皆真正崇高圣贤，不事乃为高尚。其余所谓王侯，非王侯。而不事之，正平等耳，何高尚之有？”在这里，傅山并不完全反对圣人、王侯存在的必要性，

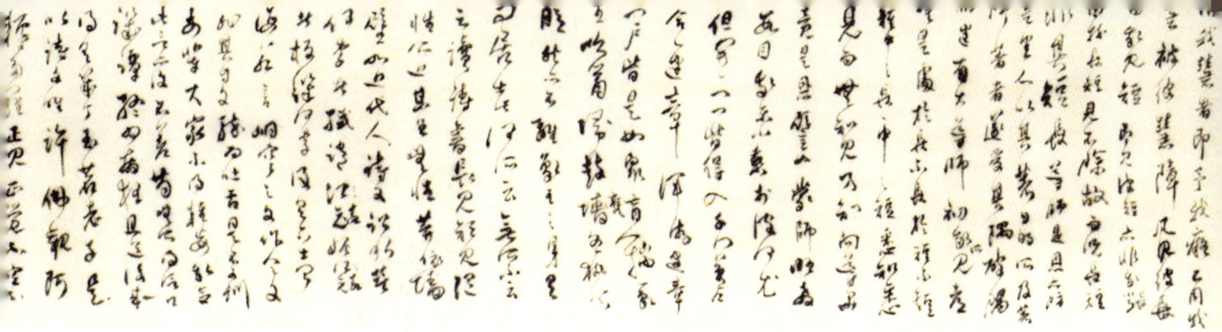

傅山书法

但他坚持他们与民众关系的平等。不是民众事圣人而是圣人要为民。这样，才能使“百姓依护大人以为生，故爱大人”。否则，如果“大人不为民而自为，那就是‘草芥’、‘寇仇’”。

在提倡自由、平等的同时，傅山还进一步提出“民治”思想，即主张“市井贱夫平治天下”。他认为：“天下者非一人之天下也，天下人之天下也。”也就是说，他开始否定家天下，认为人民可以当家作主，而市井贱夫即广大的人民群众，是“最有理者”，足以平治天下。

傅山身处资本主义生产关系萌芽、各种近代思潮悄然酝酿兴起的时代，又经历了明、清之际强烈的社会巨变，使他成为古代最早否定宗法专制之斗士，代表了明清之际一代智者的精神，是我国 17 世纪杰出的启蒙思想家之一。

傅山画作

“治学在于明道，明道在于致用。”研究天道或自然规律，目的在于为我所用并造福于社会。在天人关系上，傅山还继承和发展了荀子的思想观点，开创了诸子学研究。侯外庐曾有评价：“如果说顾炎武考证音韵学是后来王国维的老师，则我们有理由说傅山的子学研究是后来章炳麟的先行者。”

傅山医学思想的核心是“平阴阳”的辩证思维。他认为人体是阴阳双方的对立统一体，人的器官也分属阴阳，合成为生命。在这个统一体，阴阳双方互为联系、互为依赖、互为作用。人的生命的存在，就是阴阳双方得到平衡的结果。《霜红龛集》卷三十七中载，为了保持健康，维持生命的存在，就要："阴盛则引阳，阳盛则引阴，否则，阴阳相引为欠，故人将死则欠也。"

傅山在诗、文、书、画诸方面，皆善学妙用，造诣精深。其知识领域之广、成就之大，在清初诸儒中，无出其右者。傅山的书法被时人尊为"清初第一写家"。他书宗颜真卿，总结出"宁拙毋巧，宁丑毋媚，宁支离毋轻滑，宁直率毋安排"的经验。他的画也达到了很高的艺术境界，所画山水、梅、兰、竹等，均精妙，被列入逸品之列。《画征录》就说："傅青主画山水，皴擦不多，丘壑磊砢，以骨胜，墨竹也有气。"他的字画均透露出自己的孤高品格，洋溢着爱国主义的气息，博得了后人的高度赞赏。

清康熙二十三年（1684）初，傅山的爱子傅眉忽逝，年逾古稀进入风烛残年的傅山悲痛异常，再也经受不住如此打击，不久便撒手人寰，与世长辞，时年七十七岁。傅山辞世时，时人隆重悼念，"四方会葬者，达数千百人，葬西山"。

考据大家阎若璩

傅山去世二十年后，祖籍太原县（今太原市晋源区）西寨村的考据大师阎若璩病重卒于京师，享年六十九岁。阎若璩比傅山晚出生三十年，而且出生在祖上即侨居的江苏淮安。

阎若璩（1636—1704），字百诗，号"潜丘居士"。由于明清两代考生参加科举必须回"原籍"，因此，年少资质平平但仍勤奋读书的阎若璩，分别于清顺治二年（1645）、康熙二年（1663）、康熙五年（1666）、康熙十一年（1672）先后回家乡太原参加乡试。他利用回乡赶考的机会，对山西、太原的历史风貌、沿革变迁进行了深入细致的实地考察，还曾多次拜访傅山先生，“每与会晤，穷日继夜，不少衰止”。他还与同样不远千里而来的顾炎武先生切磋学问，“以所撰《日知录》相质，即为改定数条，顾虚心从之”。

阎若璩画像

康熙十七年（1678），诏征博学鸿儒科，阎若璩应荐赴试，落第后仍寓居京师，以“博物洽闻，精于考据经史，独为诸君所推重，过从质疑，殆无虚日”。内阁大学士徐乾学叹服他的学问，特意将其邀至家中，待为上宾，“每诗文成，必属裁定”。是年，徐乾学奉敕修纂《大清一统志》，阎若璩应邀参加，并随书局前往洞庭东山、嘉善、昆山等地。这一时期阎若璩与精于地理学的顾祖禹、黄仪等晨夕相处，对地理学也产生了浓厚的兴趣，他于“古今沿革，考索寻究，不遗余力，往往出其意表”，使参加撰书的学者们大为赞赏。在修纂《大清一统志》的同时，阎若璩还与万斯同、顾祖禹、胡渭等学者相与讨论，排比正史，参考诸书，协助徐乾学完成《资治通鉴后编》一百八十四卷。

在文史领域，考据之学是打开“学问之门”的钥匙，也是中国史学“实事求是”、“论从史出”科学精神的实际体现。阎若璩不仅精通经史，而且“于地理尤精审，凡山川、形势、州郡沿革，了若指掌”。他一生学术成就繁巨，著述有《四书释地》、《潜丘札记》、《困学记闻注》、《孟子生卒年月考》、《眷西堂集》等。但《尚书古文疏证》可称之为其最重要的著作。

《古文尚书》用古文字书写，西汉时在孔子旧宅壁中发现，比当时流传的今文《尚书》多二十五篇。南朝、隋、唐、宋以来学者传诵的系东晋梅赜所献《古文尚书》和汉代孔安国的《尚书传》。自南宋以后，学者多疑其为伪书，但苦无实据。阎若璩年二十读《尚书》，用功三十年，乃尽得其症结所在，作《尚书古文疏证》八卷，在前人研究的基础上，从篇数、篇名、典章制度、历法、文字句读、地理沿革和古今行文异同等多方面考证，并引用《孟子》、《史记》、《说文》等书作为旁证，得出东晋梅赜所献《古文尚书》及孔安国《尚书传》是后世伪作的定论，解决了千百年来学术史上的一大疑案，受到学术界的普遍肯定和重视，阎若璩也因此奠定了他在清初学术史上的地位。不仅如此，他所运用的本证、旁证、实证、虚证、理证的考据方法，则为考据辨伪学创立了通例，形成了一套“以虚证实，以实证虚”的科学的考据方法，把司马迁“读万卷书，行万里路”的治学精神贯彻运用到自己的史学研究当中，真正做到“言而有据，实而有证”。

此外，《古文尚书》一千多年来被人传诵学习，视作神圣的经典，也是宋明理学的重要依据。阎若璩的《尚书古文疏证》确证了《古文尚书》是伪作，使理学家们进退失据，甚至在某种程度上触动了儒家经典的权威，其思想影响也是比较深远的。《四库全书总目》中赞其“引经据古，一一陈其矛盾之故，古文之伪乃大明”，“反复厘别，以祛千古之大疑，考证之学则固未之或先矣”。

阎若璩的《尚书古文疏证》是清代考据学的一面旗帜。它与顾炎武等人横扫了当时流行的空疏无本的心学，开创了清代朴实学风的道路，对乾嘉学派的形成影响巨大。纪昀对他在考据学上的贡献给予很高评价：“百年以来，自顾炎武以外，罕能与之抗衡者。”江藩《国朝汉学师承记》将阎若璩推为清代汉学家第一。

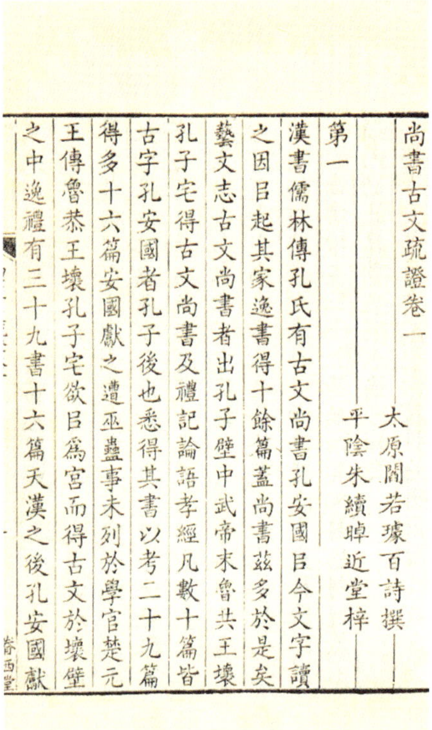
尚書古文疏證卷一　太原閻若璩百詩撰
第一　平陰朱續晫近堂梓
漢書儒林傳孔氏有古文尚書孔安國㠯今文字讀之因㠯起其家逸書得十餘篇蓋尚書茲多於是矣藝文志古文尚書者出孔子壁中武帝末魯共王壞孔子宅得古文尚書及禮記論語孝經凡數十篇皆古字孔安國者孔子後也悉得其書以考二十九篇得多十六篇安國獻之遭巫蠱事未列於學官楚元王傳魯恭王壞孔子宅欲㠯為宮而得古文於壞壁之中逸禮有三十九書十六篇天漢之後孔安國獻
眷西堂

《尚书古文疏证》书影

后来，皇四子亲王胤禛（即以后的雍正皇帝）因久闻其名，以手书相邀。已六十九岁的阎若璩感到不胜荣幸，不顾年老衰病之躯，日夜兼程，于康熙四十三年（1704）正月赶赴京师。三月，被胤禛请至府邸，尊为上宾，“呼先生而不名”，“执手赐坐，日索观所著书，每进一篇，未尝不称善”。阎若璩病卒后，胤禛遣官办理其丧事，并亲撰挽诗及祭文，称他“读书等身，一字无假；积轴盈箱，日程月课；孔思周情，皆大言深”。

阎若璩的桑梓之情，体现在他“潜丘居士”的号上，潜丘就是指流经其故乡的汾河水中的一块小丘。对晋之源这片故土的深情、自豪与认同，还有生于斯长于斯的高汝行、杨二酉、刘大鹏，后人称他们为“晋祠三贤”。

高汝行（1493—1570），字修古，太原县东庄村（今太原市晋源区晋祠镇东庄）人，出生成长在书香门第。他做官最高做到浙江按察使司副使，然而因为他“性憨直，常忤上官，不避嫌怨”，年仅四十八岁便壮年还乡，从此致力于晋祠的建设。他创建了读书台，提倡恢复了望川亭，又对圣母殿和鱼沼飞梁进行了修缮，联合当地名流兴建了水母楼，还倡议修建了台骀庙，“台骀庙”匾额就是由高汝行所题。高汝行最大的贡献，是倾力纂修《太原县志》，“简言有法，识者称之，人呼为《高志》”。清雍正和道光年间，《太原县志》两度重修，均以《高志》为蓝本。因此《太原县志》为后世研究明代太原县的历史沿革、风土人情、公署学校、农田水利等提供了第一手资料。

高汝行四十八岁被诬还乡，而另一位生活在清朝的晋祠乡贤杨二酉（1705—1780）遭谤罢官时，也不过四十六岁。杨二酉出生于晋祠南堡富绅家庭。二十八岁便步入仕途。乾隆皇帝即位后，杨二酉晋升为翰林院编修，曾作《祈谷赋》呈送乾隆，乾隆以为“此子颇有才华，聊可起用”，此后一再升擢，一年擢升六职，直至委之“巡视台湾兼理学政”重任。他的善政得到了岛内官绅百姓的赞誉，齐称其为“杨夫子”。岛内至今仍遗有《学宪杨公兴行海东书院碑记》于世。后在兵科最高谏官任上，因上《论浙江兵饷银色疏》等，受到权臣、大吏的诬陷而丢官。丢官归里后的杨二酉，纵情于晋祠的山水间。“旷怀齐物我，雅志适琴书”，名匾“水镜台”、名篇《柏月山房记》、名联“桐叶自当年剪得，凤凰于何日来栖”，以及晋祠“内八景”、“外八景”诗篇等，都出自他的手笔。

相比之下，出生于太原县（今太原市晋源区）赤桥村、身处乱世变革之中的刘大鹏（1857—1942），其桑梓情怀更为深沉。他二十四岁入省城崇修书院学习，为书院山长、后来“戊戌六君子”之一的杨深秀赏识。刘大鹏中举后，三次考试都没有中进士，便退隐乡间以塾师为业。民国初年，刘大鹏回到家乡充任蒙养小学教员，还兼营一家小煤矿并种有少量土地。此后，还担任过县议会议长、县教育会副会长等职。他很关心地方公益，对地方水利颇有研究，编撰《晋水志》十三卷，又别著《汾水河渠志》。刘大鹏踏遍晋祠一带山川寺院，寻幽访古，抄碑录碣，又博览古典书籍文献资料，采集故老传闻，编著《晋祠志》一书。此外，刘大鹏还为杨二酉捐资修建的晋祠同乐亭创作楹联一副：

同声相应，同气相求，同人共乐千秋节；

乐不可无，乐不可极，乐事还同万众心。

刘大鹏作为近代地方史学者、地方文化学家，他从1891年开始记写的《退想斋日记》，计200多册，50多万正楷毛笔字，记述了近现代中国和晋祠发生的重大变迁，为我们留下的一份珍贵的文化遗产，至今为学者所称引。

凌霄双塔

在太原，最令人瞩目的是位于城东南永祚寺内的“凌霄双塔”。

凌霄双塔，有一别称为“文笔双峰”，永祚寺因其寺内那两座巍峨壮观、耸入云端的古塔，被世人习惯称呼为双塔寺。双塔寺始建于明代万历中叶，距今380余年。其初创之时，仅建了一座补辅太原“文运”不足的文峰塔，即偏于东南隅的那座旧塔，由太原缙绅、学士傅霖等人，为“开山川之形胜，创文运之兴盛”而集资所建，建筑目的偏离了佛塔的宗教功用，而具有兴盛太原风水的作用。万历三十六年（1608），晋穆王朱敏淳以“旧塔微侧，更建新塔”为由，邀请五台山高僧妙峰和尚续建佛塔。新塔由明神宗的生母宣文慈圣太后出资，因名“宣文塔”，并且新建了寺院的三座大殿，即现存永祚寺殿堂的主体建筑——大雄宝殿、三圣阁、两厢方丈院和两廊配殿，由此形成了“两峰插天”、“楼阁巍然”的大观。塔寺更名为永祚寺，两塔均定名为宣文塔。

双塔寺虽以佛寺面貌出现，实际是太原缙绅的官庙。清初，士绅们续建山门，完善禅堂及殿宇，使寺院初具规模。现在的双塔寺一反我国

1909 年时的双塔寺

千百年来寺院建筑坐北朝南的传统习惯，因地势而拓建，居高临下，坐南朝北，中轴线包括广场、碑廊、上院塔院、下院塔院等，占地约三万平方米。

下院塔院分三进院落。第一进院为陈列院，仿明代格局；第二进院为牡丹园，具有北方园林韵味；第三进院为礼佛院，是明代原物，现存有大雄宝殿、三圣阁、禅堂和方丈院。大雄宝殿雄宏中又具精细，为明代砖石结构中的上乘之作，中间顶部砖雕藻井，是双塔寺砖雕艺术的精品。

上院塔院位于大雄宝殿东南高坡上，依次有宣文塔、过殿、文峰塔和后殿。双塔相距十六丈，表圆满无尽之意。佛塔的形状采取圆形与方形之间的八角形平面，这是唐代工匠对印度圆形塔与中国在佛教传入初期的方形塔的创造性改造。佛塔共十三层，全高超过五十四米，塔身全为砖石仿木结构，成楼阁式，外表饰以精美的砖雕斗拱，承托着琉璃飞檐，檐下有佛像浮雕，其雕工细腻逼真，充分显示了明代砖雕的高超技艺。塔顶为八角攒尖式，顶端竖以特制的琉璃葫芦顶，塔内建有螺旋形石级，可以拾级登上塔顶。双塔巍峨高耸，直入云端，是太原现存古建筑中最高的建筑，历史上不少政治家、思想家和墨客骚人都不禁为之赞叹。明代诗人李溥登双塔，写下"我来欲把星辰摘，到此方知世界宽"，道出了登高之境。几百年来，双塔为世人所瞩目，被誉为"晋阳奇观"，成为太原的标志。

永祚寺的牡丹，肇自唐代，历史悠久，远近闻名，有四十多个珍贵品种，尤其是明代牡丹更为驰名。双塔寺的明代牡丹叫"紫霞仙"，属于毛良科，芍药属，原产我国西北部，后经人工养殖广种于河南洛阳，明代中叶徙植太原，历经三百多个春秋盛开不衰，使洛阳、淮阳、菏泽牡丹都难以望尘。

近年来，永祚寺文管所又在"明代牡丹"的基础上，引进和培植了近千株牡丹。每逢春夏之交，立夏前后的二十多天中，古刹双塔寺，双塔高耸云端，巍然挺拔，殿阁雄浑古朴，错落有致，古枝繁茂，新花竞放，整个

永祚寺双塔

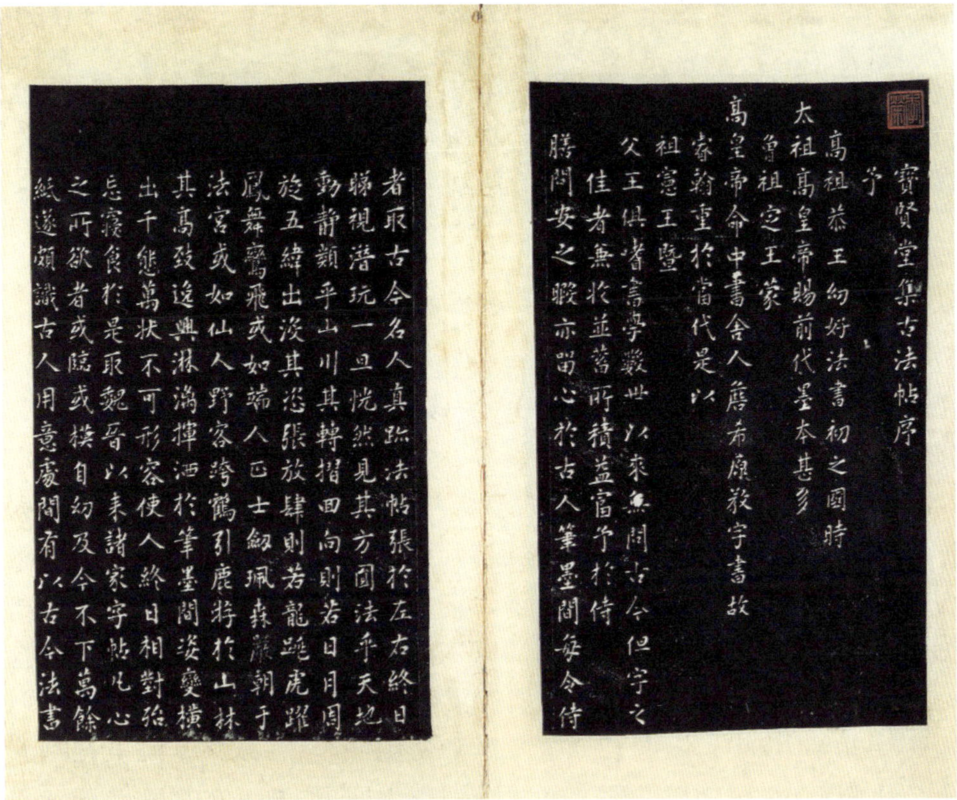

《宝贤堂集古法帖》书影

梵寺清幽雅致，绮丽绚烂，相得益彰，成为太原的一大人文景观。

永祚寺东侧墨园有百米碑廊，存有宋代文豪苏东坡的醉笔石刻“赤壁怀古”三块；还有明代的石刻珍品、海内知名的《宝贤堂集古法帖》；清代的《古宝贤堂法帖》三十九块，其中有清代著名书家祁寯藻的“子史萃言”石刻四块，等等。这些古碑古碣，集清以前各代著名书法大家的墨迹宝翰于一堂，萃真、草、隶、篆各种书体，为书林瑰宝，翰墨遗珍。

《宝贤堂集古法帖》由明代晋王府世子朱奇源主持集刻。朱奇源是明朝第五代晋王，父亲晋庄王朱钟铉好博古，喜书法，朱奇源继承其父之风，尊父之命，于弘治九年（1496）在山西太原集刻十二卷石刻丛帖，并以父亲的堂名“宝贤堂”命帖名为《宝贤堂集古法帖》，俗称《宝贤堂帖》或《大宝贤堂帖》。《宝贤堂集古法帖》上自仓颉，下迄明代张弼，纵贯魏、晋、南北朝、隋、唐、五代、宋、元、明等十余个朝代，包含一百二十个

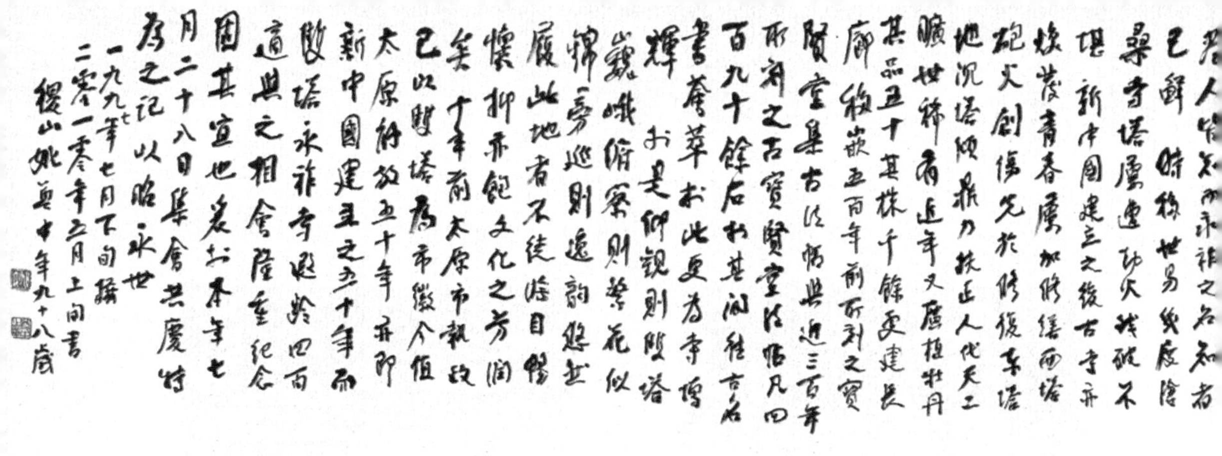

书法大家的墨迹宝翰，其中以二王（王羲之、王献之）居多，汇真、草、隶、篆各种书体，兼容并包、洋洋大观。

《宝贤堂集古法帖》刻石原存晋藩王府，明末李自成农民军攻入太原，晋王府被毁，宝贤堂石刻随之遭到严重毁损。进入清代，《宝贤堂集古法帖》开始得到搜集补缺。顺治十三年（1656），傅山之友山西巡抚白如梅命人寻访遗石。次年，太原知府宗彝积极参与此事，宝贤堂石刻收回大半，并在太原府署后圃建宝贤亭贮藏，并增刻宗彝、王京乘二跋石。康熙十九年（1680），阳曲县令戴梦熊和傅山一起，在残帖基础上补刻五十余块刻石，并在刻石贴面上刻“戴补”作为标识。刻石先后辗转至三立书院、督军府、傅公祠等处。1941 年，时人增刻郑友渔撰书的《宝贤堂集古法帖后序》两块。1980 年，刻石迁至永祚寺碑廊。永祚寺碑廊内刻石有一百五十六块，其中明代原石九十三块，二十七块为明代原石两面刻字，又有两块为利用金代以前《绛帖》背面又刻《宝贤堂帖》两幅。

《古宝贤堂法帖》是清太原知府李清钥于康熙五十七年（1718）集刻的四卷丛帖，刻石置太原府署后圃原藏《宝贤堂集古法帖》之处，俗称《小宝贤堂帖》。刻石先后与《宝贤堂集古法帖》共置三立书院、督军府、傅公祠内，1980 年迁至永祚寺碑廊。《古宝贤堂法帖》全帖收唐褚遂良，宋黄庭坚，元赵孟頫，明唐寅、文徵明、朱奇源、董其昌，清傅山等唐初至清初二十一家法书。乾隆二十七年（1762），增刻苏轼“大江东去”词三石。《古宝贤堂法帖》刻石三十九块，为纵 0.35 米，横 1 米的横匾形石刻。彭兴林先生认为，虽然此（法帖）“固囿于书法，实乃国艺之范例，教化之重典，垂绵万世之瑰宝也”。

永祚寺内承担着“辅补文运”职责的文峰塔依然耸立，与寺内建筑、

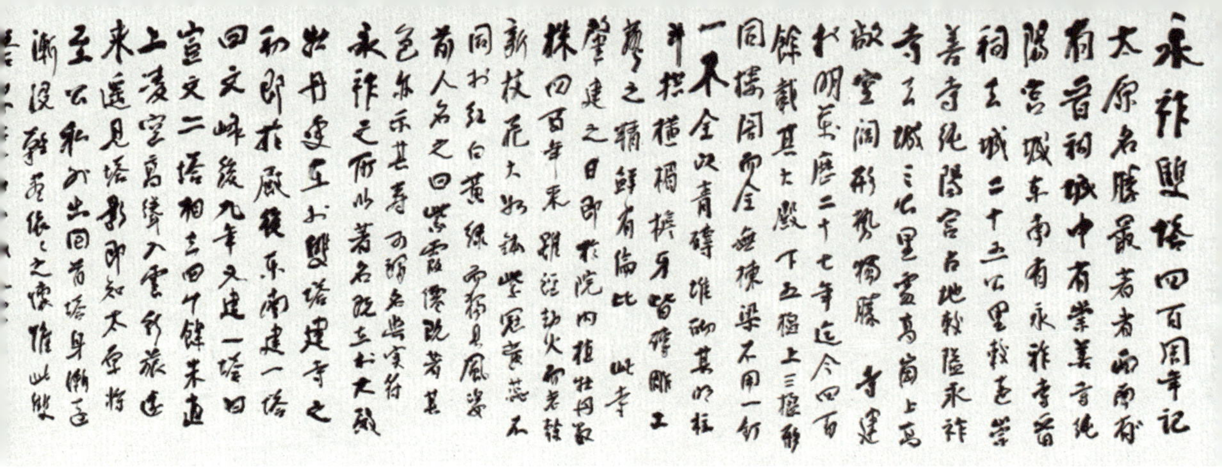

姚奠中书《永祚双塔四百周年记》长卷

书林瑰宝，交相辉映，流芳至今，“永祚”应是实至名归。

太原市内的古建大部分为明清时期重建或新建的。其中寺庙建筑占大多数。现存市内的佛寺，多为典型的官式建筑，布局稳重严谨，总体规整对称，太原崇善寺即是。崇善寺位于太原市区东南隅，初建于佛教兴盛的唐代，称为白马寺，后改称延寿寺、宗善寺，明代改称崇善寺。朱元璋三子晋恭王朱棡为纪念母后，就在该寺旧址大事扩建。现存的崇善寺，只是原来寺庙的几十分之一。其中，大悲殿是中国现存最完整、最标准的明初木构建筑，规模宏大、古朴雄浑，保存着价值连城的佛教藏经、《释迦世尊应化示迹图》、《善财童子五十三参图》壁画临摹本以及位于大悲殿正面须弥座上的三尊泥塑贴金菩萨立像等宝物，使崇善寺在佛教寺院中占据着重要的席位。

离崇善寺不远，在太原市五一广场西北隅，就是纪念道教太真教祖吕洞宾的祠宇纯阳宫。它又名吕祖庙，始建于元代，明代万历年间重修，清代乾隆年间曾有整修与扩建，是一座集庙宇、园林风格为一体的五进院落，与晋南永乐宫、大同纯阳宫并称山西三宫，体现了明清两代太原园林艺术的较高成就。

位于太原市晋源区风峪沟的太山龙泉寺，最早也是道观，名昊天观，始建于唐代，金元时期被毁，明初重建才改为佛寺。前几年，在龙泉寺大殿向东约一百米的山前坡地之上，人们发掘出一座佛塔的基址。经专家考证，此塔基当建于唐武周至睿宗时期。考古人员在塔基地宫内发掘出一件金棺银椁，内保存有佛骨舍利，极为珍贵。

晋剧的兴起

建筑是凝固的音乐，其实在百姓日常生活和城乡大街小巷，更多流传的是旋律婉转、流畅，曲调优美、圆润、亲切，道白清晰，具有浓郁的乡土气息和独特风格的晋剧。

晋剧，即中路梆子，是山西省的代表性剧种，为山西省四大梆子之一。由于它的活动地区主要在山西中部，尤其是在太原附近、晋中一带，而这一剧种历来受到山西中部广大群众的欢迎、喜爱，因此称中路梆子。

明末清初时，活动在太原地区和晋中一带的梆子腔，与蒲州梆子、晋中秧歌、祁太秧歌、太原秧歌、民间小调等长期融合，到清咸丰年间，经晋商和当地文人的参与而形成晋剧。由于声腔中融进了浓浓的本土风情俚俗和民歌民谣，很适应晋中人的欣赏口味，是流传于太原地区的

晋剧《续范亭》剧照

晋剧《于成龙》剧照

主要剧种。这一显示本土文化的晋腔晋韵，从此在黄土地上传唱，历久不衰，涌现出丁果仙、王爱爱、谢涛等晋剧表演艺术家和《打金枝》、《下河东》、《傅山进京》等一批优秀晋剧剧目。

太原莲花落表演艺术

此外，太原锣鼓、徐沟铁棍、晋阳风火流星、太原莲花落、二鬼跌跤等民间传统表演艺术，是太原历史文化与人民生活的结晶。有些已经成为国家非物质文化遗产，得到了新的保护与传承。

清徐背棍在上海世博会

第七章

近代化进程中的太原

（晚清民国时期）

■ 概述

鸦片战争以来，中国逐步沦为半殖民地半封建社会国家。为了争取民族独立和人民解放，全国上下掀起了反帝反封建运动。在革命浪潮的影响下，太原迈出了从封建专制统治向民主政治转变的重要步伐。与此同时，西方一些先进思想和技术传入，逐步开启了太原近代化的进程，其中具有明显标志性的变革，则是正式设立太原市的行政建制，使其成为一个独立的行政单元。

自1644年秋，清兵攻占太原，清王朝对太原的封建统治长达二百多年。作为山西的省会城市，山西巡抚、山西承宣布政使、山西提刑按察使、山西学政、冀宁道道员、太原府知府等均驻于太原。

辛亥革命后，中华民国政府废除清王朝地方建制，实行省、县二级地方建制。1921年，阎锡山在阳曲县城（今太原市城区）置太原市政公所，开辟“市”级地方建制的雏形，与县无从属关系。1927年，民国政府开设“市”一级地方建制，遂将当时的省府所在地阳曲县升置太原市。1947年，国民政府核准太原市为山西省府，这种建制一直延续至今。

近代太原的历史是一部抗争史。为了摆脱帝国主义和封建主义的双重压迫，一批又一批的有识之士在这片土地上进行艰辛的探索，使太原经济、政治、文化、教育、社会事业等各方面在近代中国历史上写下了新的一页。山西大学堂作为我国最早创立的三所国立大学之一,以其中西合璧、文理并重的办学模式,开创了中国近代高等教育的新纪元。太原工业产业迅速崛起,从太原火柴局成立到西北实业公司兴盛,这一时期,太原厂矿企业数量之多、规模之大、门类之全和生产能力之强,不仅在省内独占鳌头,在国内也名列前茅。正太铁路开三晋现代交通风气之先,同蒲铁路贯通山西南北,对山西乃至全国政治、经济、军事等都起到极其重要的作用。当辛亥革命风云席卷全国时,太原揭竿而起,成为黄河以北第一座响应武昌起义的城市,严重威胁到清政府的首都北京,为辛亥革命夺取最后胜利做出巨大贡献。民国时期,山西的"村本政治"作为先进的乡村自治制度体系在全国推广……

在那个混乱动荡的年代,近代化进程中的太原,肩负着沉重的历史使命,在探索救国救民的道路上,走过一段曲折起伏的艰难历程。反思一百多年来发展的经验和教训,今天依然值得我们借鉴和警醒。

张之洞抚晋倡行洋务

张之洞(1837—1909),是晚清著名的洋务派代表人物。他生活的时代是中国由传统向近代转型变革的时代。这一时期,西方帝国主义列强通过野蛮暴力和无耻的鸦片贸易打开中国长期封闭的大门。为了拯救清王朝的垂危统治,封建统治集团内部由曾国藩、左宗棠、张之洞、李鸿章等中兴名臣发起,掀起了以"自强"和"求富"为目的的洋务运动。

1882 年 2 月,张之洞来到太原就任山西巡抚,开始了他两年五个月的抚晋岁月。张之洞到达太原之初,所采取的措施均为"儒术经常之规,绝不敢为功利操切之计"。然而,他诸般兴革无不遭遇重重阻拦,举步维艰,他隐隐察觉到"圣经贤传"提供的方略甚难奏效。经过多方考察,张之洞认为山西的各项事业中,"洋务最为当务之急"。正当此时,他从省府文档中,看到英国传教士李提摩太给前任山西巡抚曾国荃的条陈,这是一份包括开矿、兴实业、办学校在内的大规模"洋务"方案,曾国荃却将其束之高阁。张之洞会见了李提摩太,共同探讨革新主张,决心在三晋大地上大干一番洋务事业。他聘李提摩太为顾问,指导山西洋务事业的初兴,还专门在省府为李提摩太安排了一场演讲会,请他为官员学子讲解天文、地理、声光、电化、物理、医药卫生等西方科学知识。在演讲会上,李提摩太演示了磁石吸铁、氧气助燃等物理、化学方面的科学试验,这让官员和学子们大开眼界。

张之洞画像

张之洞倡导洋务，一个重要的内容就是编练新军。张之洞认为山西绿营“军律日即荡弛”，“绿营积弊无可挽回”，“整顿营规莫急于此”，便开始留意山西新军，期望达到“日臻强劲，缓急可用”。同时，他认识到绿营兵使用的弓箭已不能适应新时期战争需要，必须用新式洋枪洋炮装备军队，“临敌制胜，首望火器”，各军官兵都必须掌握“火器”。接着，张之洞派员赴上海购买来福前膛枪、思费尔前膛枪、马枪、双响手枪、毛瑟后膛枪、云者士得后膛枪、哈乞开思后膛枪共8000余枝，格林炮12尊，来装备山西新军。因使用洋枪洋炮后经常感到弹药不足，于是张之洞在太原城东北隅设立新药局，主要制造弹药，不过其生产规模小，工匠不多，每月仅能造药一千余斤。新药局虽然设备简陋，规模不大，采用封建衙门式的管理，但它招募工匠，内部已具有资本主义雇佣关系，采用大机器生产，具有近代工业生产的特征。可以说，新药局是山西第一个近代工厂。

发展洋务当然要有一批洋务人才。于是，张之洞招徕洋务人才与具体筹办洋务事业同时进行。他发表了《延访洋务人才启》，在这份公启中，他希望全国各地的洋务人才前来山西一展才华。

在洋务实践的过程中，张之洞对一些具体事宜进行了详细的筹划。他在发给下属的《札司局设局讲求洋务》中强调，“直省各局林立，取精用宏，裨益甚多，关系甚重”，山西“亟宜仿照兴办，极力讲求”。他指示属下在太原东门内设立洋务局，选派提调、正佐、委员等办洋务官员，先就本省中熟悉洋务之人和已购来的各种洋务书籍研究试办，详立章程。张之洞要求洋务局要设在地势宽阔之处，以便将来在附近添修院落，作为制造之所。他提出建立桑棉局，还特地向江苏巡抚卫荣光求援，请他帮助招募技术熟练的机匠，携带纺织布匹的机器到山西，住进桑棉局，向山西百姓传授技术，拓展致富渠道。

张之洞还开办铁厂。山西冶铁业历史悠久，但在“洋铁”冲击下，土铁日渐衰疲，且当时“土铁尚沿旧例，不准出海”，更遏制了山西冶铁业的发展。当时，中国在生产船只、军械时，均需进口洋铁，成本巨大。张之洞决心重振晋铁，拟在山西开矿炼铁，依托山西煤铁资源丰富的优势，采用西方国家一种先进的炼钢技术——“别西墨炼钢法”，发展钢铁产业，以解决国内用铁需求，并与洋铁抗衡。铁厂最终因张之洞调任两广未能修建，但他兴办民族钢铁工业的宏愿却以此萌生，并在湖广任上得以实现。

张之洞推行洋务的过程十分注重地方教养和“风化”。针对山西“士气衰微而废其学”、“此时为苦人才不足”的情况，他在太原府署西明代晋藩宝贤堂故址（今山西省实验中学解放路校址）创立了当时山西的最高学府——令德堂。令德堂主讲王轩，协讲杨深秀、杨笃、张铁生等人，都是张之洞的幕僚，他们既讲传统的四书五经，又讲现代西方学术，形成了“中体西用”的教育思想。后来，令德堂培养了一批“中西合璧”的新式人才，基本改变了山西教育发展的滞后局面。张之洞“中体西用”的教育思想也得到朝廷的认可，全国各地广为刊布。

正当张之洞踌躇满志，准备全面推行洋务之时，由于中法战争爆发，他被调任两广总督，赴广州备战抗法去了。张之洞主政山西虽然只有短短两年五个月，可他却开了洋务之先河，为山西近代工业的发展奠定了基础。

胡聘之与山西近代工业

近代工业是随着洋务运动一同进入太原的。在张之洞抚晋之前，太原的工业主要以手工作坊为主。张之洞在抚晋的短短两年五个月时间里，将洋务思想播撒在三晋大地，为太原及山西近代工业发展奠定了思想基础。胡聘之（1840—1912）则正式将西方近代工业引入了山西，使太原成为整个华北地区近代工业起步较早、发展水平较高的城市之一。

胡聘之是湖北天门人，青年时期正值洋务运动的鼎盛之际，曾游历江南诸省，受到近代工业新兴的启迪。踏入仕途后，他在“帝党”和“后党”的矛盾漩涡中左右逢源，但更多地接受了一些洋务派的新思想。因此，其政治思想倾向于变法图强。从 1891 年出任山西布政使，到 1895 年升任山西巡抚，最后于 1899 年被罢官离晋返乡，胡聘之在山西任职近八年。他潜心治晋，是辛亥革命之前清政府在山西的封疆大吏中任职时间最长的。在山西期间，他借助洋务自强之势，为推进太原工业振兴，革新政治文化教育，扶持地方经济社会发展，做了许多开拓性的贡献。

胡聘之还是山西布政使时，即对前任巡抚张之洞设立洋务局、创办令德书院、筹开山西铁矿等壮举深感钦佩，欲以更大的力度推动近代工业的发展。1892 年，在南方各省大力发展近代工业的影响下，胡聘之从省库拨银两万元，从国外购买机器，在太原三桥街创办了太原火柴局，

太原火柴厂外景

并亲笔书写“燧皇遗规”四个大字牌匾，太原近代工业由此开始。

太原火柴局是山西第一个官办近代工业，也是中国最早的火柴厂。当时，火柴厂有车床五部、刨床一部、窄小铝床一部、35 马力小型蒸汽机一部，结束了山西没有一部机器的历史。火柴局创办后，日产黄磷五色火柴 500 圆桶，每筒百余支，商标为“双羊”牌。由于民间习惯使用火石、火镰，不曾见过火柴，尽管火柴好看好用，依然不能被大部分老百姓接受，因此销路不畅，山西省府不得不让各地知县派销。胡聘之离职后，火柴局转归山西商务局，更名晋升火柴公司。公司成立后，日产火柴 196 小箱，每箱 240 包，经营三年间，赔累日重，难以为继，后以 5000 银元卖给山西头等票号商人渠本翘，改名为“双福火柴公司”，火柴商标改为“双福”牌，双福火柴公司成为太原第一个民族资本主义企业。双福火柴公司生产中增设排杆机，后又聘日本技师，并从日本购回机械 21 部，生产规模增至日产量 100 至 120 箱。第一次世界大战期间，由于帝国主义无暇东顾，外国火柴不能进口，国内火柴供不应求，双福火柴公司迎来了前所未有的辉煌期。在双福火柴公司影响下，山西一度出现了开办近代火柴业的高潮。

1894 年，胡聘之利用山西矿产资源丰富的优势，又开始筹办山西机器局，但由于甲午战争爆发，资金未能落实，这一想法未能实施。1897 年，已是山西巡抚的胡聘之再次上奏朝廷，请求设立以制造军火为主的山西机器局。次年，清政府批准了胡聘之的奏折。

山西机器局是太原近代机械工业的开端，它开创了太原以蒸汽机为动力驱动、以金属切削机床为加工手段的近代武器制造模式。1898 年，胡聘之派候补道徐桂芬为总办，在太原城北门外柏树园内的千佛寺（今山西机床厂址）创办山西机器局，在较短时间内修建机器、翻砂、熟铁、木样、铜帽以及锅炉等厂房 22 间。随后，胡聘之通过英国福公司天津洋行，购回车床五部、钻床两部、刨床一部和 35 马力卧式蒸汽机一部，于次年正式建成投产。山西机器局以修理枪械为主，兼造大刀、戈矛、洋鼓、洋号等，后来逐渐转向制造火枪、火炮。它的创办为后来山西独树一帜的军用工业产生了深远的影响。山西机器局最早生产的是俗称“二人抬”的火枪，口径 22 毫米，长 2.2 米，这种枪使用时，需要一个人在前面用肩扛着，一个人在后面瞄准射击，虽显笨拙，但在当时已是革故鼎新之作了。1900 年，清朝政府为了镇压义和团运动，诏令各省军火工厂："速造新式武器，以备军需。"山西机器局开始制造 18 毫米步枪，主要由英国福公司提供步枪的全部金属件，在配制枪托和装配后，再打上"晋局庚子年造"的标号。这种枪只能装一粒子弹，称为"独子快枪"，这种步枪比英军当时装备的五粒连发步枪明显落后，但对清军来说，属新式武器，故受到清朝政府的赞赏。后来，机器局又以同样的方法，从英国福公司进口炮身，机器局配置炮架和车轮，开始试制 57 毫米火炮，由于技术不过关，试制两门后即告停产。1900 年，八国联军入侵北京，慈禧太后和光绪皇帝出逃西安，途经太原。山西机器局奉旨挑选技术精湛的工匠，为护驾卫队马玉昆部修械。慈禧太后"圣驾光临"该局，工匠徒弟都得到奖赏，建造厂房的监工陶庆春被赐予一件"团龙马褂"，从此山西机器局名扬全国。此后，该局更名改组十几次，但始终以生产军工产品为主。1927 年，机器局更名为太原兵工厂后，进入鼎盛时期，当时厂里设备有 3800 多部，职工 1.5 万人，规模可与全国最大的汉阳兵工厂相媲美，生产制造的武器装备供应全国。太原兵工厂被称为民国史上三大兵工厂之一。

在筹办山西机器局的同时，胡聘之于 1898 年在太原城内西羊市街又创办了一所综合性的近代工业企业——山西通省工艺局，购进织布、织带和木工机器各一部，第一次用机器织布取代了手工织布，实现了生产力的革命性转变。后来，该局发展规模逐渐壮大，在近代工业史上也颇有影响。

早在 1896 年，即胡聘之刚刚接任山西巡抚不久，因甲午战争赔款造成清政府财政不足，而"晋省煤铁之利，甲于天下，金银铜铅，亦有矿砂可寻"，因此，他上奏光绪帝，希望依托资源优势兴办矿业。他在太原设立山西商务局，请朝廷委派山西籍刑部郎中曹中裕等回山西协同办理，主要根据山西的煤铁资源情况，大办矿务，以扩大山西财源。同时，为了更有力地发挥山西煤铁优势，商务局还广筹资金，为修建山西铁路打基础。胡聘之根据各地物产特色，计划建设熔铁炼钢厂、烧砖玻璃厂、葡萄酿酒厂、奶油制饼厂、纺织厂等。虽然"商务局股本仅集四五十万两，尚不敷纺织各厂之用"，但他仍"力求振兴，尽力筹划，勉力经营"。

要开发矿产，必须打开山西与外界的交通，胡聘之认为"晋省道途艰险，外商裹足，本省商富见利小而求效速，此等创办之事又多不愿附股。自非铁路先成后，商贾云集，财货充裕，筹办殊不易也”，于是上奏朝廷，建议修筑正太铁路，以连接芦汉铁路。他的请求得到谕准，但修筑铁路事宜最终因义和团运动爆发而暂停动工。后来，清政府将正太铁路收归中国铁路总公司，由铁路督办大臣盛宣怀统筹办理。此外，胡聘之还在山西大兴教育改革，变通山西旧式书院，要求书院“参考时务，兼习算学，凡天文、舆地、农务、兵事，与夫一切有用之学，统归格致之中”，注重学习近代西方科技。“百日维新”期间，胡聘之将令德堂改为山西省会学堂，书院山长改为学堂总教习，并聘请两名西学副教习，仿照京师大学堂章程，进行了一定的课程改革。同时，他在太原创办山西武备学堂，培养山西新式军事人才。胡聘之的兴教工程为太原储备了一批优秀人才，对太原近代工业的发展起到了积极推动作用。

在近代中国，对于相对封闭的山西来说，胡聘之的到来，无疑带来了近代文明的新风，使得洋务思想在山西进一步深入。他的一系列举措，更为太原近代工业的发展奠定了坚实的基础。同时，这些举措也刺激了本地区民族资本向近代工业投资，官营企业与民族工业相互依存、互补互助，极大地推动了太原近代工业的迅速发展。

刘笃敬与太原实业

作为后期晋商领袖，自 1905 年到 1916 年，刘笃敬先后担任山西商务局总办、山西商会会长，执三晋工商界牛耳十一年，极力推动山西近代实业发展。出生晋南豪门的刘笃敬，家道殷实，经营有工厂、矿山、盐山、钱庄、当铺、商店等二百多处，几乎遍布全国各大城市和华北中小城镇。刘笃敬曾三次进京会试，每次都名落孙山。在京期间，他结识了晋南同乡，也就是“戊戌六君子”之一的杨深秀，并由杨深秀推荐任职刑部主事。从此，二人既是同僚，也是挚友。在与杨深秀等人的交往中，刘笃敬深受维新思想影响,推崇“中学为体,西学为用”。戊戌变法失败后,刘笃敬回到山西,结识了洋务派重臣、刚刚卸任山西巡抚的胡聘之。在胡聘之的推荐下,他远渡日本和欧美考察工商业,了解观察日、美市场现状及其发展趋势,学习掌握资本主义商品竞争的规律和策略,历时三年之久。回国后,刘笃敬开始大胆投资创办新兴的现代工业,用西方先进的企业管理方式经营工厂。

山西自古矿产资源丰富。孙中山先生曾说:“山西煤铁之富,甲于全球。”刘笃敬很快将发展的目光锁定在矿产资源上。1904 年,他在阳曲县开办了王封山磺矿公司,这是山西省最早兴办的机械采矿业。1906 年,刘笃敬在太原西山冶峪投资开办了庆成煤窑,辟建了专采地下煤层的筒子窑,也就是竖井采煤技术,井深达 42 米。这是山西煤矿采掘技术的一大发展。1911 年,他又在西山王封附近投资开办了永泰煤窑。这些煤矿,为太原煤炭工业的发展开辟了新的路径。

刘笃敬对太原近代工业经济发展的贡献不仅仅限于开办煤矿。1908 年,刘笃敬筹集白银三万两,在南肖墙创办太原电灯公司。次年 10 月,该公司第一台由蒸汽机引擎带动的 60 千瓦直流发电机组投产,主要供城区商号、面粉厂和附近街道照明用电。这是山西第一座独立的公用发电厂。1916 年,由于各种原因,刘笃敬辞去一切职务返乡,太原电灯公司经营惨淡,每况愈下,没过多久便因时局混乱而由民营改为官办。1918 年,太原电灯公司安装第二台发电机,容量 120 千瓦。运行不久,发电机因操作维护不善而损坏。1920 年,太原电灯公司向设在天津的美商慎昌洋行赊购 300 千瓦交流发电机一台,并与慎昌洋行达成协议,将原有的 60 千瓦发电机拆卖给洋行,其余欠款分期付清。后因各军政机关倚势用电不缴电费,加之美金暴涨,公司无力偿还欠款,美国洋行遂派人将电厂封闭。1923 年 8 月,阎锡山的幕僚山西省银行经理徐一清、山西省警务处长南桂馨乘机将电厂接收,并更名为“太原电灯新记股份有限公司”,山西省第一座电厂最终由民族资本转为官僚资本。然而,太原电灯公司开创了山西电力工业发展的新纪元,在历史上写下了光辉的一笔,刘笃敬也当之无愧成为山西办电第一人。今天,我们走进晋能集团 12 号院西北角,还能看到当年电灯公司现存的两处建筑物,一个是一根粗大的烟囱,有几十米高,外壁上能清晰地看到战争年代留下的炮眼；另一个是旧式工厂厂房，门头顶端，仍保留当时镶嵌的数字——1908。

晚清太原商绅

1908年，刘笃敬在创办太原电灯公司的同时，又开始在城内晋生路投资创建太原电灯公司附属面粉厂，占地30亩。1914年建成投产。电灯公司和面粉工业相结合，成为太原第一家使用电力的机器面粉厂，也开创了太原工业用电的先河。面粉厂最初由刘笃敬独资经营，有德式磨机一部，面粉每袋44.16斤，产品分为头、二、三等。刘笃敬专门为其设立了商标，分别为绿、红、蓝"电灯牌"，与他的电灯公司互为宣传。这显示出他超前的广告意识和精明的商业头脑。后来，面粉厂被徐一清、南桂馨等出资接收，购置美式制粉机两部及其配套设备，并从上海聘请了陈乾荣为技师，很快投入生产。1929年，面粉厂又新建五层制粉大楼，购置德国制粉机七部以及配套设备，产量大增，所产面粉百分之七十供应太原，其余销往阳泉、石家庄一带。

1906年，刘笃敬还同张兰亭、赵永义等人合资，在太原开办了新晋书社印刷厂。这个厂子后来一直为同盟会山西支部的会刊《晋阳公报》提供印刷服务。

在山西保矿运动中，刘笃敬与祁县商人渠本翘共同努力，赎回了山西矿权，成立山西保晋矿务公司。1911年，山西保晋矿务公司负债累累，濒临倒闭。渠本翘辞职后，刘笃敬以极大的胆识和魄力，接任公司总经理。上任后，他竭力维持保晋公司的业务，聘请矿师赵奇英、武尽杰，测绘师王宪、侯德旺开展工作，使保晋公司稍有起色，略有盈余。

刘笃敬一生致力于山西实业，其投资涉及矿业、电力、纺织、盐业、交通等众多领域，是山西煤炭、铁路、电力的开创者，是山西近代工业的奠基人，是清末民初传统晋商向近代民族资产阶级转型的唯一成功者。同时，他在教育、书法、收藏等方面也有较大成就。他倾心教育，曾大力资助过山西大学堂。1911 年八月，山西大学堂庆祝西学专斋和中学专斋合并时，即邀请刘笃敬撰写了《山西大学堂设立西学专斋始末记》和《山西大学堂西学专斋教职员题名碑》——后由校方刻碑于山西大学堂主楼一层进门处两侧墙壁上。1909 年，他还捐助成立了太原女子学校，当时的《晋阳公报》曾给予报道。他的书法先宗颜柳，后师褚遂良，笔力苍劲，既有章法，又很脱俗，在京为官时已闻名京都。刘笃敬喜欢收藏，且颇有研究，曾著有《金石录》。他在老家南高村建有藏书楼一座，内藏图书、钟鼎彝器、名人字画等。1912 年，孙中山来山西视察铁路和实业时，接见山西工商界、实业界名流，在与众人合影时，刘笃敬就坐在孙中山左侧，座位排序仅次于阎锡山，这充分说明了刘笃敬在当时的地位。

刘笃敬是极具开创意识、爱国情怀和时代精神的晋商的杰出代表。他集豪门巨富、工商精英、实业先驱、开明绅士、教育家、慈善家、书画家于一身，更开创了近代山西煤矿业、电力业、铁路交通业发展新纪元，因此，《山西通志》称他“不愧为近代山西民族资产阶级的楷模”。

渠本翘与保晋矿务公司

渠本翘，原名本桥，字楚南，祁县城内人。渠家世代以经商为业，渠本翘的父亲渠源浈，一生纵横商海只赢不亏，创造了一个旁人难以企及的商界传奇，为全省闻名的富商巨贾，是山西票号业中著名资本家，山西最早的实业家。晋商世家中有一条不成文的规矩，在子弟中优者经商，次之则入仕。渠本翘自幼天资聪明，勤学不怠，他的父亲希望他能悉心经商，继承祖业。可渠本翘嗜书如命，心无旁骛，为此，父子二人冲突不断。渠本翘的外祖父乔朗山住在祁县赫赫有名的乔家堡，是当时的名儒。乔朗山曾任过知县，家中设有私塾。渠本翘在外祖父家受到良师指导，又与舅父乔佑谦、乔尚谦，学友刘奋熙等日夜砥砺，相互切磋，学业大进，不到二十岁便博经通史，有“神童”之誉。1885 年，考中头名秀才。次年，于太原岁试，又获第一，为当时山西学政吕瑞田赏识。吕氏遂将其原名“本桥”改为本翘，并字以楚南，希望他成为人中翘楚。1888 年，他 26 岁中了解元，全省乡试第一名。1892 年全国会试，渠本翘中进士，敕任内阁中书，时年 31 岁，实现了科举时代“琼林赐宴”、“春风得志”的愿望。至此，出身名商巨贾之家的渠本翘走上了一条与父辈完全不同的道路，跻身于仕途。据说，渠本翘中了进士后回乡探亲，他的父亲渠源浈也没有因为自己家中出了晋商家族中第一位进士而表现出多大的欢喜，只是淡淡地对儿子说“科名本身外之物，智者当务其远大，慎勿以一第自封”。

入仕后，渠本翘一直担任一些有职无权的闲差，仅内阁中书一职就做了十年。1900 年，义和团运动爆发，中外关系紧张，渠本翘以七品小吏的身份一再向朝廷进言，指出朝廷的各种失当举措。他的意见自然不会被重视，关心国事的他甚至忧愤成疾。八国联军攻占北京之后，众多达官显贵均作鸟兽散，渠本翘却抱病追随落难的慈禧太后、光绪帝逃往西安。在传统社会，对读书人来说，忠君就是最大的爱国。1903 年，渠本翘被朝廷任命为驻日本横滨领事，仅一年后，他即卸任回国充山西大学堂监督。在废科举、兴学堂时，他与乡绅商定，并捐资两万余两白银，把原“昭余书院”创办为祁县中学堂，并附设蒙养学堂。1910 年，清廷搞预备立宪，成立典礼院，渠本翘又被任命为直学士。

渠本翘出生晋商世家，骨子里始终浸透着生意人那种天生的禀赋与情怀。他虽然身在仕途，眼里仍然关注着商场上的人和事，加之当时社会上“实业救国”的呼声日渐高涨，这时的渠本翘开始把目光投向实业。

1903 年，渠本翘在得知山西商务局要拍卖晋升火柴公司的消息后，几经斟酌，决心抓住这一契机，投身实业。于是，他以五千块银元接管了濒临倒闭的官办太原火柴厂。后来，他又拉同乡太原天合元钱庄财东乔雨亭入伙，将公司更名为“双福火柴公司”（地址在今太原市三桥街）。双福火柴公司在渠、乔二人的苦心经营下，发展势头良好，很快扭亏为盈。特别是从日本购回新式排杆机后，生产效率大幅提高，盈利也大增。到民国初年，公司资产总值积累达 20 万银元。后来，双福火柴公司由于受到外国资本侵入的压迫，又受国内战事和晋钞贬值的影响，生产和销售陷入困境，最后被西北实业公司收购，改为西北火柴厂。

“双福火柴公司”是山西出现的第一家民族资本企业，被视为山西资本主义近代工业的先驱，渠本翘也因此被认为是山西实业界“第一个吃螃蟹的人”。

19 世纪末 20 世纪初，帝国主义列强掀起了一股瓜分中国的狂潮。山西素以煤铁资源丰富著称于世，帝国主义早就觊觎已久。1896 年，有个叫罗沙第的意大利绅士在中国进行一段时间的神秘考察之后，酝酿出一整套掠夺山西煤炭的计划。1897 年，他返回欧洲精心策划组织，在英国注册成立了英意联合的福公司。福公司一经成立，就把山西矿产开采权作为猎取对象。福公司买通了曾写《老残游记》的刘鹗，由刘鹗在其中周旋，征得山西巡抚胡聘之的同意，签订了《请办晋省矿务借款合同五条》和《请办晋省矿务章程二十条》。这两个条约的签订，胡聘之和刘鹗把山西的采矿权以极低廉的价格出卖给了英国的福公司。消息一经传出，三晋大地即引起了一场轩然大波。山西大学堂数千名学生上街游行，包围了巡抚衙门。海外的晋籍留学生李培仁感到救国无望，在日本跳海自杀。李培仁之死，引起了国内强烈震动。1906 年重阳节，他的遗体被保矿人士运回国内，在太原海子边举行公祭。之后，太原进行了数万人的大游行，保矿运动达到了高潮。在太原群众争矿集会上，渠本翘代表绅商登台演说，明确表态与山西父老一道收回矿权。同时，他与刘笃敬等为代表的资产阶级上层人士商讨收回矿权后的对策，并将废约争矿目标锁定为“赎矿自办”。英国福公司慑于山西民众抵触情绪和斗争力量，决定放弃采矿权，但山西必须缴纳高额的赎银。关键时刻，渠本翘率先发出筹款的倡议，得到了许多富户的响应。热衷于近代商业投资的山西实业人士开始酝酿筹建保晋矿务公司，“保晋”即保护山西矿产资源之意。1907 年春，经清政府批准，山西商办全省保晋矿务有限公司正式成立。商界人士一致公推渠本翘为总经理，总公司设在太原海子边，并在平定、寿阳、大同、晋城、石家庄、保定、北京等地设立分公司或分销处，统掌山西全省的煤炭开采和销售业务。1909 年元月 9 日，在经过反复交涉后，保矿人士终于在北京与福公司签订《赎回开矿制铁转运合同》，福公司将赎矿银定为 275 万两，同意交出对山西矿产资源的开采权。作为保晋公司总经理，也是人们公推的谈判代表，渠本翘亲历了赎回矿权的全过程。按照合同，保矿人士必须在 1909 年 2 月 10 日前交付赎银的一半——137.5 万两，其余的三年内交清。

《赎回开矿制铁转运合同》的签订，标志着山西保矿运动的胜利。在人们为收回矿权欢呼之时，渠本翘默默地承担起巨额赎银的筹措事宜。为了在短短一个月之内凑足 137.5 万两现银，渠本翘以保晋公司名义向社会各界劝募认股，并积极募捐。此外，他还以地亩捐作保，代政府向各票号借款 100 余万两，最终顺利赎回了被洋人攫取的采矿权。保晋公司的同仁们深知矿权得来不易，发展民族工业肩上责任重大。为确保晋矿国有，在保晋公司几次修订的章程中，都明文规定：“本公司惟收华股，不收洋股。附股者如私将股票售与外人，经本公司查知，或经他人转告，立将所入之股，注销不认。”这条规定充分表明了保晋公司反帝爱国

保晋公司股票

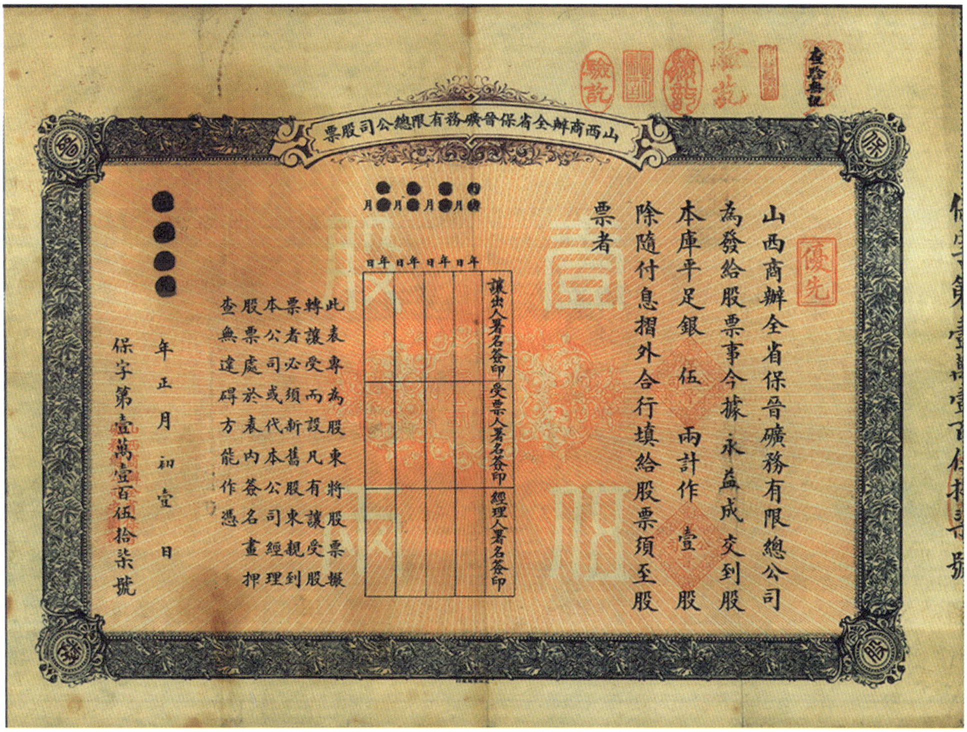

的坚定立场，同时也表明了公司与出卖民族利益之辈们决不妥协的鲜明态度。

辛亥革命太原新军首义

武昌起义揭开了辛亥革命的序幕，也敲响了清王朝的丧钟。仅仅19天之后，千里之外的太原也响起了起义的枪声，成为继长沙、南昌、西安后第四座响应武昌起义的城市。如果说南方诸城市属于清王朝统治的薄弱环节，相对容易酝酿革命，那么，太原作为拱卫京城的战略要地，与北京距离很近，是清廷自认为牢固可靠的后方，革命力量薄弱，所以太原起义的难度要远大于武昌起义。而太原燃起了革命烈火，也正说明了清王朝根基发生了根本性动摇。

太原起义军总司令姚以价

太原起义与武昌起义南北呼应，给清王朝极大的震撼和致命打击。1911年10月10日，武昌起义爆发，随后湖南、陕西两省积极响应，宣布起义。山西革命党人也“群思起义”，加快太原起义的步伐。听闻武昌起义及各地纷纷举起义旗的消息，刚刚调任山西巡抚的陆钟琦颇感紧张，立即召开军事会议筹划对策。10月25日，陆钟琦命令平阳总兵谢有功加强对黄河的防守，预防陕西革命军进入山西。此时，陆钟琦认为新军中“海归”人员情况复杂，思想激进，恐其乘乱生变，准备将新军调到省城太原以外驻防，调分驻各地的旧军巡防营集结太原驻防，守卫巡抚衙门和弹药库等要害部门。于是，陆钟琦令新军第八十五标开拔晋南风陵渡，第八十六标开拔晋北雁门关，而且必须在10月28日前离开太原，违令者“砍头论处”。另外，陆氏设法赶紧将山西原有的五千支德国造新枪调拨三千支运往河南。

辛亥革命时的阎锡山

局势十分危急！阎锡山、温寿泉、赵戴文、南桂馨、乔煦等人连夜在五福庵黄国梁寓所召开紧急会议，决定提前起义。会后，黄国梁、南桂馨率八十五标本部前往祁县等候太原起义的消息，李成林在巡警队中传达起义命令，张树帜到驻在城外狄村的第一营、第二营传达起义命令，并同第一营、第二营同盟会员苗文华、张煌、王嗣昌等商讨具体方案。他们一致推举胆识过人、颇具指挥才能、精于军事学科的八十五标第二营管带姚以价为起义军司令，姚慨然应允：“吾虽薄德鲜能，但值此革命紧要时期，只有当仁不让。”1911年10月29日凌晨，第八十五标第一营、第二营一千余名官兵在太原狄村军营誓师，姚以价发布《子夜宣言》，痛斥清王朝的腐朽专制，申明军纪并布置作战任务。之后，姚以价亲自率领革命军快速抵达新南门，隐蔽在城门西边的吊桥下和城壕、护城河的低洼处。拂晓之际，起义军集结到城门。清道队长杨沛霖和李成林在城内呼应，协助门卫迅速打开城门。侦探队长马孔清迅速派人用铡草的铡刀砍断通往京城的电话线。随后，各营兵分两路，姚以价率一路沿着海子边、桥头街、柳巷、楼儿底、北司街，直奔抚衙大门，成功攻克抚署，夺取子弹库、藩库和大清银行等要害处。陆钟琦及其子陆光熙、协统谭振德等人被革命军击毙，巡抚衙署被起义军控制。第八十五标督练官苗文华率另一路进攻满洲城，满洲城的守兵正在酣睡，听到枪声后，慌忙起来拼命抵抗。苗文华进攻受阻，张煌遂命炮兵营将炮位架在小五台附近的城墙上，满洲城守尉增禧竖起白旗，缴械投降，起义部队攻占满洲城。至此，太原城内重点战略目标和公共设施完全掌握在起义军手里，太原起义宣告成功。中午，咨议局召开会议，推举阎锡山为都督，温寿泉为副都督，杜上化为总参议，姚以价为东路军总司令，成立山西军政府。随即，军政府出榜安民，通电全国，宣告太原光复。军政府当日改

太原首义门

新南门为首义门，因此后人也把太原起义称作太原首义。

整理中国近代社会那段新旧交替的历史记忆，辛亥革命中太原起义绝非偶然。1905 年 8 月 20 日，孙中山在日本东京成立了中国同盟会，提出“驱除鞑虏，恢复中华，创立民国，平均地权”的革命纲领。山西留日学生中具有资产阶级革命思想的一批人纷纷入会。同年，同盟会山西分会在东京成立，分会干事先后由谷思慎、王用宾、荣福桐担任。至 1906 年，在日留学生中，山西籍同盟会员人数居北方各省之首。其中，阎锡山、温寿泉、张瑜、乔熙四人成为同盟会中仅有 28 位成员的秘密军事骨干组织“铁血丈夫团”的成员。这些同盟会员在归国返晋后，大多到山西新军中任职，取得了实际的领导权，为太原起义的胜利奠定了坚实的军事基础。

1906 年，山西分会派遣一部分人回晋，做好舆论宣传和兵运工作。先期回到太原的景定成与何澄，在山西大学堂发表革命演说，宣传同盟会纲领和革命思想。后来，景定成又与同乡李鸣凤创办回澜公司，名义上经销药品，实际是负责传送进步书报及与革命人士接头。

1907 年，由回国的山西留日学生在太原创办的同盟会机关刊物《晋阳公报》，是山西的第一份民办报纸。该报与北京《国风日报》遥相呼应，用通俗流畅的文笔介绍新思想，评论时政，巧妙地揭露清政府的腐败与黑暗，极受民众之欢迎。《晋阳公报》不仅是宣传革命的重要喉舌，同时报馆（遗址在今太原五一路 54 号）也是同盟会员进行革命活动的场所。此时的太原已经成为同盟会在山西进行革命活动的中心，有桥头街基督教浸礼会、宁化府五台会馆、《晋阳公报》报馆等主要联络点。为扫除革命的障碍，同盟会充分利用《晋阳公报》的舆论作用，将山西巡抚丁保铨及其助手夏学津夫人的桃色新闻和政治黑幕公布于众，最终导致丁保铨降职调离山西，夏学津等人革职查办。

此外，阎锡山等人抓紧对清新军官兵的争取。阎锡山出任第八十六标标统后，即在本标和第八十五标中淘汰了一批“老营混子”，提拔了一批同盟会员充任各标的教练官、军需官和管带。之后，为使新军更易掌握，并能成为有朝气有战斗力的革命武装，阎锡山又向山西省当局提出在山西实施征兵制的建议，得到了允准。实行新兵制后，新军全协人数十分之六为新征的山西农工青年，同时也撵走了十分之六的外省籍“老营混子”,使新兵与旧兵的比例有了很大改变。后来,阎锡山、黄国梁又借整理军队之机，各挑选两标优秀士兵成立了一个模范队。这支队伍“名义上作训练的表率,实际上作起义的骨干”。太原首义前夕,阎锡山等还采取措施,妥善地处理了旧兵退伍问题,使在部队中发展的同盟会员和培养的中下层骨干力量得以保留，在以后的太原首义中发挥了重要作用。

太原起义是辛亥革命的重要组成部分,不仅时间较早,而且在整个民主革命进程中起着举足轻重的作用。它推翻了清廷在山西的统治,使晋、陕两省的革命势力连成一片,还截断了反扑湖北武昌起义的清军退路。特别值得一提的是,太原起义在清政府肘腋之间发动,起义难度非常大,对清王朝统治构成严重威胁,在全国产生了深远的政治影响。孙中山先生 1912 年视察太原时，高度评价太原起义:“去岁武昌起义,不半载竟告成功,此实山西之力……使非山西起义,断绝南北交通,天下事未可知也。”

孙中山视察太原

20 世纪初,中国开始进入一个风雷激荡、沧桑巨变的时代。孙中山领导的资产阶级民主革命浪潮汹涌澎湃,清王朝像一艘千疮百孔、日渐下沉的破船,终于被革命的惊涛骇浪所吞没,在中国存在两千多年的封建帝制随之烟消云散,中国革命开启了新的航程。

1911 年 10 月 10 日,武昌起义的枪声划破历史的苍穹,敲响了清政府及两千年帝制的丧钟。在起义胜利的欢呼声中,民主革命的烽火很快燃遍全国,各省纷纷独立。这时,建立一个统一的中央政府,以领导全国的革命斗争,成为人们的迫切要求。长期在海外组织革命斗争的孙中山,在革命党及民众中享有极高的威望,成为新政府领袖的不二人选。

1912 年 1 月 1 日,孙中山在南京宣誓就任临时大总统,宣布中华

民国成立并组成南京临时政府。然而，英、美、德、日、俄等帝国主义国家支持北洋军阀袁世凯，对新政府施加压力，革命党内部也发生意见分歧，使南京临时政府举步维艰。迫于压力，孙中山于4月辞去临时大总统职务，把政权交给了袁世凯，表示要“舍政事，专心致志于铁路之建筑，于十年之内筑二十万里之线”。袁世凯委任孙中山为全国铁路总督办，将当年为慈禧太后回銮时所特制的豪华花车拨给孙中山专用，以便巡视全国路况。6月至7月间，袁世凯因内阁问题与同盟会发生冲突，为了调停党争并稳定局势，袁世凯邀请孙中山进京会晤，共商国是。孙中山认为“民族”“民权”两项任务已经完成，目前的重点应该致力于民生主义。为了调和南北矛盾、巩固民国基础、团结全国人民致力于国家建设，孙中山毅然北上，于1912年8月24日到达北京。9月10日，袁世凯授予孙中山筹划全国铁路全权，出任中国铁路总公司总理。获悉孙中山在北京，山西都督阎锡山及国民党山西支部、山西国民公会等各界纷致函电邀请，希望其能早日来晋视察。

山西矿产资源丰富，尤其以煤矿著名。19世纪与20世纪之交，在洋务运动的影响下，山西近代工业得以较快发展。为实现晋煤外运，推动本地经济发展，一条贯通晋冀的铁路——正太铁路也早已通车。

孙中山此行，主要为考察各地铁路、矿产和实业等情况，因此，对山西形势非常重视，接到函电后立即复电：“此次来京，本拟游晋，以领诸同志大教，乃先辱蒙电召，感激无似。一俟事竣，当即奉命。”阎锡山特派谷思慎、邢殿元、温寿泉、南桂馨、梁上栋等代表山西各界赴京迎接。9月17日，孙中山为了解正太铁路及山西矿产情况，联络各界发展铁路，乘专列离京南下赴晋考察。为此，袁世凯派程克等护送孙中山到晋，并派钱锡麟率军警护送至娘子关，山西派景定成和二百名卫士专程到石家庄迎接。

9月18日下午5时，专列抵达太原火车站。火车站内外，一直到新南门内大街，都被欢迎孙中山的各界群众挤得水泄不通。学生手执彩旗，高唱歌曲，乐队奏军乐，群众欢声雷动，向孙中山脱帽致礼，高呼：“中山先生万岁！”《申报》对当时欢迎场面做了这样的报道：“抵太原府，鸣炮奏乐，迎之者有军士六千人，国民无数，各街道皆结彩。”当晚，孙中山下榻于皇华馆行辕（今海子边皇华馆邮局宿舍），并与都督阎锡山促

1912 年 9 月 19 日山西同盟会支部欢迎孙中山

膝长谈。阎锡山讲述了辛亥太原起义的过程，孙中山则高度赞扬和肯定太原起义对于推翻晚清专制政府、建立共和所起的重大作用。

9 月 19 日上午 10 时，太原各界数千人在山西大学堂召开欢迎大会，孙中山作了热情洋溢的演说，高度赞扬山西响应武昌起义，阻止清军南下的功绩。他说：“去岁武昌起义，不半载竟告成功，此实山西之力，……使非山西起义，断绝南北交通，天下事未可知也。然古来破坏甚易，而建设甚难。”在太原短短的两天时间里，孙中山先后会见了山西农工商学界、山西同盟会、山西军界、山西实业界及各党派人士，发表了五次重要演说，这在孙中山的革命生涯中是不多见的。除在广州、上海、北京多次莅临考察、发表数次演讲外，孙中山到一地连续进行五次讲演，尚属首例。五次演说的主要地点是位于今太原市儿童公园文瀛湖畔的劝业楼，这是一座民族风格歇山顶式的二层建筑，是山西省地方政府为促进新政变革于 1905 年修建的。孙中山多次高度赞扬太原在辛亥革命中作出的重要贡献和山西革命党人的奋斗精神，提倡仿效西方，利用外资，开发矿产，振兴实业；充分阐述了民主共和的政治主张和民族、民权、民生“三民”主义思想，提出推翻帝制以后主要的目标是民生主义，即发展经济，改善人民生活；告诫人们“弱国无外交”，提倡发展经济，增强国力，提高中华民族的国际地位；强调建立强大的军队和国防，抵御外侮，阐明军队是国家的支柱、国防的依托，有好的军事思想才能以少胜多的道理；希望山西利用煤铁资源丰富的优势，“在山西设一大炼钢厂，制造最新武器，以供全国扩张武备之用”……在孙中山一系列讲话中，我们可以看出，他对当时国际国内形势有了更新的认识，在施政方略和经济改革方面的思想不仅先进而且切合实际。

1912 年 9 月孙中山与阎锡山合影

21 日上午 9 时，孙中山乘车离开太原。由行辕到新南门直至车站一带，欢送的群众比 18 日欢迎的群众有过之而无不及。孙中山先生见此场面，甚为感动，上车后再三地说：“山西以素称闭塞的省份，革命竟能如此神速，今所见者都是新气象，且有天赋之煤铁资源，山西前途不可限量。”

孙中山在太原视察，是太原近代史上的一件大事。虽然只有短短三天时间，但他无论在讲演中，还是在与各界人士的谈话中，一再劝勉：“国民当注重实业，开发矿产”，并提倡“仿行西法，利用外国资本”。孙中山的主张，打开了太原人的眼界，深刻地影响了太原革命形势的发展，为太原近代工商业发展奠定了一定的思想基础，即使是在全面深化改革和实现中华民族伟大复兴的中国梦的今天，仍然具有深刻的现实意义和借鉴作用。

推行村本政治

当国民政府准备在全国推行“县自治”、革新国家基层组织机构时，远在山西的阎锡山推行其所谓全民民主实践——“村本政治”，已经有十年之久了。南京国民政府将其作为规范化的标准模式在全国推广，构筑全国乡村自治的制度体系。

阎锡山在其执政伊始，结合山西的实际，对传统的政治体制进行了深刻的反思。他认为，中国的传统政治“止求安民，不求用民”，善者不过做到不扰民，恶者则往往与民为敌，从而养成民众依赖性强，自治能力弱，性格守旧不知进取，只知道爱惜身家而不知道爱国，遇到危机，国家并非无人，但却没有可用之人。同时，他还认为，“吾国行政，向系疏阔不清、散漫无纪、政治无可循之轨道，机关乏完密之组织，偶有政策亦不能下逮民间。”在阎锡山看来，安民政治是一种旧时代的政治，进入民国新时代以后，必须实行用民新政治，而实现用民政治的途径就是建立严密的行政网。当时，中国人口比例中以农民为主，山西亦是如此。乡村是农民的主要生活空间。他要通过新的管理形式，改变传统行政弊端，就必须建立一种政令可以传达到农村的基层组织，从而能够将自己的权力渗透到每一村、每一户，甚至每一个人，以保证自己意志的贯彻与实施。基于这种理念，他提出了“把政治放在民间”的主张。

阎锡山推行的“村政”并非直接建构于自然村之上，而是在自然村的基础上实行所谓的“编村”，即针对自然村大小不一的状况，通过统一规划将自然村重新整合为一个较严密的政治共同体，以便政权对乡村的控制。1917 年 10 月，山西省署颁布《县属村制通行简章》，针对乡村社会的蜂窝状结构，在山西全省 105 个县的自然村基础上实行编村，

100 户为一村，共 40207 个村，将原有的自然村重新整合成较严密的行政村实行自治。该简章结合其他地方性法规，初步构建了乡村政权体制的框架和制度雏形，对乡村行政单位的编制、行政人员的厘定、财务制度，都作了明确的规定。“每编村人口不少于 100 户，不足 100 户者，即联合邻村，编成一编村。编村内以户口数多者为主村，以户口数少者为联合村。”“村民在三百户以下者，得察度情形，或一村设一村长，或指定主村联合邻村合设一村长，但联合村其距离主村不可太远。”“村长办理公务直接秉承县知事，以期简捷。”

1918 年 4 月，山西省署颁布《村编制现行条例》。11 月，又颁布了《修正山西各县村制简章》，在原来村长、村副之下增设闾长，其组织以 25 家为一闾，设闾长一人，住户多者按户增加。如因居住集中，不便分配，在 25 家以上，50 家以下，或不满 25 家者，亦得设闾长一人。凡村内编两闾以上者，其闾次应冠以某村第一第二闾等序数。不久，进一步公布了《改进村制条例》。村政中制订村禁约（即乡规民约），设立村民会议、村公所、监察委员会、考评委员会、息讼委员会、保卫团、经济建设董事会等各项合作组织。

至此，阎锡山在全省范围内建立了“村—闾—邻—农户”四级的村级组织管理体系和运行机制。这种管理形式的推行，使得山西建立了上下贯通、应用自如的行政网络，为其政策法令的贯彻执行奠定了组织基础。同时，客观上也规范了山西的基层政权建设，使基层行政体制由混乱逐步走向有序，农村社会秩序得到有效控制。

“村本政治”，是民国时期第一个在全省范围内对县以下基层社会进行系统变革和建设的社会政治经济举措，顺应了近代地方自治的发展潮流，取得了多方面的成效，在当时产生了极大的影响。1929 年山西省政府村政处根据驻地实察员的报告，对 1928 年全省各县办理村民会议、村禁约、息讼会、保卫团、男女失学儿童以及天足（从无缠足者）的情况进行了评估，并按总评成绩排列等次。其中，平均成绩 80 分以上的上等县一个，70 分以上的中上等县 20 个，60 分以上的中等县 40 个，50 分以上的中下等县 29 个，未满 50 分的下等县 14 个。由此可见，“村本政治”在开展过后确实在众多方面取得了一定的成绩。此外“村本政治”所规定的一系列制度形式，如直接民权制度、财务公开制度、村务监察制度，都是中国乡村制度史上前所未有的。虽然受政治、经济、文化、社会等诸多因素的制约，这些制度在实践中多流于形式，但制度本身是值得肯定的，对当今的中国农村村民自治制度建设也不乏可资借鉴之处。

“村本政治”的推行，备受社会各界关注。《中国地方自治》第一卷第七期所载《阎锡山与山西村政》一文称：“当时各省大小战争，此胜彼败，无时或息，兵燹之余，土匪猖獗，民不聊生。阎先生抱保境安民，不参与内战之旨，加以政治修明，民生富裕安康，无游民，无乞丐，民国十三年统计，全省劫盗案共十七件，人曰为‘世外桃源’，中外共誉为‘模范省’。”为此，南京国民政府把山西的做法当成蓝本，制定了全国地方自治制度。1928 年 9 月，国民政府颁布《县组织法》，“其第五、第六章关于乡村自治的规定，借鉴山西村制之处颇多”。然而，“村本政治”极端严密的行政网络体系和基层权力代表的士绅精英化，最终使军阀政府的官僚机构进入不断膨胀的恶性循环之中，不可避免地造成官僚腐败和权力失衡。在其推行过程中，过于注重政府的监督作用，忽视了对老百姓实际利益的考虑和自治能力的培养，使“村本政治”的意义和色彩大打折扣。

“村本政治”对民国以来山西农村政权体制产生了深远影响，在中国乡村制度发展史上有重要意义。但它未能从根本上改变农村社会的政治秩序和经济秩序，乡村社会权力依然集中在地主和乡绅手里，贫苦农民受压迫和被剥削的地位依然没有改变，这就注定了它必然失败的命运。

修建同蒲铁路

孙中山先生曾说过：“凡为铁路之邦，则全国四通八达，流行无滞；无铁路之国，动辄掣肘，比之痈痪不仁。地球各邦今已视铁路为命脉矣。”铁路作为人类近代文明的象征，它的出现，联通了乡村与城市、内地与边疆，不仅打破了人们狭小的空间和狭隘的视野，更为国民经济、国防建设和人民生活提供了重要保障。

太原铁路的历史是从清朝末年开始的。新中国成立以前，太原境内的铁路只有两条，一条为正太铁路，另一条为同蒲铁路。正太铁路是太原最早修筑的一条铁路，是在清末修成的。

正太铁路的修筑最早是由当时任山西巡抚的胡聘之提出的。胡聘之认为山西煤铁资源丰富，但交通闭塞，为方便晋煤外运，1896 年，他向清政府建议修建正太铁路并获准许。然而由于资金问题，修筑铁路的计划迟迟未能实施。1898 年，山西商务局通过与俄国华俄道胜银行磋商，达成协议，共同开发正太铁路。1899 年，双方签订了借款 2500 万法郎（约合白银 980 万两）的草约，规定年息 6 厘，限期 25 年还清。通车后，华俄道胜银行拥有该路赢利的 30%。由于 1900 年爆发了义和团运动，这项协议暂停实施。后来清政府收回正太铁路修筑权，由铁路督办大臣盛宣怀统筹办理。盛宣怀代表清政府和华俄道胜银行再次签约，借款 4000 万法郎，9 折交付，年息 5 厘，十年后开始还本，三十年归还完毕，道胜银行几乎全部控制正太铁路的路权。1903 年 2 月正太铁路准备开工时，清政府官员发现法国要用法式窄轨，当即提出反对。而法国以正太路“地势险阻、工程艰巨”为借口，坚持采用窄轨。外务部、盛宣怀以正太为芦汉分支，要“一气衔接”，坚持非修 1.435 米的宽轨不可。法国在勘测后提出，“若修宽轨需再追借一亿法郎”。而华俄道胜银行坚决不允再加借款，双方相持达一年之久。最后，清政府让步，正太铁路 1904 年 5 月全线开工。华俄道胜银行原本是俄法合资金融企业，当时正值日俄战争爆发，俄国自顾不暇，便把筑路权和经营管理权全部转让给法国。1907 年 10 月，正太铁路正式通车，成为山西历史上第一条铁路。它的开通，对进一步加强太原与外界的联系，促进太原经济的发展起到了积极的作用。

修筑同蒲铁路，是清政府邮传部 1897 年提出的。最初的设想是，以北京为中心，建设四大干线，其中的西干线就是将正太线和同蒲线连接再抵潼关，向西经兰州至伊犁。1902 年，山西巨商代表刘笃敬为收回英国福公司在山西的路矿权，曾要求建立太原至蒲州的铁路公司，并提出山西商办铁路计划。正太铁路开筑后，刘笃敬同在京的山西籍翰林院庶吉士解英格、吏部主事李廷扬等，向山西巡抚张曾扬建议，由本省绅商招股自造同蒲铁路。张曾扬采纳了此建议，奏请清光绪皇帝批准，于1907年2月成立"山西同蒲铁路有限公司"，晋籍甘肃布政使何福坤为同蒲铁路总办，雇用德国人赫礼克为勘路工程师，测定了太原—小店—徐沟—平遥的线路。然而，历经三年，同蒲铁路仅在榆次到北腰村之间修筑路基7.5公里，后又因辛亥革命爆发和筹资困难而停修。

1927年，阎锡山向国民政府提出修建同蒲铁路的要求被拒绝后，便决定依靠自己的力量修建。他先聘德国工程师为测量队长，花三年的时间，对全线进行了测量。德国工程师认为工程艰巨，费用浩大，建议修建窄轨铁路。1930年，由于中原军阀混战，阎锡山下野，修建同蒲铁路也随之停止。九一八事变后，蒋介石再次任命阎锡山为太原绥靖公署主任。阎锡山重掌山西政权，提出《山西省政十年建设计划案》，修筑同蒲铁路是其中一项重要内容。在修建同蒲铁路的计划之初，阎锡山与铁道部发生了争执。阎锡山执意要自己独立修铁路，拒绝向外国贷款，也不愿接受中央政府资助。铁道部则认为同蒲铁路应该由铁道部主办，以正太铁路盈余作为修路基金，并要求由榆次向南先修到太谷，计划延长到潼关，称为"太潼铁路"，还与法国签订9000万法郎的材料借款，作为修

1933年同蒲铁路开工典礼

筑“太潼铁路”之用。阎锡山认为中央势力想借此机会控制山西，这是他极不愿意看到的局面。于是，阎指使山西一些“民间团体”反对中央这项筑路计划，并弹劾铁道部长顾孟余向法国借款。迫于压力，南京国民政府最终同意了阎锡山的筑路计划。1932 年 10 月，太原绥靖公署设立兵工筑路局。1933 年 1 月 21 日，又成立晋绥兵工筑路指挥部，阎锡山任总指挥，同蒲铁路正式进入筑路阶段。

同蒲铁路修筑之始，阎锡山就阐明了修路的指导思想，“我愿此次修一最经济之铁路。何为最经济？即坚固与省钱两者兼顾是也。”以经济为原则，同蒲铁路的测量定线工作，用了将近六年（按：包括中原大战前的两次测量），有的路段测量三四次，甚至六七次，虽费时费力，却找到了经济合理的线路。如绕开石岭关、雁门关，另选新线，虽多走路程，却躲开了艰巨的谷桥、隧道、深挖、高填等工程，经费大省，效益大增。

在轨道的形式上，阎锡山参照国际标准轨和正太铁路窄轨，决定采用窄轨，而路基则按照宽轨标准修筑。在筑路之前，阎锡山曾按八种规格的铁轨分别比较测算，看哪种最为经济。他组织编辑了《山西省修筑窄轻轨铁路之理由》上报南京政府铁道部。

同蒲路开通后第一批火车司机

为了尽快实现经济效益，同蒲铁路在修筑过程中，实行“边修筑，边受益”的办法。每铺一个段路，无论站房及其他设施完成与否，均需因陋就简，先行办理营业。1934 年 5 月，太原至介休段竣工，7 月 1 日就正式营业，当年就运送旅客 76 万人次，运货 57 万吨；第二年原平至临汾段铺成，就运送旅客

27.5 万人次，运货 43.5 万吨。1935 年营业进款额为 178.64 万元，货运收入增加 78.7%，纯盈利 116.4 万元。

不拘一格任用人才，为修筑同蒲铁路提供了保证。在山西广为流传的“边尔旺修隧道”，就是其中一例。边尔旺是阎锡山家乡五台人氏，半路出家，当了和尚，此人孤寡一生，最大的爱好就是修路。他常常背着干粮义务修路，老百姓无不夸赞。后来，阎锡山出资整修窑头道路，就任命他做领工。北同蒲铁路有一段隧道叫段家岭隧道，全长 384.7 米，施工难度非常大。阎锡山又一次想起了边尔旺。边尔旺不负厚望，按期完工，阎锡山就把段家岭隧道命名为“尔旺洞”，并由省政府秘书长宁超武题字，镌刻成碑，嵌于隧道南口上方。

抗日战争爆发后，同蒲铁路被迫停工。后来，日本侵略者因战争需要，强迫民工修通了大同至宁武路段和宁武至太原路段。从 1943 年起，面对抗日军民的不断抗击与破袭，日军控制的北同蒲线仅能勉强通车。解放战争期间，人民解放军和民兵对北同蒲铁路进行了有计划的破袭，大同至忻县间桥梁、车站站房以及钢轨、枕木、电线杆、电线全被拆除；忻县至高村间的枕木全部被烧毁，钢轨被运走，路基分段被挖断、炸毁，北同蒲铁路陷于瘫痪。新中国成立后，修复改造后的同蒲铁路全线通车，成为晋煤外运的主要干线之一。

同蒲铁路以太原为中心分为南北同蒲，是纵贯全省的南北交通大动脉。它北可以联络平绥，南可以衔接陇海，东经正太以通平汉，西由太碛以达黄河，对于推动太原的经济、政治、社会各项事业的发展，促进晋冀豫陕蜀的联络都有非常重大的意义。

西北实业公司之兴衰

西北实业公司是山西公营经济的集大成者，也是民国时期山西经济建设的一个巨大成就。它属于山西官僚资本的重要组成部分，是当时

复杂的社会矛盾、民族矛盾和阶级矛盾相互交织的结果，也是旧中国特殊历史条件下的产物。

1930 年，阎锡山联合冯玉祥、李宗仁等各方面势力，发起旨在挑战蒋介石中央政府及国民党中央的中原大战。半年后，中原大战以蒋介石获胜告终。有着“政坛不倒翁”之称的阎锡山下野后避居大连。他一面总结自己的从政经验，一面遥控山西军政大局，伺机而动。九一八事变后，面对内忧外患，在抵御外侮的旗帜下，蒋介石捐弃前嫌，任命阎锡山为太原绥靖公署主任，阎锡山东山再起，重掌山西大权。复出后的阎锡山，为了通过发展经济维护其统治，也为消除蒋介石的猜疑，遂提出“造产救国”、“建设西北”等口号，并亲自主持编制了《山西省政十年建设计划案》。创办西北实业公司，就是实现《山西省政十年建设计划案》的一个重要而关键性的步骤。1946 年 4 月，阎锡山在为西北实业公司（后改称西北实业建设公司）本部创办的《西北实业》月刊题写的“发刊词”中提到：“远自九一八事变之后，国家即陷于严重的困难当中，我认为国家民族到了这种危险的地步，将来不知作何了结。鉴于古人‘未雨绸缪’的话，如果今日仍然没有确定自强的计划，实不足以言救亡图存。因此我曾向中央四届一中全会，提出中国自强计划案，并本此编定本省十年建设计划案。这个计划中规定有发展公营事业一项，因为要从事建设，非从公营事业着手，则很难成功。西北实业公司的成立，就是这个计划实施的一部分。”

1932 年，刚刚复出的阎锡山，向蒋介石表示不再制造军火、扩充实力，并把太原修械所的太原兵工厂部分改为壬申制造厂，原生产军火的各厂改为壬申一至六厂，将山西火药厂部分改称壬申化学厂。此外，他把太原汽车修配厂、太原育才炼钢机器厂也改为生产民用产品的工厂。

1933 年 8 月 1 日，“西北实业公司”正式成立，阎锡山自任公司总经理，地址在太原城内北肖墙 1 号，其建设资金主要是靠省政府“筹集”，机器设备大部分由国外购进。公司所辖企业有特产、矿山、纺织、化工、冶金、机械等工业企业。除机械工业外，其他企业都是阎锡山重新上任后新建的。1934 年 9 月，机械工业的壬申各厂也都作价归西北实业公司所有，改为西北实业公司各分厂。炮厂改名为西北机车厂，炮弹、炸弹厂改名为西北农工器具厂，铜壳厂改名为西北水压机厂，冲锋枪厂改名为西北机械厂，枪厂改名为西北铁厂，太原汽车修理厂改名为西北汽车修理厂。原机枪、熔模、木模、锻造四个厂合并为西北铸造厂。育才炼钢机器厂改名为西北育才炼钢机器厂，主要生产民用产品。到抗日战争全面爆发前，西北实业公司所辖企业达 26 个，其中在太原的企业有 23 个。这些企业在不断扩大民品生产的同时，并没有停止军火的生产，只是由于民品生产的相对增加而使其在整个军火生产工业中所占的比重不断下降而已。据统计，到 1937 年 11 月太原沦陷为止，西北实业公司属下的军火生产厂所生产的军火就足以装备 30 个步兵师和 4 个炮兵

民国时期西北实业建设公司所属各厂分布图

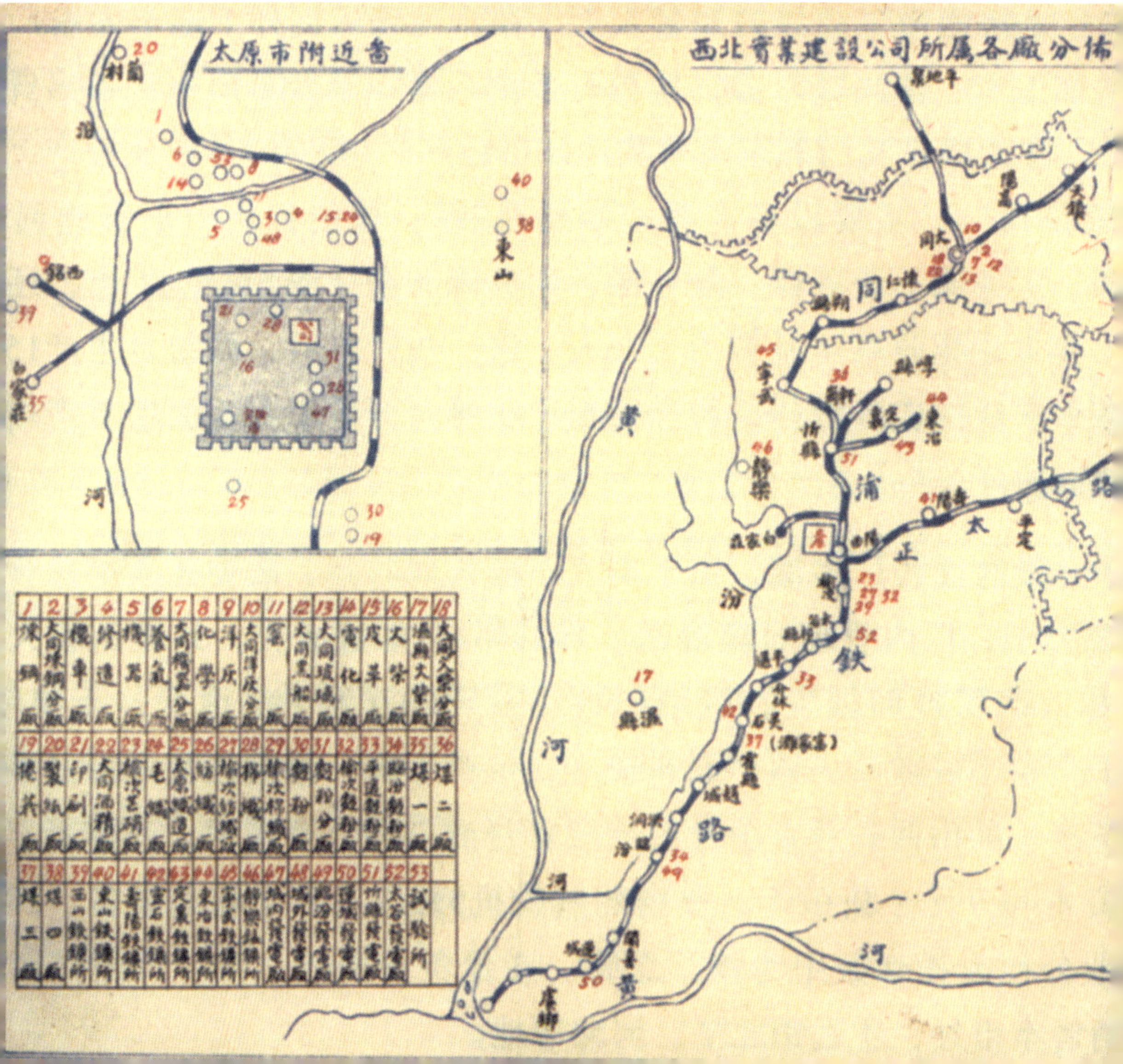

太原织造厂工作现场

师。这在民族矛盾上升为中国社会的主要矛盾、中华民族面临亡国危机的历史关头，起到了增强抵御外侮能力的作用。

1936 年，阎锡山实行“包干”办法，将公司各厂分为集中经营与独立经营两大部分。集中经营部分多为轻工业，独立经营部分多系军火工业。实行这一办法后，公司在 1936 年年终结算，已有 78 万元之纯余。到卢沟桥事变前，公司经营各种工矿企业达 35 个，资本数额达 2000 多万元，共有职员 2051 人，工人 18579 人。据国民政府 1928 年至 1936 年全国“最重要工业”的统计，1936 年全国有产业工人 405509 人，西北实业公司占 46.9%；而机器业工人更是占到全国机器业工人总数的 40%，机器业资本占到全国的 60%。

这个阶段是西北实业公司发展的“黄金时期”，作为太原钢铁（集团）公司前身的西北炼钢厂，也兴建于这一时期。其规模之大、设备之新、投资之多，为西北实业公司所建的 30 多个厂之冠。西北炼钢厂从 1934 年筹建到 1937 年基本建成，历时三年，从采矿、炼焦、炼铁、炼钢到轧钢“五脏俱全”，是当时全国较大的新式炼钢厂。然而，炼钢厂未及投产便落入日寇之手，成为其以战养战、扩大侵略的重要生产基地。

日军进攻山西时，飞机轰炸太原，西北实业公司生产无法维持，阎

西北洋灰场

锡山开始部署准备搬迁。然而由于日军进逼，运走的设备和原材料不足全部财产的 2%，其余全部落入敌手。其中较好的设备全部被拆卸装箱，运往东京、大阪和中国东北、平津，共计被掠走切削设备、化工设备、冶炼设备、锻压设备、动力设备等 4000 余部，先进设备全部被拆卸一空，3900 余间厂房被炸平，西北实业公司从此跌入低谷。

抗战胜利后，阎锡山赶回太原，接手了被日寇侵占的西北实业公司各厂矿（包括日军占领期间强占的私营工厂，这些私营工厂在日占时期曾一并划入西北实业公司），公司本部设在太原市典膳所 10 号。由于“军管理”期间，日寇对各厂矿企业的破坏，西北实业公司生产能力大幅下降，1945 年至 1946 年间，公司月生产量仅为战前的 75.1%。即使是这样的生产水平也没有维持多久，解放战争爆发后，西北实业公司更难以为继，最后不得不停产。阎锡山见大势已去，将部分机器运往台湾。随着太原解放，阎锡山费尽心机、苦心经营多年的官僚资本全部回到人民手中，衰败不堪的西北实业公司在人民政府的管理下，开始踏上新的征程。

傅作义守太原

1937年11月8日，是一个让所有太原人都刻骨铭心的日子。这一天，日本侵略者的铁蹄无情地踏破太原的城门，在这片古老的土地上肆意践踏，疯狂掠夺，开始了长达八年的殖民统治。八年的时间，对于一座拥有两千多年建城史的古城而言不过是短短一瞬，但那段带有殖民色彩的印迹，几经世事变迁却永远留在人们的记忆深处。

七七事变爆发后，日寇占领华北重要军事、政治、经济中心平津地区，华北大门打开。他们自信地认为，只要在华北的决战取得重大胜利，中国势将屈服。为了掌握整个华北战场的主动权，日寇把目光投向素有“华北屋脊”之称的山西，决定进行华北会战，妄图“一个月拿下山西全省，三个月灭亡全中国”。在此民族存亡之秋，晋绥军、八路军与中央军密切配合，以保卫太原为中心，与日本侵略者展开了一场抗战时期华北战场上规模最大、战斗最激烈、持续时间最长、战绩最显著的“太原会战”。这场战役大量消耗了日寇有生力量，牵制了日寇沿平汉铁路南下的作战行动，粉碎了日军不可战胜的神话，极大地鼓舞了中国军民的抗战信心，提高了中国共产党及人民军队的威望，推动了全国抗日运动的发展。不过，在日寇飞机、大炮、化学武器、坦克、装甲车等现代化装备占绝对优势的条件下，中国军队最终未能阻挡住侵略者的脚步，娘子关、平定、阳泉相继失守，太原屏障尽失。坚守太原，成为此会战的最后一战。

早在忻口战役激战之时，阎锡山就开始在太原绥署东花园中和斋召开第二战区司令部高干会议，研究太原保卫战的战略部署。卫立煌、黄绍竑、孙连仲、赵戴文、傅作义等出席了会议，中共代表周恩来列席了会议。太原作为山西首府及工商业和金融业中心，正太铁路和同蒲铁路在这里交汇，四面八方的公路在这里汇聚。而且，阎锡山苦心经营山西二十多年，使山西具有雄厚的经济基础，拥有较为完备的工业体系。可

傅作义像

以说，太原是阎锡山毕生所经营的官僚资本集中地，其政治、军事和经济意义都是显而易见的，因此，阎锡山决不甘心把太原拱手让给日本人。然而，面对战斗力较强的十万日军的三路进攻，太原失守其实只是个时间问题。在讨论过程中，第二战区司令部发生了分歧，副司令卫立煌认为太原孤城难守，另一位副司令黄绍竑欲保存实力，回避作战。在阎锡山的坚持下，第二战区司令部命令素有“守城名将”之称的傅作义为太原城防司令，担当起守卫太原的重任；同时命令卫立煌率忻口退下的中央军，陈长捷率晋绥军第六十一军，分别占据太原东西两山地区，作“依城野战”，协助傅作义固守太原。

所谓“依城野战”，就是以一部分兵力守城以吸引敌人，大部分兵力在太原城外合围，最后将敌人聚歼于太原城郊。阎锡山计划“利用太原四周既设阵地线，实行依城野战，以阻敌前进，消灭其兵力，待我后续兵团到达，再施行反攻夹击而聚歼之”。

傅作义是山西荣河（今山西省万荣县）人，十五岁时从家乡考入太原陆军小学，1912 年由太原陆军小学保送入北京清河镇第一陆军中学，1915 年升入保定军官学校。毕业后回到山西，参加阎锡山的晋军，为晋军屡建战功。1927 年在国民军宋哲元部的猛攻下，他坚守天镇三个月。北伐战争中，他奇袭涿州，在奉军的包围下以不足万人的孤军死守涿州百日，为晋军赢得善守之名。1931 年傅作义将军开始兼任绥远省主席，1933 年参加长城抗战，1936 年领导绥远抗战，名扬全国。由于有着天镇、涿州两次成功的守城战例，无论阎锡山还是他自己，对保卫太原还是有一线希望的。

按照作战部署，傅作义指挥第三十五军、独一旅、第二一三旅、第七十三师等担任守城任务；卫立煌指挥的中央军和陈长捷指挥的第六十一军分别占据太原东西两山地区，利用有利地形，侧击敌人侧背，配合守城部队歼灭敌人；黄绍竑则指挥从娘子关退下来的部队阻击西进之敌，掩护守城部队侧背之安全；到达黎城的汤恩伯率军向榆次附近推进，与太原附近的部队夹击敌人，确保太原安全。

军事会议后，傅作义集结守城部队进行作战部署，然而实际兵员不过万余人，要在周围四十里的太原城圈布防，着实让这位战功卓著的将军捉襟见肘，而且以上这些部队大部分是新编部队或拨补的新兵。同时，傅作义对其他部队在使用上又多有顾虑，不那么得心应手。面对困境，傅作义只有将自己的王牌也是他一手打造的第三十五军放在城防第一线，但是这支部队连续经过商都、平绥线、平型关、忻口几大战役，已元气大伤。当时每个团平均只有约 600 人，将绥远调来的 4 个民兵团全部补充进去，才算基本满员。他先在东城墙和北城墙这两个敌军的主攻方向上，分别布防第三十五军主力孙兰峰旅和董其武旅，然后对其他城墙、城内、城外阵地、火车站、汾河东岸分别布防。

作战部署既已就绪，守军在 11 月 4 日黄昏即行封闭城门。封城之前，傅作义集结部队作动员讲话。他说："今天就要封城，我们守城，就比方人已经死了，躺在棺材里，光差盖盖啦。"

傅作义这番话表达了自己与太原城共存亡的决心，给守城将士以极大鼓舞。另一方面，他却没想到，这话激起了一些贪生怕死之辈的求生欲望，一些士兵和军官在封城前相继溃逃。

面对眼前的一切，傅作义深感悲哀。在激战前夜，他给大哥傅作仁留下了一封遗言式的信："我奉命在平绥线担任前敌指挥，虽经国军浴血奋战，仍未能阻止日寇的疯狂进攻。目前战火已烧到太原附近，我已奉命担任太原城防司令，肩负保卫太原之责。……作义自幼从军，戎马半生，只知为国为民，早置生死于度外，只要一息尚存，誓与日寇血战到底，为国捐躯，义无反顾。"

从这封信我们可以看出，傅作义已经预料到了这场战役的结局，但他已然做好了与太原城共存亡的准备。

4 日下午，卫立煌由忻口撤退下来，进太原城和傅作义见面。卫立煌不主张空守孤城，认为现在“依城野战”已不可能，只剩太原孤军守城，徒耗兵力，不会有什么好结果，不如改变计划，一同南下。但傅作义表示，守土抗战，军人有责。野战军在，太原当然要守。野战军走了，太原还是要守。至于后果，现在考虑不了那么许多。最后，在封城以前，傅作义将卫立煌送出城外。卫立煌给傅作义留下“相机撤退”的手令后，率领他的部队南撤。太原城中的居民也大多逃离了这座大难临头的城市。

此时，阎锡山原来的“依城野战”，一下变成了傅作义的“孤城应战”。

11 月 5 日，日军板垣师团侵入阳曲，另一部分也进至呜谦、呜李一带，并向小店镇、太原县、清源县推进，对太原形成南北夹击之势。日军开始有计划地空袭太原城，以配合步兵行进。

11 月 6 日清晨，沿同蒲铁路南下的板垣征四郎挟着一路的硝烟来到太原城外，与守军开战。日军从东、北、西三个方向包围太原，城墙外围守军全部捐躯。日军炮兵在飞机指示目标下，从四周高地向太原猛烈炮轰。在日军火力的集中轰击下，东北段城墙逐渐被打成缺口，崩落的碎砖土块在城下摊成斜坡，守军连夜封堵修复缺口。日军飞机还在这一天撒下传单，扬言将在次日早晨开始进攻，要求守军投降、第三方人员迅速出城，等等，气焰嚣张至极。与此同时，潜伏在城内的汉奸敌特也不断展开破坏活动。

11 月 7 日，日军开始猛烈进攻太原城，步、炮、空协同作战，先以优势火力将城东北角炸开一个缺口，然后，步兵在飞机、坦克的掩护下猛攻城墙，守军四一九团将士奋力反击，给敌人以重大杀伤。日军继续向城内冲锋，守军与日军展开肉搏战，双方伤亡惨重。后来，日军又在黄昏时调集精锐，加强兵力，再次发动强攻。守军全力阻击，终于在兵员伤亡殆尽，援军一时调集不到时，被一股日军（约一个营）突入城内，占领了小教场（东北城角以内地区）的炮兵营盘。这个炮兵营盘，孤立在北城墙下面，东西南三面都是平坦开阔的操场，在白天中国军队不易接近，日军也很难向外扩张，同时双方炮兵都不能发挥作用，双方就在对峙中度过了一个不眠之夜。这天晚上，傅作义亲自登上城墙巡视，以激励士气。就在将士们同仇敌忾浴血奋战的时候，第三十五军副军长曾延毅率领一些侍从来到大南门，命令守军搬开沙袋，从一个狭小的缺口中仓惶出

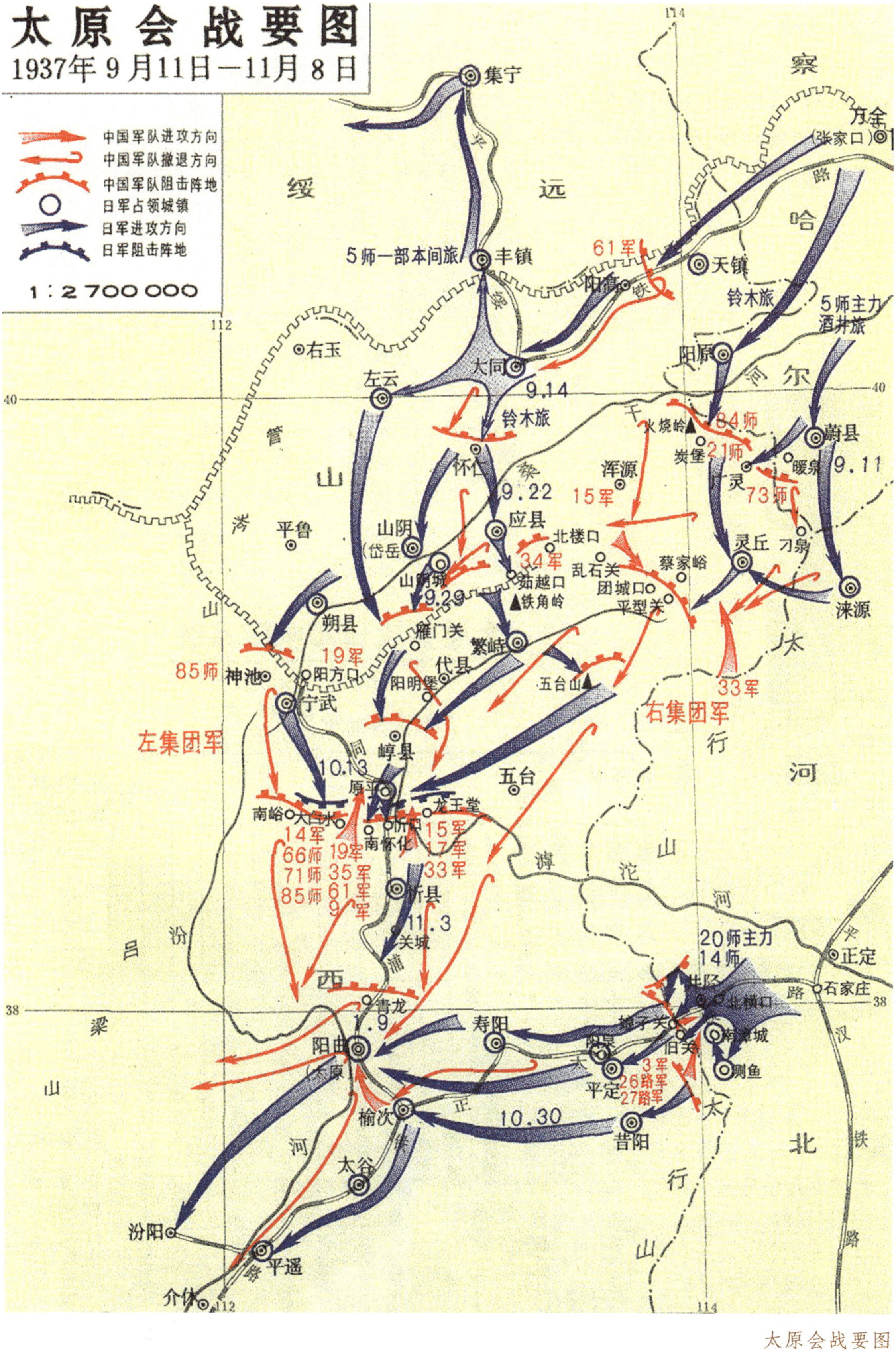
太原会战要图
1937年9月11日—11月8日
中国军队进攻方向
中国军队撤退方向
中国军队阻击阵地
日军占领城镇
日军进攻方向
日军阻击阵地
1:2 700 000
集宁
丰镇
5师一部本间旅
大同
左云
右玉
平鲁
朔县
神池
宁武
阳方口
雁门关
代县
繁峙
五台山
五台
崞县
原平
忻口
南怀化
龙王堂
南峪
大白水
忻县
关城
青龙
阳曲
（太原）
寿阳
阳泉
娘子关
旧关
南障城
测鱼
平定
昔阳
榆次
太谷
平遥
汾阳
介休
石家庄
正定
井陉
北横口
天镇
阳高
阳原
万全
（张家口）
蔚县
广灵
灵丘
涞源
浑源
应县
山阴
（岱岳）
山阴城
怀仁
茹越口
铁角岭
北楼口
乱石关
团城口
平型关
蔡家峪
火烧岭
炭堡
暖泉
刁泉
阳明堡
铃木旅
5师主力
酒井旅
20师主力
14师
61军
84师
21师
73师
15军
34军
33军
19军
85师
左集团军
右集团军
14军
66师
71师
85师
19军
35军
61军
9军
15军
17军
33军
3军
26路军
27路军
9.14
9.11
9.22
9.29
10.13
11.3
11.9
10.30
绥远
察哈尔
管涔山
吕梁山
汾河
滹沱河
太行山
河北
平绥铁路
同蒲路
正太铁路
平汉铁路
112
114
40
38

太原会战要图

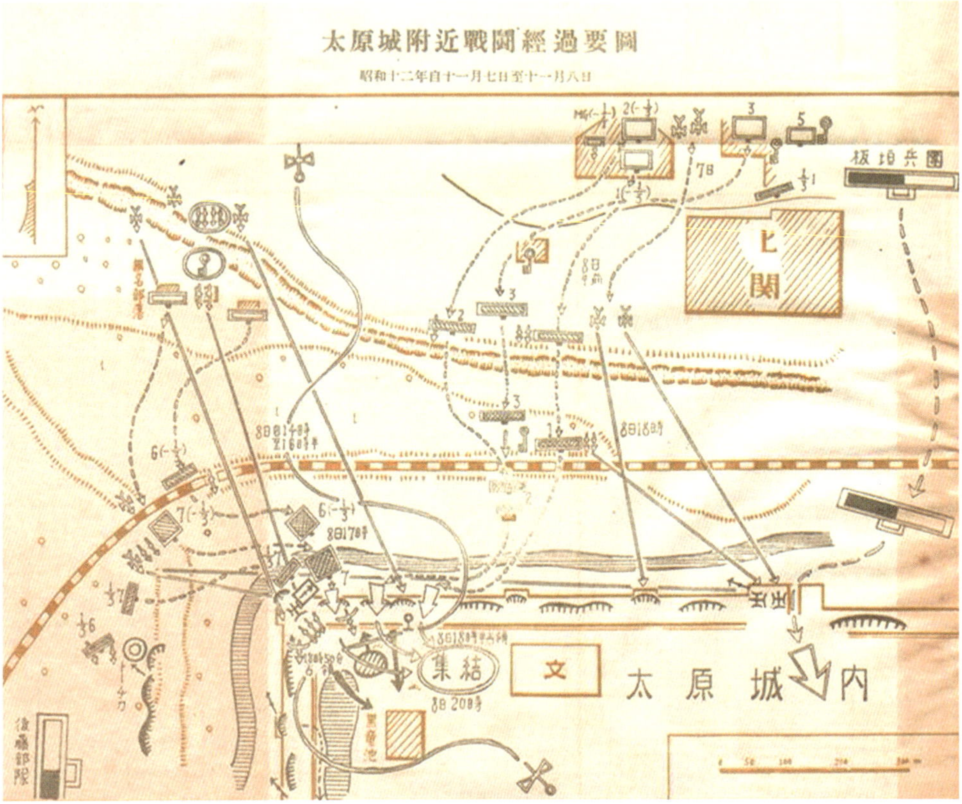

侵华日军绘制的太原城西北隅战斗经过要图

1937 年 11 月 8 日太原失陷。图为从太原北门入城的日军

日军占领时期的太原街景

逃。戒严副司令马秉仁不甘落后，也乘着“李牧号”装甲汽车赶到大南门，从炮兵掩体钻出城外，落荒逃命。部分官兵听到消息，也弃城而逃。

11 月 8 日清晨，日军在飞机、大炮和装甲车的配合下，从东、北两面猛攻城垣，北城楼被击中，火焰弥漫，太原城陷入一片火海之中。9 时许，东北、西北两处城角被敌密集炮火轰塌，东、北两面城墙随后也被轰开十余处豁口，敌步兵在枪炮掩护下向城中猛冲。守卫在太原城内的中国军队，身陷焦土，誓死不退，一面拼杀攻城之敌，一面将城墙各口封锁，并逐巷肉搏，歼灭入城之敌。到入夜，日军突然向城内空降兵力，内外夹击，西、南两城区中国守军被敌击溃。中国守军经过四日血战，已寡不敌众。晚 21 时，傅作义见局势已无法挽回，只好下令让仅存的两千余将士由大南门突围，向晋南转移，太原于当日失守。千年古城从此在日本侵略者的殖民统治下痛苦挣扎。

傅作义收集残部撤出太原后，到达石楼休整，电请上级给予处分。阎锡山一度准备追究他失守太原的责任，因卫立煌下达过“相机撤退”的手令，加之蒋介石的反对而作罢。一年之后，由于在太原失守以及与共产党合作上与阎锡山产生隔阂，傅作义脱离晋军，接受蒋介石的任命，直到 1949 年北平和平解放。

山西大学堂创办

山西大学堂是清朝末期推行“新政”期间，改革传统书院、创新办学模式的产物，也是西学东渐过程中引进西方大学教育和进行文明采借的结果，更是打破近代学堂过多集中于沿海城市格局而在内陆省份建立的第一所大学堂。它与京师大学堂（今北京大学）、北洋大学堂（今天津大学）一道，开创了中国近代高等教育的新纪元，是中国最早真正实现中西贯通的大学，也是中国最早的三所国立大学之一。

鸦片战争以后，面对西方帝国主义的侵略，爱国的知识分子抛弃了封建统治者的传统偏见，迈出了向西方学习的脚步。1898 年，清光绪皇帝颁布“大学堂章程”，创办了京师大学堂。在维新运动的影响下，山西巡抚胡聘之奏请朝廷改令德堂为省会大学堂，书院山长改为学堂总教习，并按京师大学堂章程进行了一定的课程改革，迈开了山西省近代高等教育改革的第一步。1901 年初，岑春煊任山西巡抚后，时逢清政府实行“新政”，兴办学堂就是当时教育改革的一项重要内容。当年 9 月，清政府下令，“除京师大学堂应切实整顿外，着各省所有书院，于省城均改设大学堂，各府厅直隶州均改设中学堂，各州县均改设小学堂，并多设蒙养学堂”。于是，岑春煊即

李提摩太像

着手在原有书院的基础上筹办大学堂。当时太原的大书院有两个,一个为晋阳书院,其前身是明代创立的三立书院;另一个是令德堂,为张之洞任山西巡抚时创办。1902年正月,岑春煊上奏《设立晋省大学堂谨拟暂行试办章程》,得到了清政府的批准后,岑春煊遵旨将原省城的令德堂和晋阳书院撤销,5月8日以位于文赢湖南的乡试贡院(在今海子边)为临时校址(1904年移于侯家巷)正式开学,从而宣告山西大学堂成立。

岑春煊像

义和团运动失败后,英帝国主义以所谓"庚子赔款",勒索山西人民白银50万两。此时在太原的天主教会抢占了令德堂书院作为教堂和住宅。新任山西巡抚岑春煊迫于无奈,接受山西洋务局督办沈敦和的建议,电请英国耶稣教浸礼会传教士李提摩太,来太原协商解决"山西教案"问题。李提摩太于1877年即建议在山西创办大学,这次借"教案"之机旧话重提,可以说是正逢其时。因此,1901年3月,李提摩太提出,用山西赔款在太原设立一所中西大学堂的意见,得到了全国议和全权大臣李鸿章的同意。6月,耶稣教各教会推出教士敦崇礼、史密斯等八人,来太原商讨创办中西大学堂事宜。11月,《创办中西大学堂合同八条》在上海签字。1902年5月10日,李提摩太携聘请的教习抵太原,准备开办中西大学堂。当他看到已有山西大学堂成立时,便向山西当局提出将两校合并办理的意见,建议合并后山西大学堂内设两部,一部专教中学,由华人负责;一部专教西学,由李提摩太本人负责。就此建议,岑春煊认为这涉及教育主权问题和传教问题,未敢应允。经过近一个月反复协商,6月7日拟定了《关于中西大学堂并入山西大学堂改为西学专斋的合同二十三条》,6 月 10 日得到清政府批准,6 月 26 日西学专斋举行开学典礼，山西大学堂原来部分改设为中学专斋,山西大学堂的校本部、中学专斋及两斋学生食宿均在乡试贡院(海子边),西学专斋另借皇华馆学台衙门西院的皇华别墅作为临时校址。中西文化共融的教育模式由此独创,中国传统文化和西方文化在山西大学堂里中西合璧,融会贯通。1903 年,山西大学堂在侯家巷购置地皮 200 亩。翌年秋,校舍落成,山西大学堂全部迁入。

山西大学堂从开办之初,就受中外两种教育思想的影响。一方面,几千年中国传统文化根深蒂固；另一方面，西方的文明与思想充满活力,吸引着觉醒的国人。山西大学堂中学专斋创立初期,教学内容、方法基本沿袭了传统书院的一套办学体系,课程分为经、史、政、艺四种,教学方法循规蹈矩,不分课时、不分门类。学生上课时唱名进入教室,教师坐在教室中央的暖阁里授课。这也直接导致初创时期的山西大学堂中学专斋教学缺乏新意,弊端丛生。爱新觉罗·宝熙在出任山西学政后,亲眼目睹中学专斋的落后、混乱局面,决心改革中学专斋。针对山西大学堂中学专斋存在的问题,他从组织结构、人事安排、课程设置、派员留学等方面入手展开改革。特别是根据新学制的规定,他对中斋的课程内容和教学方法作了大的调整,把高等科改为文、理两类,增设了英文、日文、法文、俄文、代数、几何、物理、化学、博物、历史、地理、国文、图画、音乐和体操等许多新课程,旧课程除保留经学外,其他科目一律取消,并聘请新教习分别担任新课程的教学任务,使中西两斋的课程基本趋于一致,由此奠定了山西大学中西合璧、文理融合和作为综合性大学的基础。除此之外,每遇朔(每月初一)、望(每月十五)之日,师生齐聚学堂大成殿前,举行祭奠大礼。学生除向孔子像行叩拜礼外,还要向中、西两斋教职员分别行一鞠躬礼,两斋学生互相行一鞠躬礼。在共同的学习过程中,两斋学生的偏见日益消除,思想渐趋一致,关系也慢慢地融洽了。通过改革,山西大学堂中学专斋逐步摆脱了原先浓厚的书院气息,开始走上近代新式大学的轨制。这样,山西大学堂中学专斋迎来了新的发展机遇。

西学专斋办学理念是从西方引进的,渗透着西方的文明与思想。其教习多为外籍教师,有 17 名之多,这在当时整个中国高校也是不多见的。他们的教学内容、方法基本上与英国高校相同,分课时、课程教学。

所授课程主要有文学、数学、物理、化学、工学、格致、法律、世界史、英文、美术、地理与博物等科目。由于所授课程全是新的，因而学生对各门学科均需从头学起，而且上课既无中文教本，也不发讲义，主要靠外籍教习讲授，中国教习翻译。学生则是在课堂上听讲、记笔记，课后互相对照补充。为了解决西斋教学教材不足的问题，1902 年李提摩太在上海江西路惠福利口 120 号设立了山西大学堂译书院，翻译出版了《世界商业史》、《应用教授学》、《中西合历年志》、《迈尔通史》、《世界名人传》等 25 种高、中等和师范学校教材，为引进西方先进科学技术和人文思想，满足中国开放进步的要求，做出了很大贡献。后来，瑞典国格致博士、时任山西大学西斋化学教员的新常富在他的回忆录中说，“山西大学被认为是亚洲最好的大学之一”。

山西大学堂的创建，以其登高望远的历史眼光和融合中西的先进理念，带动了山西各地新式学堂的次第兴起。1902 年当年，全省各府、州、县的书院相继改为中学堂。到 1910 年，山西的近代学堂建设已初具规模。据统计，仅省城太原即有 17 所新式学堂问世。各个阶段、各种专业学堂的兴建，不仅促进了山西的近代教育从无到有，形成了门类较为齐全的教育体系，也使山西的教育“新政”进入了全国领先行列。

山西大学堂的建立，奠定了山西教育事业发展的基础，是山西教育

史上的一个里程碑。作为近代内陆省份的第一所高等学府，它不仅传承了中国历史文化的精华，而且大量引进先进的科学文化技术、独具特色的办学模式和新型的教学理念，为全国尤其是山西近代化发展培养出众多的专业人才。据统计，山西大学堂从创建到清朝覆亡的十年间，先后培养了不同层次和科类的毕业学生 593 人，其中中学专斋 230 人，西学专斋 363 人。期间，两斋还先后选派 96 人出国深造，自费留日的大学堂肄业生也有近百人。与当时另外两所大学堂相比，山西大学堂在人才培养方面做的贡献更突出。京师大学堂虽然创始于 1898 年，但分科大学直到 1910 年才开始正式招生，辛亥革命前只有预科毕业生 120 人，尚无专门科类毕业生。到清王朝灭亡时，北洋大学堂仅有法科毕业生 9 名，工科毕业生 35 名；山西大学堂则有法科毕业生 16 名，工科毕业生 19 名，理科毕业生 9 名，各科类毕业生达 500 多名。无论毕业生数量还是专业种类，山西大学的贡献都是最大的，特别是培养的专门科类毕业生是最多的。中西两斋的毕业生和后来从日本、英国归国的留学生，分布在不同的行业和领域，用他们所学的知识和技能，为山西的社会经济和文化教育事业的近代化发展做出了积极的贡献。同时，山西大学堂的

1905 年山西大学堂即将赴日的留学生

毕业生和教职人员不断发展，逐步形成了一个新的社会阶层——近代知识分子阶层，这一阶层成为近代民族革命、民主革命运动的骨干，在山西乃至全国社会发展进程中，发挥了不可低估的作用。

根植于华夏古老黄河文明的沃土中，山西大学堂成为中国传统文化与西方文化相融相通的楷模。它不仅对山西乃至中国的教育传统、教育思想产生了极其深远的影响，而且在适应地方经济社会发展需要、设置对应近代专业、大力推进教学方法转型、加强近代专业技能人才培养等方面进行了有益的探索，成为近代地方高等教育的一面旗帜，从而奠定了其在中国近代高等教育史上的重要地位。

在创办山西大学堂之后，新式教育模式很快取代了传统的教育体制。伴随“废科举、兴学堂”的清末新政，太原教育也发生了巨大变化。到1911年，太原境内先后办起各级各类学堂56所。其中就有“山西陆军三学堂”，即山西武备学堂、山西陆军小学堂和山西陆军测绘学堂。这是清政府为编练新军在山西设立的培养新军初级军官的学校。“山西陆军三学堂”开创了近代山西新式军事教育的先河。政府创办的初衷是培养近代军事人才，进而实现强兵的战略计划，但是随着先进的军事理念和民主思想的不断传播，学生们的革命意识也不断增强，从而推动了民族革命、民主革命精神的空前高涨。这些新式的军事学堂最终成了清政府孕育的自身掘墓人的摇篮。

厉行义务教育

中华民国取代清朝后，中国开始推行义务教育，而民国的义务教育则始自山西。正如教育家陶行知所言，“山西是中国义务教育策源地”。

义务教育首先在省城太原试行，然后在其他城市推广，接着逐步在县城、三百户以上的村落推行，最后覆盖至各个小村庄。在1918年山西省政府向全社会公开发行的一本叫作《人民须知》的小册子中，有关“义务教育”是这样阐述的:“凡是山西百姓,不论贫富贵贱的小孩子,七岁到十三岁,这七年内须要有四年上学,这就名叫国民教育;凡上过学的人,知识就高了,身体也壮了,为父母的无论如何贫穷,总要使子女上学,是父母对于子女的义务,又名叫义务教育;国家法律定的,人民若不上学,就要罚了还得上学,又名叫强迫教育。”随后,又出台了《实行义务教育程序》,不但提出了详细的阶段时间表,而且分工和责任都明确到了具体的部门和个人。

当年的义务教育,完全是一种“免费义务教育”。其经费的筹措,并不依靠向学生收学费,而是由政府自辟筹款渠道。山西筹措义务教育经费的模式之先进,在当时为教育界所公认。陶行知曾评价说:“到现在为止,山西省资助小学经费的制度是最完善的。他们的办法是:在城镇,按店铺和房屋的所在地区的等级课税,用于资助城镇小学;在农村,则按照土地质量课税,资助乡村小学。”

1925 年 8 月 17 日至 23 日,中华教育改进社第四届年会在太原召开,黄炎培、袁希涛、陶行知、马寅初以及柏克·赫斯德女士等国内外著名的教育家,在参观了山西国民师范附小的校舍后,一致认为:“该校校舍均系特建,一切设备大都类似北师大附小布置。全校有 18 个教室,小学低年级教室均采用美国最新式样建筑,……全校有男女教员 32 人,职员 2 人,一切设备均极完备。”

为了解决兴办义务教育师资短缺的问题,1919 年 6 月,山西开办了山西省立国民师范学校。这是当时太原规模最大的学校,主要为山西培养合格的小学师资而设立的。

山西的义务教育在民国时期创造了奇迹,70%以上的学龄儿童都能够进入学校接受教育,义务教育普及率名列全国首位,这在烽火连绵、内忧外患、地方财政非常有限的背景下实属不易。教育家陶行知当年对山西进行了三次实地考察。他赞赏道:“我们不能不佩服山西对于义务教育之忠实努力。自从民国七年开始试办,到了现在,山西省一百个学龄儿童中已有七十多人在国民小学里做学生了。山西之下的第二个省份(江苏)只有百分之二十。可见,真正实行义务教育的,算来只有山西一省。”

第八章

太原的红色记忆

（五四运动至太原解放时期）

概述

太原是一个有着光荣革命传统的英雄城市，是中国北方较早建立中共党团组织的地方之一。讲中国革命的历史不能不讲山西，讲山西党的历史首先要讲太原。自中共太原支部成立以来，并州大地一代又一代的共产党人前赴后继，顽强奋斗，在实现民族独立和人民解放的进程中，书写出感天动地的壮丽史诗，为中国革命胜利和中华人民共和国的成立做出了重大贡献。

五四运动，促进了马克思主义在太原的传播。1919 年 8 月，省立一中学生王振翼等创办《平民周刊》，以“为人民奋斗”为宗旨，“代人民呼号”，率先在太原开始了新思想、新文化和共产主义启蒙教育，开启了传播马克思主义的先河；1920 年 4 月，山西大学学生组织新共和学会，创办《新共和》，以“交换知识，研究学术”为宗旨，倡言要“创造新人生、新社会、新共和”；1921 年 8 月，省立第一师范学生张友渔等组织共进学社，创办《共鸣》，以“发展共进精神、研究有用学术”为宗旨，宣传新思想、新文化；1921 年 10 月，省立一中学生贺昌等组织青年学会，创办《青年》，以“研究学术、服务社会”为宗旨，宣传进步思想。中国共产党成立后，高君宇委托北大学生王昉等人在暑期返乡之际，帮助太原社会主义青年团创办晋华书社，经销《共产党宣言》、《新青年》、《向导》等革命书刊，促进了马克思主义在太原的传播，为太原地方党组织的建立，奠定了理论基础和思想基础。

中共太原支部成立后，投身大革命高潮，积极推进国共合作。1924 年 12 月，党团组织联络国民党左派人士和进步团体，召开太原各界国民会议促成会，成立山西国民会议筹委会。1926 年 4 月间，国共双方参加的国民党山西临时党部和太原市党部先后成立。1926 年 12 月，国民党山西省第一次代表大会召开，中共太原地委领导成员王瀛、王鸿钧、彭兆泰、刘林科等代表共产党方面参加了大会，并当选为正式执行委员。山西国共合作局面的正式形成，极大促进了全省国民革命运动的高潮。

大革命失败后，政治形势的逆转和革命环境的恶化，省城太原党组织进入最艰难的时期，即土地革命战争时期。在此期间，党组织屡遭破坏又屡次重建，不屈不挠进行革命斗争。一批共产党人在狱中成立党支部，开展建党工作，通过绝食斗争等揭露国民党迫害政治犯的罪行，争取自由，争取生活条件改善。国民党的严刑拷打压不倒共产党人，精神折磨也动摇不了共产党人的坚定信念。王瀛、汪铭、刘天章、任国桢、阴凯卿等一批共产党人为了理想，为了信仰，义无反顾，视死如归，倒在了国民党的枪口下，书写下一个又一个精神传奇。

抗日战争时期，中共中央北方局、八路军太原办事处、八路军总部都曾经移驻太原，牺盟会、第二战区战动总会、山西新军等在太原成立，晋察冀、晋冀鲁豫、晋绥三大“晋”字头抗日根据地环布太原周边，太原成为全国实践抗日民族统一战线的第一座大城市，成为全国抗战中心和边区交通的连接地。

解放战争时期，太原解放战役是华北最后一战，人民解放军华北劲旅会师并州，百余名开国将军同战太原，数十万民工齐聚前线，一大批战斗英雄为了胜利奋勇争先，成就了人民解放战争史上持续时间最长的城市攻坚战，谱就一曲又一曲精神赞歌。

“诗界千年靡靡风，兵魂销尽国魂空。”战争年代的革命英雄主义精神不应该因岁月的尘埃而掩埋，战争年代形成的人文精神不应该因时间的流逝而消失。和平年代，更需要大力挖掘红色文化，弘扬经过血与火的战争锤炼而成的革命精神，以补充精神之钙，强壮骨骼肌体，提升我们的“精气神”。

五四运动在太原

1919 年 5 月，北京大学等北京大中专学校学生率先发起五四运动，揭开了中国新民主主义革命的序幕。

五四爱国运动是近代中国历史上，第一次由学生、工人和其他群众掀起的反对帝国主义、反对军阀卖国的全国规模的革命斗争。在五四爱国运动中，太原学生积极响应和支持北京学生的爱国行动，太原工商界及其他各界群众也参与到反帝爱国斗争中。如果说爆发于北京的五四爱国运动促进了太原的觉醒，太原则以自己的行动响应和支持了五四爱国运动，为五四运动的胜利做出了贡献。

五四运动的消息传到太原后，山西大学、山西省立第一中学、山西省立第一师范、山西农业专门学校、山西法政专门学校、山西商业专门学校等十余所大中学校，迅速建立了学生会，并派代表在山西大学开会，决定利用 5 月 7 日国耻纪念日举行游行示威。5 月 7 日，太原 11 所学校的 2000 多名学生集会文瀛湖畔，抗议北洋政府的投降外交，要求惩办卖国贼，声援北京学生的反帝爱国斗争。大会宣布成立太原大中学校学生联合会，并推选贾超孟任会长。会后，集会学生举行了游行示威，高呼“外争国权，内惩国贼”等口号，散发传单，要求废除“二十一条”、收回山东主权、拒绝在巴黎和约上签字。游行队伍经桥头街、柳巷、北司街，到省督军署门前请愿。在省议会，请愿学生“放声大哭，彼此堕泪。各市民来观，同声呼号”。5 月 8 日，省议会致电北京政府，转达了太原学生的正义要求和行动。5 月下旬，太原大中学校的学生相继罢课，组织讲演团，宣传取消“二十一条”、收回青岛和抵制日货。

太原学生的爱国行动，很快在全省学生及社会各界产生了共鸣，反帝爱国运动由青年学生发展到社会各界。大同、临汾、运城、晋城、离石、汾阳、太谷、平定、祁县、代县、霍县等地的学生，纷纷举行反帝爱国集会

太原群众举行的“五四运动”纪念游行

和示威游行，声援北京和太原的学生爱国运动。与此同时，从5月下旬开始，太原总商会与学联签订了抵制日货合同，参与到反帝爱国的斗争中。6月6日，太原大中学校学生和许多市民、店员、工人举行游行示威，许多商店罢市，拒绝销售日货。12月，在五四运动的推动下，太原学生还响应学联号召，开展了一场要求矿权归公的群众运动，得到省议会、农会、教育会、总商会、报界协会和各界群众团体的支持和声援。

太原学生的爱国运动，与全国各地的学生运动密切相联，息息相通，形成遥相呼应、共同配合之势。5月中旬，北京学联代表到太原，发表演讲，宣传反帝爱国主张。5月下旬，天津学联代表到太原，介绍学生运动情况，商讨统一行动。6月18日，天津各界联合会成立，即派代表到太原，与太原工、商、学各界联络，商议组成各界联合会。11月，日本驻福州领事馆制造“台江事件”，12月7日太原学生走上街头，揭露日本帝国主义制造福州惨案的真相，号召省城各界爱国人士联合起来，反对日本帝国主义，开展抵制日货运动。1920年4月28日，为反对日本“直接交涉”山东问题，太原学生再次集会文瀛湖畔，要求废除中日军事协定，并宣布从即日起，省城各校实行罢课，一致救亡。

高君宇与中共太原支部

高君宇，原名尚德，字锡三，1896年10月22日诞生于山西静乐县静游镇峰岭底村（今属太原市娄烦县）。1913年考取山西省立第一中学，1916年考取北京大学理科预科。在北大期间，高君宇接受了新思想的启蒙，很快成为思想上激进的青年领袖人物。1919年参与领导五四运动，之后参加了少年中国学会，发起成立了马克思学说研究会。1920年冬加入北京共产党小组，11月当选北京社会主义青年团书记，是中国共产党最早的党员之一。

高君宇像

五四运动后，高君宇多次往返

娄烦高君宇故居纪念馆

于北京与太原之间，传播马克思主义，开展工人运动，建立党团组织。1919 年 8 月，在高君宇的指导下，省立一中学生王振翼等创办了传播革命新思想的刊物《平民周刊》。1920 年 7 月，高君宇回太原，在省立一中指导成立了学习宣传社会主义的青年小组。1921 年 4 月，高君宇根据北京共产党小组和社会主义青年团的指示，回到太原，在省立一中召集王振翼、贺昌、李毓棠、武灵初等座谈，并于 5 月 1 日正式成立了太原也是山西的第一个社会主义青年团。青年团成立后，通过出版刊物，创办书社，组织进步团体，举办工人夜校，大力宣传马克思主义，发动和领导学生运动和工人罢工斗争，为建立党组织奠定了思想组织基础。1923 年 8 月，高君宇介绍李毓棠加入中国共产党，当年冬，介绍傅懋恭由团转党。1924 年 5 月，担任中共北京区委执行委员的高君宇受李大钊委托，再次回到太原，回到母校省立第一中学。在这时，他介绍侯士敏、张叔平、潘恩溥由团转党，成立了太原也是山西的第一个党小组，李毓棠任组长。1924 年秋，随着党员人数的增加，在太原党小组的基础上建立了中共太原支部。太原党组织的成立，不仅使太原人民的革命斗争找到

位于太原文瀛公园内的中共太原支部旧址

了正确的坐标，而且点燃了三晋革命的星星之火，揭开了山西历史的新篇章。

太原党团组织成立后，积极派遣其成员在全省各地建立党团组织，扩大党团组织的覆盖面，为中共山西省委的建立奠定了坚实的组织基础。太原团地委在传播马克思主义、组织开展工人运动和学生运动的同时，先后多次派出团员到各地建立和发展团的组织。1923 年夏，派侯士敏到汾河中学组建了汾阳团支部。1924 年冬，指派韦思恭回霍县建立了霍县团支部。1925 年春，指示张振山在临汾成立了平阳团支部；11 月中共太原支部改称中共太原特别支部；12 月中共太原地方执行委员会成立，隶属中共北方区委领导。此后，中共太原地委数次部署在全省建党。1926 年 1 月，太原地委号召共产党员到工厂、农村去，回原籍就地开展建党工作，崔锄人、王鸿钧、周玉麟、刘守维、邓国栋、王世隆等，分别领导建立起赵城、临汾、曲沃、平定、祁县、芮城等县党支部和运城省立第二中学支部、榆次晋华纱厂党支部；6 月，太原地委要求学生党员在暑假期间回乡就地发展党员和建立党组织，崔锄人、王鸿钧、王瀛、梁

彭真生平暨中

彭真生平暨中共太原支部旧址纪念馆正门

其昌、纪秀川、韦思恭、薄书存等，分别领导建立起夏县、霍县、定襄、运城省立二师、崞县中学、长治省立第四中学、太谷铭贤中学、晋城获泽中学等党支部。1927年2月，太原地委先后派出王鸿钧、崔锄人、薄书存、赵秉彝、梁露、李舜琴、段灿、袁致和等，到运城、定襄、阳泉、介休、高平、平遥等地发展党的组织，并对已有党的组织进行整顿。经过中共太原地委三次建党，全省党支部达到58个，共产党员发展到696人（其中太原420人），由太原地委联系并指导的中共榆次地方执行委员会、中共临汾地方执行委员会、中共汾阳地方执行委员会、中共晋城地方执行委员会等相继成立。建立统一的山西省党组织的条件趋于成熟，1927年5月，中共中央决定成立中共山西省委，中共太原地委书记颜昌杰、宣传部长崔锄人、组织部长王鸿钧分别调任中共山西省委书记、组织部长、宣传部长。

太原党团组织在发展建立全省各地党组织的同时，自觉肩负起策动和领导山西革命的任务。1924年8月，在太原团地委指导下，山西学生联合会发动非基督教运动，先后在太原、汾阳、临汾、运城等地成立非基督教学生同盟；9月，省城学生举行九七国耻纪念活动，太原团地委号召各地学生会发动与组织反对帝国主义运动的大同盟。1925年4月28日和5月18日，在党团组织的秘密指挥下，太原大中学校有数千名学生走上街头，手执“废除恶税”、“为民请命”等标语，高呼“打倒军阀”、“反对房税”、“反对贪官”等口号，开展了反房税斗争，一致坚持“房税不取消，斗争不罢休”。反房税斗争最后取得了彻底胜利，阎锡山还发布了“宽恕令”和“罪己令”。早期无产阶级革命家、党的领导人之一的恽代英曾称赞说：“山西青年能够在阎锡山高压之下，代表本省民众利益而奋斗，自然是很值得各地青年效仿的。”“五卅惨案”发生后，中共太原支部和共青团太原地委成立太原学生联合会、太原市民沪案后援会，领导罢课、罢市和募捐活动，支持上海人民的反帝斗争。与此同时，先后派出共产党员或共青团员张叔平、王鸿钧、王世隆、邓国栋、刘守维、纪秀川、王瀛等，分赴汾阳、榆次、洪洞、闻喜、翼城等地，帮助发动群众，指导革命运动。1926年，晋华纱厂工人大罢工爆发后，中共太原地委发动省城学生和各界群众举行游行示威，地委宣传部长王瀛主持省学生联合会通过《援助晋华纱厂罢工决议案》，并通电全省，最终迫使当局释放被捕工人，满足了工人的部分要求。1927年3月，阳泉第三煤矿工人罢工后，太原地委派关广荃到阳泉发动工人，夺回了国民党右派工会中的领导权。1927年春，柳林农民运动开展起来后，太原地委派韩常泰回离石，加强对运动的领导。

大革命失败后，阎锡山在山西进行“清党”，大批共产党员被捕或惨遭杀害，中共山西省委遭到严重破坏。1929年3月25日，中共中央政治局常委兼组织部部长周恩来起草了《中央给顺直省委并汪铭同志的信》，决定“目前山西可不成立省委，先着手于地方工作的恢复和建立”。根据中央指示，汪铭回到山西后，首先建立了中共太原市委，管理太原市和山西中部各县的党组织。8月后，太原市委先后改为太原临时市委、太原特委，实际负责山西党的工作。1930年至1936年，中共山西省委（省特委、省工委、临时省委）多次组建，又多次遭受破坏。期间，中共太原临时工委曾主持全省党的工作。

红军东征到太原

1935年12月，中共中央在瓦窑堡召开中央政治局扩大会议，通过了《中央关于军事战略问题的决议》，提出党在新形势下的任务是把国内战争同民族战争结合起来，准备直接对日作战的力量和猛烈扩大红军，并将打通抗日路线作为红一方面军的中心任务。为贯彻这一战略方针，并以实际行动表示红军抗日的决心，中共中央决定红一方面军以中国人民抗日先锋军的名义实行东征，首先向山西、绥远进军。1936年2月20日，抗日先锋军冲破阎锡山部队的防线，渡过黄河。红军的东征行动遭到阎锡山部队的阻击，蒋介石也调集10个师的兵力分两路增援阎锡山。3月12日，毛泽东在大麦郊主持召开领导干部会议，决定分兵三路，其中以红十五军团第七十八师、第七十五师及军团直属队为左路军，向灵石佯攻，北上进逼太原，并向晋西北出击，掩护红一军团和红十

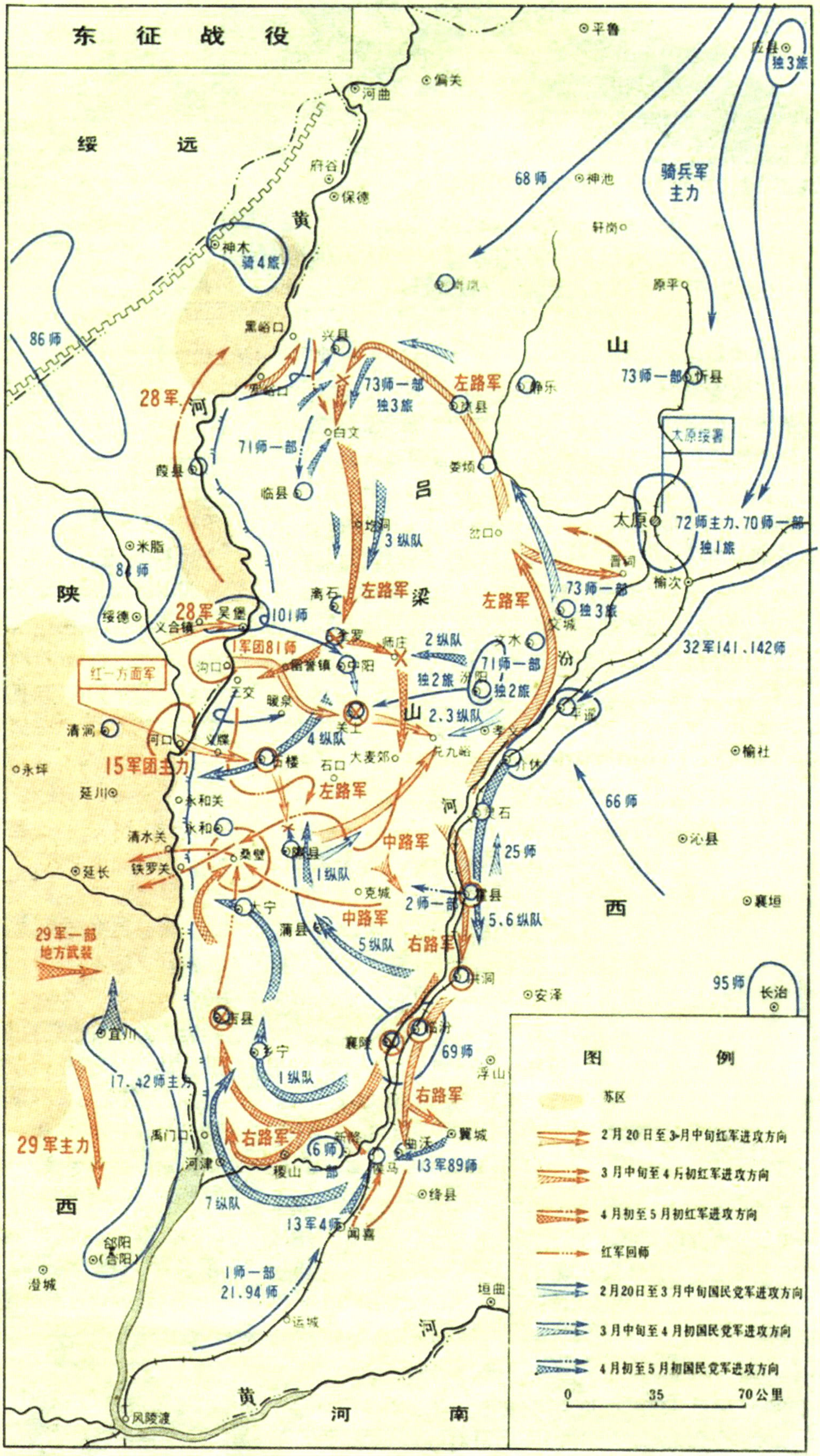
东征战役
平鲁
应县
独3旅
河曲
偏关
绥远
府谷
保德
神池
68师
骑兵军
主力
黄
神木
骑4旅
轩岗
宁武
原平
86师
黑峪口
兴县
山
73师一部
忻县
28军
河
罗峪口
73师一部
独3旅
左路军
静乐
岚县
白文
71师一部
太原绥署
葭县
娄烦
临县
吕
太原
72师主力、70师一部
独1旅
米脂
坍洞
3纵队
汾口
晋祠
84师
左路军
梁
左路军
73师一部
榆次
陕
离石
独3旅
文城
绥德
28军
吴堡
101师
义合镇
柳林
师庄
2纵队
文水
汾
32军141、142师
1军团81师
71师一部
红一方面军
沟口
留誉镇
中阳
独2旅
汾阳
独2旅
三交
暖泉
山
2、3纵队
孝义
平遥
清涧
河口
义牒
关上
4纵队
兑九峪
介休
榆社
永坪
15军团主力
石楼
石口
大麦郊
左路军
延川
永和关
河
灵石
66师
清水关
永和
隰县
中路军
沁县
25师
延长
铁罗关
桑壁
1纵队
克城
霍县
2师一部
5、6纵队
西
大宁
中路军
29军一部
地方武装
蒲县
5纵队
右路军
襄垣
洪洞
安泽
95师
长治
吉县
宜川
襄陵
临汾
乡宁
69师
浮山
17、42师主力
1纵队
右路军
禹门口
右路军
翼城
29军主力
新绛
河津
稷山一部
曲沃
13军89师
侯马
西
7纵队
绛县
13军4师
闻喜
郃阳
（合阳）
1师一部
21、94师
澄城
垣曲
运城
河
黄
河
南
风陵渡
图例
苏区
2月20日至3月中旬红军进攻方向
3月中旬至4月初红军进攻方向
4月初至5月初红军进攻方向
红军回师
2月20日至3月中旬国民党军进攻方向
3月中旬至4月初国民党军进攻方向
4月初至5月初国民党军进攻方向
0
35
70公里

红军东征战役图

五军团第八十一师组成的右路军南下作战。3 月 20 日，左路军在徐海东、程子华、周士第等率领下，进抵交城瓦窑头、清源高白镇一带，而后派一个团及骑兵连向太原晋祠进行游击活动，作出进攻太原的姿态。左路军在太原郊区进驻数日后，继续北进，进攻古交、阳曲、西铭、娄烦等地。3 月 29 日，离开娄烦转战岚县、兴县。5 月初，为避免内战，保存抗日力量，并促进抗日民族统一战线工作的开展，中共中央决定红军回师陕西。5 月 5 日，红军全部撤回，东征结束。东征期间，红军路经今清徐、晋源、古交、万柏林、娄烦等广大地区，尽管只有区区十天左右的时间，但由此产生的影响却是深远的。

首先，东征红军进逼太原，牵制了阎军的力量，为右路军南下创造了条件。军团长徐海东亲率骑兵连游击晋祠一带，迫使阎锡山做出一系列部署：调正在尾追红军中路军的李生达、杨效欧两部兼程北上，追击红军左路军；调王靖国的七十师、杜春沂的独一旅、傅存怀的独三旅，加强太原的防守。红军左路军对阎军主力的吸引、调动和牵制，保障了红军右路军南下晋南扩红和筹款，为东征战役的顺利推进创造了条件。

其次，红军东征宣传了党的主张，促进了民众的觉醒，在太原播下了抗日的火种。东征红军路经古交、娄烦时，广泛宣传抗日救国的主张，发动群众打土豪、斗地主，使老百姓感到红军是抗日的队伍，打破了阎锡山的反共宣传，唤醒了民众的觉醒。太原一批青年学生积极追寻红军东征的脚步，在清徐高白一带找到红军，娄烦、古交等地的部分青年还参加了红军。

八路军太原办事处

华北事变后，抗日救亡运动日益高涨，中共中央召开瓦窑堡会议，确立了建立抗日民族统一战线的新策略。在争取与东北军、西北军建立统一战线的同时，毛泽东把目光投向了山西，投向了太原绥靖公署主任

彭雪枫像

阎锡山。1936年10月22日，毛泽东在给刘少奇的信中指出，“北方统一战线非常要紧”，“晋绥应放在第一位”。随后，毛泽东派彭雪枫到山西开展统战工作。11月12日，彭雪枫来到太原，向阎锡山表达了红军愿与晋军联合抗日的真诚愿望。经阎锡山同意，彭雪枫与梁化之达成在太原建立红军秘密联络站、疏通与中共中央通讯联络渠道等原则、协议。随后彭雪枫便被安置到首义门“基督教青年会”后院6号住下。1937年2月19日，阎锡山同意毛泽东提出的“设立电台及开店诸事”。3月19日，中共中央、中央军委派遣岳夏（又名罗若遐）等抵达太原。3月22日，彭雪枫、岳夏等分别以家庭形式迁驻城西新满城30号。这是一座事先已经准备好的较为僻静的独门四合院。为了隐蔽和保密，彭雪枫买来家具，把它布置得像一个达官贵人的公馆，对外称“彭公馆”。彭雪枫化名户主彭雨峰，是上海一家公司的“副经理”；岳夏化名岳公远，与其爱人及孩子装成彭雪枫的表弟一家；译电员、警卫员、勤务员也都有化名，装成彭雪枫的亲戚或公馆职员。彭公馆人员济济，气派大方。特别是彭雪枫，身着长袍，脚蹬皮鞋，经常坐在大厅的太师椅上，很难让人起疑。3月24日，一部5瓦特的电台开始工作，正式架起了红军秘密联络站与延安联络的空中桥梁。随后，在太原西肖墙北二府巷3号建立的“春和申”商店，也与吉县、平渡关商号发生关系，形成购销网络，开启了晋陕贸易，缓解了陕北红军物资供给短缺的紧张情况。红军秘密联络站的建立，为第二次国共合作后红军东出华北抗日前线打开了通道，准备了条件。

全民族抗战爆发后，东进山西已成为红军抗击日军侵略的不二选择。毛泽东先后派南汉宸、周小舟、彭雪枫与阎锡山商谈红军开赴前线、协同作战问题。与此同时，在太原红军联络站的基础上设立太原办事处也提上了中共中央的议事日程。1937 年 7 月 28 日，中共中央北方局书记刘少奇抵达太原。7 月 30 日，他即致信张闻天、毛泽东并叶剑英，建议中央在太原“建立如西安之办事处机关，代表红军进行统一工作”。8 月 1 日，张闻天、毛泽东复信刘少奇、彭雪枫，指示彭雪枫准备在太原设办事处，其工作“以组织民众、推动抗战为总目标”。8 月 10 日，毛泽东再次致电彭雪枫指出，“太原公开办事处立即开设，你为主任”。8 月 22 日，国民政府军事委员会正式发布红军改编为国民革命军第八路军的命令，国共双方达成在国民党统治区若干城市设立八路军办事处的协议。太原红军联络站改称太原八路军办事处水到渠成。8 月 30 日，八路军太原办事处正式在坝陵南街 8 号成成中学原址挂牌，开始办公。彭雪枫任八路军总部少将参谋兼八路军太原办事处主任，张震任总部少校参谋兼联络总务科科长，资风任供给科科长，岳夏任秘书兼电台台长，

中共中央发布红军改编为八路军的命令

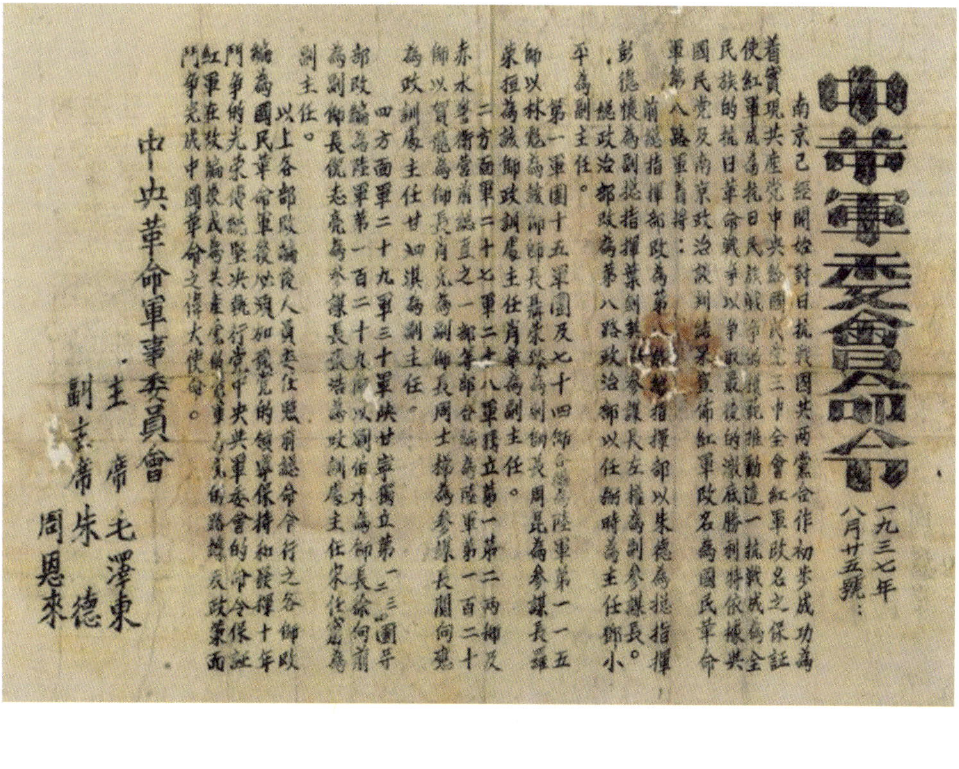
中革軍委會命令

一九三七年八月廿五號：

南京已經開始對日抗戰國共兩黨合作初步成功為着實現共產党中央暨國民党三中全會紅軍改名之保証使紅軍成為抗日民族戰爭的推動造一抗戰成為全民族的抗日革命戰爭以爭取最後的激底勝利特依據共國民党及南京政治政府宣佈紅軍改名為國民革命軍第八路軍着將：

前總指揮部改為第八路軍總指揮部以朱德為總指揮彭德懷為副總指揮葉劍英為參謀長左權為副參謀長。

總政治部改為第八路政治部以任弼時為主任鄧小平為副主任。

第一軍團十五軍團及七十四師合編為陸軍第一一五師以林彪為師長聶榮臻為副師長周昆為參謀長羅榮桓為政訓處主任肖華為副主任。

二方面軍二十七軍二十八軍獨立第一第二兩師及赤水警衛營前總直之一部等部合編為陸軍第一百二十師以賀龍為師長肖克為副師長周士第為參謀長關向應為政訓處主任甘泗淇為副主任。

四方面軍二十九軍三十軍陝甘寧獨立第一二三團等部改編為陸軍第一百二十九師以劉伯承為師長徐向前為副師長倪志亮為參謀長張浩為政訓處主任宋任窮為副主任。

以上各部改編後人員委任悉前總命令行之各部隊編為國民革命軍後必須加強党的領導保持和發揮十年鬥爭的光榮傳統堅決執行党中央與軍委會的命令保証紅軍在改編後成為共產党的党軍為着党的路線政策而鬥爭完成中國革命之偉大使命。

中央革命軍事委員會

主　席　毛澤東

副主席　朱德　周恩來

宋绍林任交通站站长。全体工作人员脱掉便装，换上佩戴“八路”臂章的军装。

9月5日，周恩来以中共中央代表身份和彭德怀、徐向前等抵达太原。先住在东缉虎营傅公祠高级招待所，第二天移住八路军办事处。随后，周恩来、彭德怀、彭雪枫就八路军进入山西后的相关事宜与阎锡山方面交涉谈判，双方在八路军活动区域、作战原则、指挥关系以及平型关、雁门关防御等问题上达成广泛的一致。同时，根据周恩来的建议，阎锡山同意在第二战区行营直接指挥下成立有共产党、八路军代表参加的民族革命战争战地总动员委员会，以发动群众，支持抗战。9月20日，第二战区民族革命战争战地总动员委员会在侯家巷山西大学礼堂正式成立，邓小平、彭雪枫、程子华等人参加领导工作，任动员委员会委

国民师范学校旧址

员。战动总会的建立，标志着山西抗日民族统一战线组织的完备，行使着战时政权的职能，在抗战初期发挥了重要的作用。

9月22日，周恩来、朱德、彭雪枫在代县太和岭与阎锡山晤谈，协商八路军在山区的兵力部署问题。经周恩来的剀切陈述，阎锡山同意八路军进行独立自主的山地游击战，同时就八路军游击区域、兵力使用和在有利条件下配合友军进行运动战等问题达成一致。阎锡山还面许，八路军“驻区群众工作，由我们独立负责，不好之县长允更换，组织之游击队允予发枪。我们工作区可实行减租减息”。双方商定八路军第一一五师插入敌后，侧击平型关日军。9月25日，八路军第一一五师在平型关伏击日军，歼敌一千余人，这是全国自抗战以来主动寻歼敌人的第一个大胜利，打破了日军不可战胜的神话，振奋了全国人心，提高了共产党和八路军的威望。

在推动与阎锡山进行高层统战工作的同时，八路军太原办事处大力宣传抗日和动员扩大抗日力量。海子边、国民师范、山西大学等地都留下中共中央代表周恩来、八路军办事处主任彭雪枫宣传中共抗日主张的身影。10月16日，彭雪枫应战动总会主任续范亭之约，作题为《游击队政治工作》的长篇报告，生动而具体地阐述了“政治工作是军队中的生命线”的重要原则。《大公报》记者渔叔，在报道这次演讲时写道：“彭先生是一个短小精悍的躯干，配合着俊秀的仪容，娴雅的风度，使人骤然看去，疑心他不是钢铁般的斗士，而是一个舞文弄墨的儒生。”“他说：民众固然仇恨外族的侵略，同样的也仇恨一切剥削力量。为挽救当前的危机，就只有改善政治工作的方针，去和群众打成一片，使他们全体动员武装起来，认清楚亲人是谁，敌人是谁。大家站在民众抗战的前线上，利用广大的游击战争，流出我们最宝贵的热血。他继续指示许多政治工作的原则，以及过去红军用得娴熟的一些经验和方法，一串串漂亮的辞句，丰富而带着滑稽的意义，和着微笑泛于唇边，一些女同志发出轻倩的笑声，听众感到满足，潮水般散了。”深入的宣传以及八路军忠诚为国的精神，感动着太原的青年，感动着从四面八方来到太原的热血青年，他们中许多人经八路军办事处介绍走上了抗日前线。

牺盟会和决死队

红军东征回师陕北后，发出停止内战、一致抗日的通电，并通过阎军被俘团长郭登瀛等渠道，毛泽东数次致函阎锡山磋商共赴国难、团结抗战之大业。刘少奇主持领导的中共北方局也通过各种关系，利用多种渠道争取阎锡山。1936 年 10 月，薄一波被党组织营救出狱后，受阎锡山的邀请到达太原，积极做争取阎锡山抗日的工作。薄一波与北方局派到山西的杨献珍、董天知、韩钧、周仲英组成中共山西公开工委，在太原专做公开、合法的工作。10 月 22 日，毛泽东致信刘少奇，指出“北方统一战线非常要紧”，“晋绥应放在第一位”。之后，北方局通过华北联络局系统，委托朱蕴山到太原同阎锡山会谈，并达成取消山西以反共为宗旨的组织、取消对陕北革命根据地的封锁、组织抗日民众团体、发动民众开展抗日运动等共同意见。薄一波等共产党人以抗日活动家的身份，在阎锡山的官办机关和团体担任领导职务，秘密接受中共中央北方局的领导，戴“山西帽子”，说“山西话”，实行共产党的抗日路线和主张，取得了巨大胜利。毛泽东赞其为“我们党统一战线政策的一个成功的例证”。

1936 年 9 月 18 日，牺盟会在太原成立，阎锡山自任会长。薄一波到太原后，接办牺盟会，成立了新的牺盟会领导机构，新领导成员七名常委中有六人为中共秘密党员，使之成为共产党实际领导的、与阎锡山合作的抗日救亡组织。牺盟会成立后，出版了旗帜鲜明的抗日刊物《牺牲救国》，编印了抗战大鼓词《亡国后的东北》和《村政协理》，开展抗日救亡宣传。次年元宵节前后，牺盟会组织了三天的救亡歌咏大游行，继而又开展了大规模的群众性“红五月”宣传活动，太原的舞台、公园、广场、大街小巷到处都在演唱《放下你的鞭子》、《新莲花落》、《五月的鲜花》等救亡戏剧和歌曲。范长江在《塞上行·太原印象》中曾记述到：“我到太原的时候，正旧历正月十五前后，一切旧式的游艺组织，如秧歌、高脚、社火、梆子戏等，都一起搬了出来，热闹非常。但是这些旧东西，却完全换了新的内容。一种有组织的力量，支配这些东西，他们唱歌和演戏材料，或是已经成为抗日救亡题材，或者夹入许多抗战的唱歌和口号。”

牺盟会徽章

为不断开辟新的工作阵地，1937 年 4 月，牺盟会太原市委员会成立，负责人为牛荫冠。为把以学生为基础的组织工作转变为以工人为基础的组织工作，牺盟会此后又建立了区一级分会和兵工厂工作委员会、铁路工作委员会等，促进了工人觉悟的提高。在太原期间，牺盟会总部开办国民兵军官教导团、军政训练班和民训干部团，并派出村政协助员和牺盟特派员深入县乡开展工作，以太原为中心，辐射四面八方，使抗日救国的革命洪流席卷整个三晋大地。七七事变前，太原城内牺盟会员就发展到 5 万余人，全省发展会员 60 万人，为实行抗战准备了群众基础。9 月 27 日，牺盟会在太原召开全省第一次代表大会，之后吸收包括农救会、青救会、妇救会等各种各样的救亡团体为团体会员，工、农、兵、学、商、青、妇、儿童在抗日的旗帜下团结在一起，为全民族抗战的胜利作出了卓越的贡献。

七七事变后，日军侵入山西，阎锡山的晋绥军和前来增援的中央军溃败，使阎锡山对旧军大失所望。在这种背景下，经请示北方局后，薄一波向阎锡山提出组建一支新军的建议，并很快得到同意。1937 年 8 月 1 日，由国民兵军官教导团、军政训练班、民训干部团中的 300 名骨干学员组建的“山西青年抗敌决死队”，即新军，在太原宣告成立。随后的一个月时间里，决死队很快发展为 4 个总队(团)。决死队建立并实行拥有实际领导权力的政治委员制度，引进工农红军所实行的《三大纪律八项注意》(仅把“注意”二字改为“守则”)，并设立有秘密党组织。这就使得

1937 年牺盟总会全体工作人员在晋祠合影

新军名义上属于第二战区编制，实际上是中国共产党领导的一支抗日武装。新军由牺盟会武装和战动总会武装两部分组成。除决死队外，9 月底由太原榆次工人为主体组成的工人武装自卫队，10 月由成成中学师生组成的师生抗日义勇队等抗日游击队，均属山西新军。新军成立不久，就投身到抗击日军侵略的战斗中，并配合八路军和其他友军，在三晋大地粉碎了日伪军一次次的“围剿”、“扫荡”，许多指战员用自己的血肉之躯实践了“决死抗战，牺牲救国”的誓言。

抗日民族统一战线的成功实践，一时间使太原成为全国抗战的中心，东北、河北、河南以及平、津、沪等全国各地成千上万的爱国进步青年奔向太原，参加抗日救亡运动。在“文章下乡，文章入伍”的鼓动下，一批文化知名人士也涌进山西，来到太原。演剧队、战地服务团、访问团，从延安、上海、武汉等地纷纷来到山西前线，从事战地动员、战地采访工作。8 月 29 日，李公朴带领桂涛声、柳湜、周巍峙等来到太原，进行为期半个多月的考察。在太原期间，李公朴创办了全民通讯社（自任社长、吴奇寒主持社务），有本有末地记述一件事或一个人，宣传抗日军民的英勇事迹，创造了新闻界“纪事本末体”的独特风格。10月12日，丁玲、吴奚如率40多人组成的“西北战地服务团”从延安来到太原，运用大鼓、快板等群众喜闻乐见的形式发动群众、宣传抗战。10月18日，美国著名记者史沫特莱及翻译周立波一行来到太原，展开战地采访。太原成为全国抗日青年向往的地方。

决死队袖标

成成烽火

成成中学是北平师范大学晋籍同学于1924年创办的一所私立学校。校名取《中庸·自成章》中“成己成人”之意。建校初期，它就以“自力勤俭，学业精良，注重觉悟，想民为国”的准则蜚声三晋。20世纪30年代初，武新宇、刘墉如、刘丹顿、焦国鼐、狄景襄等一批地下党员和进步教师来校任教，武新宇、刘墉如逐步掌握了学校的领导权。

七七事变后，日军占领平津，侵入山西。偌大的华北已经放不下一张平静的书桌。迁校于清源的成成中学师生，在校党组织的领导下，开始酝酿组建抗日武装。恰在此时，八路军太原办事处主任彭雪枫应邀为成成中学师生作了长达五个小时的抗战形势报告，坚定了师生组建游击队的决心。此后中共中央北方局派曹振之、战动总会派冯福厚到成成中学开展党的工作和军事培训工作。1937年10月10日，成成中学师生举校从军，共赴国难，走上了抗日的战场。抗日义勇队在炮火中宣告成立，共产党员、成成中学校长刘墉如任队长。义勇队成立的消息不胫而走，来自省城太原中学、进山中学、并州中学、友仁中学的 25 名同学，长途跋涉来到清源，参加了抗日义勇队。义勇队学生队员中，年龄最大的十八九岁，最小的十三四岁。刘墉如与刘海清为父子兵，焦国鼐、焦国柱，阎焕春、阎焕景、阎焕曜，石国柱、石国干，秦赞忠、秦赞贵，李仁富、李恩富，高重生、高铭生则为兄弟兵。

11 月 5 日，在经过短暂的军政训练后，义勇队改称成中师生抗日游击队，开拔抵达东于村，来自清源牺盟会和三区的 80 多位农民加入了游击队。全队正式编为两个学生中队和一个农民中队。之后，游击队从东于再出发，开进交城山区。在交城东社镇沙沟村，游击队遭遇晋绥军第七十三师四二四团团长赵霖强行改编，前进受阻。经过艰苦的谈判与斗争，师生游击队顺利转移，到达离石，得到战动总会武装部长程子华的高度赞扬。12 月，经上级党组织决定，成中师生游击队按战动总会序列编为抗日游击第四支队，刘墉如任支队长，冯福厚任副支队长，宁德青任政治主任。在开展军政训练的同时，师生们积极开展战地宣传，动员组织沙曲、康家湾等九个村成立农民协会。

太原民众欢送抗日健儿开赴前线

依据成成中学师生抗日游击队事迹改编的影视剧《成成烽火》海报

影视剧《成成烽火》剧照

当今太原成成中学正门

1938 年 2 月，四支队奉命经岚县开赴雁北前线。为表达成中师生誓死抗战的决心和希望，成中同学发出《为号召全国青年参战宣言》，誓言“已准备了头颅和热血，来答复日本强盗的进攻”，号召全国青年“首先要做全国人民的榜样，大家一起参加战争，组织游击队！”在岚县，八路军第一二〇师师长贺龙等盛情款待和高度赞扬成中师生的壮举。战地记者周立波撰写的《师生游击队》一文，具体而生动地记述了贺龙为成中师生安排房屋和晚会的场景。文中提道，因为找不到房子，贺龙发了脾气，“贺龙没有错，这些学生和先生的确值得人尊重，他们不但没有逃难，而且背起了武器。他们胸前佩着的两个黄色手榴弹，表现了他们的英勇。他们的脸色完全黑了，不像书生，真像战士。”

岂止是真像战士，他们就是战士！1938 年 2 月下旬，日军从北、南两面对晋西北根据地发动五路围攻，企图压迫八路军退至黄河以西，摧毁晋西北抗日根据地。四支队配合一二〇师主力开展游击战争，断敌交通，围敌据点。经过一个多月的战斗，全部收复岢岚、五寨、保德、河曲、偏关、神池、宁武等七座县城，粉碎了日军对晋西北根据地的第一次围攻。在麻会沟战斗中，冯福厚率四支队以猛烈的火力伏击日军，缴获了枪支弹药等众多战利品。7 月 29 日，四支队与一二〇师一部共同组成八路军一二〇师大青山支队，由李井泉率领挺进绥远，开辟大青山游击根据地。在“看山不过山，走山如走川”的大青山地区，四支队以满腔的热血，抗拒着塞外的严寒，以坚忍不拔的意志经受艰难困苦与流血牺牲的考验，积极开展群众工作，宣传党的抗日主张和民族政策，动员人民群众支援抗战，帮助建立区、乡、村级抗日政权和青年抗日救国会、妇女抗日救国会等群众组织，协助筹集军需物资，扩充新兵补充部队，配合主力部队开辟绥西新区，转战绥南疆场，创建绥东游击区，粉碎敌人的“围剿”“扫荡”，清剿土匪，用鲜血和青春创建和发展了大青山抗日游击根据地。

1941 年 12 月 5 日，大青山支队奉命改编为八路军一二〇师骑兵支队独立营，正式进入八路军序列。

据统计，抗日战争时期，二百多名成中义勇队师生牺牲在绥远地区，用行动践行了“为了祖国的生存流最后一滴血”的誓言。

秘密交通线

太原失守后，华北地区的正面战场作战基本结束，中国共产党领导的敌后游击战争上升到主要地位。八路军各师主力分别在晋察冀、晋东南、晋西北和晋西南开展独立自主的山地游击战争，开辟了晋察冀、晋西北、晋冀豫、晋西南等抗日根据地，实现了在山西的战略展开。这些抗日根据地以同蒲铁路、汾离公路、正太铁路为界，分布于太原的南北东西，阳曲县和太原县、徐沟县、清源县即处于各根据地的交汇分界处。这就使得太原成为连接各大根据地的交通枢纽。尤其是今古交、阳曲、娄烦、清徐所在的晋西北抗日根据地，既是阻敌西进、保卫陕甘宁边区的重要屏障，也是陕甘宁边区通往华北、华中各敌后抗日根据地的重要通道，对于支持华北乃至全国敌后抗战有着重要的战略意义。

太原是各根据地建立隐蔽战线、开展情报工作的中心区之一。抗战初期，中共中央把抗战的重点放在建立农村抗日根据地，太原城内党组织大部分撤往农村。抗日根据地的巩固和发展，为开展沦陷区的城市工作提供了基地。1940 年 9 月 18 日，中共中央发出《关于敌后大城市工作的通知》，要求把开展敌后大城市工作视为党的最重要的任务。太原周围的晋察冀、晋冀豫、晋西北（晋绥）等抗日根据地党委先后成立了太原城市工作委员会、敌情工作委员会和敌军工作委员会等，分别在太原城内建立了晋绥军区调查局太原情报站、晋绥八分区清太徐敌工站、晋绥军区调查局阳曲工作站、晋察冀分局社会部太原情报联络站、晋察冀二分区秘密交通站、太行二分区太原情报站、太岳军区司令部太原情报站等党的地下工作机构。这些机构隐蔽在太原城中或渗透到敌人内部搜集情报，或开辟秘密交通线和运输线，有力配合了根据地抗日军民的对敌斗争。1945 年 1 月，太行二军区司令部就是根据太原情报站发出的情报，活捉了日军少将铃木川三郎。

太原是延安通往各敌后抗日根据地的交通咽喉。中共中央所在的陕甘宁是边区的首脑，太原周围各县所在的晋西北根据地则是各根据地的咽喉。1942 年 1 月，为保证将中央与各根据地的文件及干部能够迅速而安全地互相传送，中共中央书记处发出《关于建立各根据地秘密交通的指示》。根据中央指示，晋西北设立了北线、中线和南线三条主要交通线，其中的中线从兴县经临县、交城、清源、太原、徐沟等县到太行二分区。同时撤销交通支队，重建了四个交通队和六个兵站，分担八分区东、西两方面的交通任务，八地委和交城、清徐等县委也组织了交通科、队，建立了秘密交通线。交通线为保证党中央和根据地的联系作出了重要贡献。据不完全统计，从 1941 年至 1945 年，共接送干部 2852 人，其中有刘少奇、彭德怀、陈毅、刘伯承等重要领导人及中共七大代表和中央委员多人；掩护过往部队、学生等多批，约五万余人；护送日本反战同盟、朝鲜独立同盟、美军联络组及新闻记者等国际友人数百人；护送物资、武器、文件、书刊等多批。

米峪镇战斗和挤敌人斗争

抗日战争进入相持阶段后，日本侵略者把抗日根据地作为日伪军进攻的主要对象，不断进行“扫荡”。晋西北抗日根据地对于陕甘宁边区，既是屏障，又是通往华北各根据地的交通要道，自然也成为日军“扫荡”的重点地区。1940 年 2 月，八路军第一二〇师主力从北岳区返回晋西北。6 月，日军发动对晋西北根据地的“夏季扫荡”。6 月中旬，文水、交城和静乐之敌，分头出动，向文水、交城西北山区“扫荡”，企图攻击在该地区活动的一二〇师特务团和工卫旅，以及地方党政机关。从静乐出动的日军村上大队于 6 月 16 日进至娄烦米峪镇地区。八路军三五八旅得悉这一消息后，决定在米峪镇方向消灭这股敌人。17 日至 19 日，第三五八旅第四团、第七一六团、第二支队在米峪镇和国练等村向日军发起进攻，战至18日，残余日军溃退到国练村程家大院。七一六团和四团经过连续攻击，全歼日军。米峪镇战斗共歼灭日军700余人、俘虏20余人，战斗中八路军将士牺牲102人、负伤325人。米峪镇战斗是八路军第一二〇师主力回师晋西北后取得的第一个歼灭战的胜利，打击了日军的嚣张气焰，振奋了抗日军民士气。

米峪镇战斗结束两个月后，八路军在华北发动有105个团参加的“百团大战”。一二〇师三五八旅破击太原以北同蒲铁路，决死第二纵队、工卫旅等破击太(原)汾(阳)公路。百团大战后，为了保卫抗日根据地，加强地方武装，实行主力兵团地方化，晋西北各县分别划归第二、第三、第四、第八军分区，清源、徐沟、太原、交城等县划归第八军分区，西阳曲、静乐等县划归第三军分区。

1941年至1942年，日军在华北连续五次推行“治安强化运动”，疯狂“扫荡”晋西北等抗日根据地，晋西北根据地人口缩小到70万，八分区原辖六个县60万人缩小到只有32个村子六万人左右，敌后抗战出现严重困难。面对严重的困难局面，1942年10月31日，毛泽东致电林

米峪镇战斗纪念碑

枫，提出要振奋军心民心，“商讨积极开展游击战争向敌人挤地盘的具体方案”。地处太原外围平川地区和边山地区的晋绥八分区成为挤敌人的重点区域。12 月，八地委在关头召开会议，决定发动群众，开展挤敌人斗争。之后 1943 年至 1944 年，我军先后挤掉岔口、草庄头、娄烦等敌据点，打开了八分区对敌斗争的局面，并把对敌斗争的重点转向晋中平川。1944 年 9 月 30 日，毛泽东致电吕正操、林枫，肯定了八分区挤敌人经验，要求晋绥其他分区也都开展八分区那样的战斗，打出威风来，扩大自己，挤小敌人。

决战太原

抗日战争胜利后，人民迫切需要一个和平安定的环境，休养生息，重建家园。然而就在重庆谈判和军调期间，阎锡山在加紧对统治区民众剥削压迫的同时，一方面制定了太原防御“百里圈计划”，构筑以太原为中心、方圆数百华里的防御体系，建立所谓的“百里防线”、“火海地区”和“碉堡城”，准备内战；另一方面利用日伪警备队组建“挺进大队”，组织“解救团”，抢夺胜利果实，并调动三个师的兵力，对清太徐等解放区发起“水漫式”进攻。

为保卫抗战胜利果实，我晋绥边区部队、晋察冀边区部队奋起自卫。1946 年 6 月，国民党不顾人民的反对，大规模进攻解放区，全面内战爆发。

1947 年 12 月至 1948 年 7 月 21 日，徐向前指挥晋冀鲁豫边区部队（后改编为华北军区第一兵团）及其他部队先后发起运城战役、临汾战役、晋中战役，阳曲、晋源、清源、徐沟等县宣告解放，至此太原已成一座孤城。10 月 5 日，在中央军委和毛泽东的亲自部署下，华北军区第一兵团发起太原解放战役。10 月 17 日，彭绍辉率七纵率先打响东山争夺战。10 月 26 日，四大要塞争夺战同时发起。战斗异常激烈，各主要战场

抗战胜利后的阎锡山

焦土三尺、弹痕累累。第一兵团经过英勇顽强、反复拼搏的战斗，至11月13日，先后攻占小窑头、山头、淖马、牛驼寨，既显示了我军的强大攻坚能力，也为最后攻克太原创造了条件。1949年3月，华北解放军三大兵团会师太原，百余名开国将帅齐聚前线，在阎锡山集团拒绝和平解决后，4月24日前线部队以雷霆万钧之势迅速攻克太原。太原解放战役历时202天，是全国解放战争时期持续时间最长、战斗最激烈、伤亡最惨重的城市攻坚战。

太原解放战役发起于战略大决战阶段之初，结束于向全国大进军开始之际，与辽沈战役、平津战役、淮海战役遥相呼应、有机策应，是战略大决战中的一步要棋。太原战役发起后，阎锡山被迫向蒋介石求救，蒋先后从陕西渭南、榆林调一个整编师（四个团）和一个旅（后改称师）到太原，从而减轻了西北战场人民解放军的压力，间接支援了西北野战军的作战。围困太原期间，傅作义为避免被蒋介石更多地调往东北，便以组建“援晋兵团”为名，同时附和蒋介石偷袭石家庄的企图，从平汉地区抽调一个军、一个师和两个骑兵师到平津地区，客观上起到了牵制傅部、策应辽沈战役和淮海战役的作用。平津战役开始前夕，为稳住傅作义集团，使其不过早西撤或南逃，根据中央军委的电令，第一兵团停攻太原，转入军事围困、政治瓦解和休整练兵，为直接配合平津战役的发起、保证战略大决战的有序推进，起到了积极作用。1949

1949 年程子华、赖若愚视察解放太原部队

年 1 月，在中共中央政治局会议上，毛泽东起草的《目前形势和党在一九四九年的任务》中，把太原战役与平津战役、淮海战役相提并论，指出："在平津、淮海、太原、大同诸役以后，可不可以说国民党政权已经在基本上被我们打倒了呢？就其军事主力已经被歼灭这一点来说，是可以这样说的。"4 月 23 日南京解放，4 月 24 日太原解放，渡江战役和太原战役两大胜利交相辉映。

太原解放战役是华北的最后一战，是山西走向新生的一个历史转折，也是华北全境解放的一个重要标志。太原的解放，宣告了阎锡山在山西长达 38 年统治的结束，从而使得大同守敌寄希望于阎锡山的最后一线幻想破灭。随着人民解放军第二十兵团挥师北上，大同守敌于 5 月 1 日无条件接受和平解放大同的五项条款。大同和平解放，山西全境肃清残敌，成为向全国大进军开始后全境解放的第一个省份。太原的解放，拔除了华北敌人残留的最大一个据点，安阳、新乡等地之敌更加孤立，之后，5 月 5 日新乡和平解放，5 月 6 日安阳解放，"华北臻于巩固"。

太原解放后，彭德怀、贺龙率第十八、十九兵团转战西北战场，参与组织扶眉战役、秦岭战役，直下西安，剑指兰州，进军川北，加快了全国解放战争胜利的步伐。特别是作为重工业和军火工业基地，太原的解放

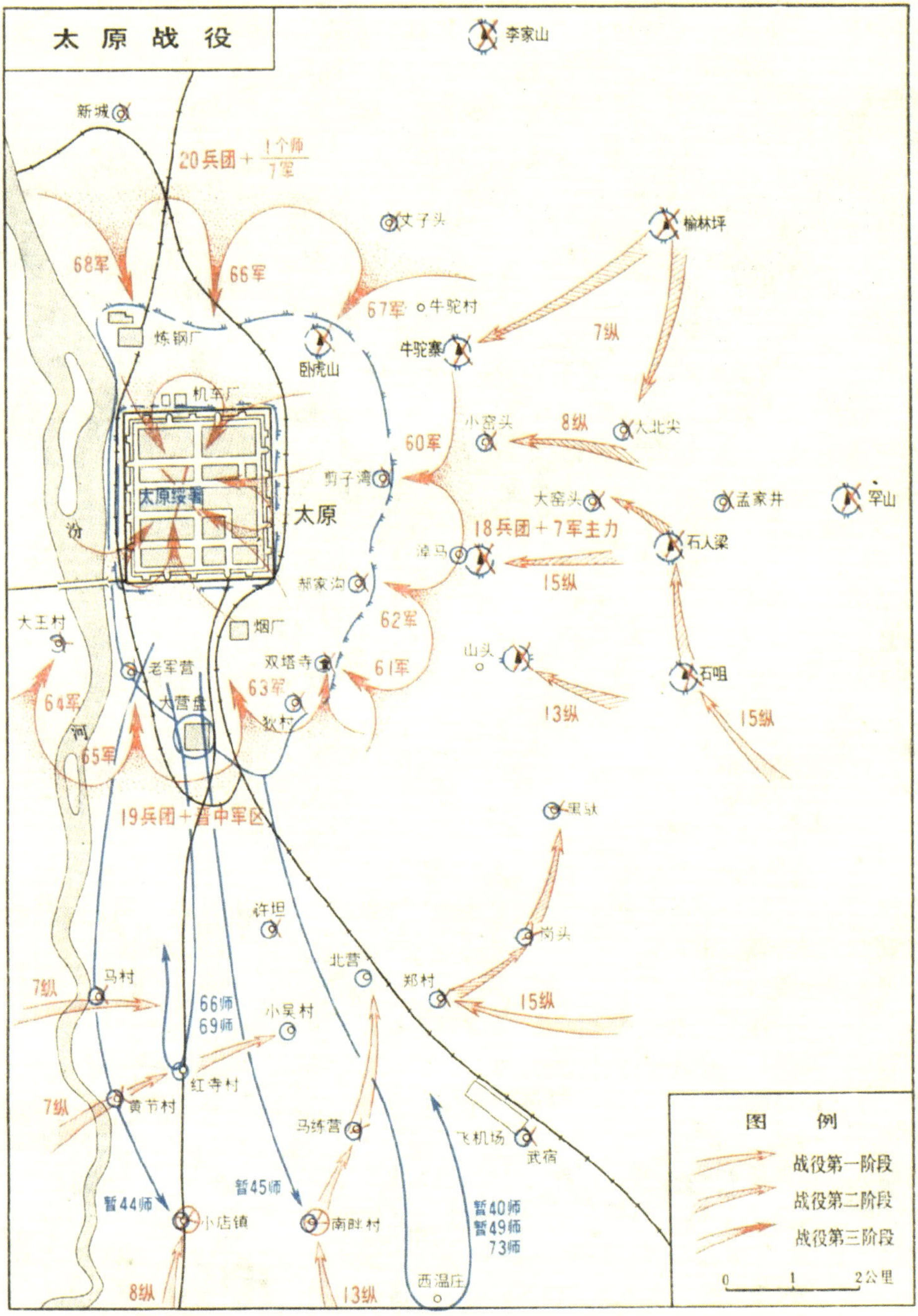
太 原 战 役
李家山
新城
20兵团＋1个师/7军
文子头
榆林坪
68军
66军
67军
牛驼村
7纵
炼钢厂
卧虎山
牛驼寨
机车厂
小窑头
8纵
大北尖
60军
剪子湾
太原绥署
太原
大窑头
孟家井
罕山
汾
18兵团＋7军主力
石人梁
淖马
15纵
郝家沟
大王村
烟厂
62军
山头
老军营
双塔寺
61军
石咀
64军
63军
大营盘
狄村
13纵
15纵
河
65军
19兵团＋晋中军区
里缺
许坦
尚头
北营
7纵
马村
郑村
15纵
66师
69师
小吴村
红寺村
7纵
黄节村
马练营
飞机场
武宿
暂45师
暂44师
小店镇
南畔村
暂40师
暂49师
73师
西温庄
8纵
13纵
图 例
战役第一阶段
战役第二阶段
战役第三阶段
0 1 2公里

解放太原形势图

太原解放纪念碑

中国人民解放军攻克太原

“便利人民迅速恢复自己的建设事业，有力地支援人民解放战争”。

太原各界代表会议

1948 年 10 月 15 日，在太原解放战役开始不久，中共中央华北局就作出《关于接管太原的决定》，指出太原解放后暂时实行军事管制，设立军事管制委员会。10 月 17 日，中共中央华北局又作出《关于组建太原市委的决定》，决定以赖若愚、裴丽生、杨奇清、毛铎负责组织太原市委。不久，太原市委、市政府、太原军事管制委员会先后组成，着手准备接管太原的各项工作。

1949 年 4 月 24 日，以徐向前为主任的太原市军事管制委员会正式成立，以赖若愚为书记的太原市委，以裴丽生为市长的太原市政府入城办公，中共正式开始执政太原。为加强党和政府与人民群众的密切联系，同时为召集普选的人民代表大会准备条件，根据中共中央指示，太原市军事管制委员会、太原市政府在太原解放的当月即作出《关于太原市各界代表会议几项规定》，对各界代表会议的性质、代表会议的任务、代表的产生、代表的人数、代表会议会期等作出原则性规定。各代会尽管对政府没有约束权，但作为军管期间的临时协议机关，军管会和市政府各项政策的制定均应向各代会报告并听取其讨论和建议，而后方能作出决定，付诸实施。各代会是军管时期军管会和市委、市政府努力实现民主执政、民主建政的重大探索和实践，保证了太原解放初期经济恢复和社会改革的顺利推进，并为新中国政权建设积累了宝贵的经验。

中共太原市委首任书记赖若愚

太原市首任市长裴丽生

《关于太原市各界代表会议几项规定》出台后，军管会和市政府就设立了各界代表会筹备处，积极筹备召开各界代表会。从 5 月 1 日开始，军管会先后召开各界职工座谈会、文化界座谈会、工商界座谈会等，向各界代表阐述党的政策并征求他们的意见。14 日，军管会、市政府开始向工人、民主人士、新闻界、文化界、工商界及青年和妇女代表发出聘请书，邀请各界人士参加各代会。22 日，太原市第一届第一次各界代表会议召开，来自党派、部队、工人、农民、学生、教师、青年、妇女、工商、文化、宗教等各界人士代表 213 人参加会议，中心内容是讨论复工复业和稳定物价问题。到

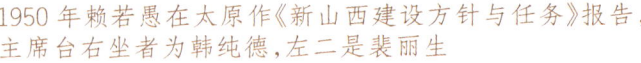

1950 年赖若愚在太原作《新山西建设方针与任务》报告，
主席台右坐者为韩纯德，左二是裴丽生

新中国成立时，军管会、市政府先后召开五次各代会，着重讨论和研究私营工商业的复工问题、入城以来治安工作、建设成就、产销、金融、夏季卫生工作及房租、电费等问题，涉及市政、工商、文教、治安、土地、交通和群众生活等各个方面。通过召开各代会，把群众的意见搜集上来，

把党和政府的政策措施传达下去，对宣传和贯彻党的城市政策，启发各界群众的觉悟，调动共同克服困难、建设城市的积极性发挥了良好的作用。一方面，人民群众通过各代会参与城市建设，找到了主人翁的感觉，认识到“共产党真民主，说到做到，做不到就不说”；另一方面，党和政府的各级领导机关通过各代会受到了教育，认识到党的决定群众不一定执行，各代会的决定群众则勇于执行。随着各代会代表比例的不断完善，各代会成为新民主主义的测量器，成为恢复城市生产生活秩序的重要武器。

太原各代会是在我党刚刚执掌城市政权、缺乏执政经验的形势下召开的，这种探索受到了中共中央和毛泽东的高度关注，为我国确立人民代表大会制度、实现民主建政积累了宝贵的经验。1949 年 7 月 31 日，中共中央发布的《关于迅速召开各界代表会议和人民代表会议给各中央局、分局的指示》中，肯定了太原、石家庄、西安等少数城市召开各代会的做法。8 月 19 日，毛泽东在看到华北局转报的太原市委召开各代会经验的电报后，随即为中共中央起草了致各中央局、分局的电报，充分肯定了太原市的经验，指出：“太原解放至今不到三个月，开了五次各界代表会议，成绩极好。”并要求“三万人口以上城市均需开各界代表会”。10 月 29 日，薄一波在《关于华北各城市召开各界代表会议的情形和经验的报告》中，总结了太原及华北各城市召开各代会的经验。10 月 30 日，毛泽东将薄一波的报告批转给各中央局、分局、前委负责同志们，指出：“这个报告总结了华北各城市所开各界代表会议的主要经验，写得清楚明确，可为一切各界代表会议或人民代表会议所取法。”

审判日本战犯

1956 年，中华人民共和国特别军事法庭在太原、沈阳审判日本战犯，这是国际社会审判日本战犯的延续，是中国人民对抗日战争胜利的

太原战役中被俘的"山西残留日军"

一个重要总结。

早在 1946 年 1 月，为了严惩犯下滔天罪行的日本战犯，中、美、苏、英等 11 国法官、检察官在东京组成远东国际军事法庭，专门审判以东条英机为首的 28 名日本甲级战犯。与此同时，中国也在太原、保定、南京、上海、广州、东北、台湾等地设立审判战犯军事法庭，审判在侵华战争中犯有严重罪行的乙级、丙级战犯。4 月，第二战区审判战犯军事法庭（1947 年 4 月改称太原绥靖公署审判战犯军事法庭）在太原设立，审判驻晋侵华日军战犯。但由于日本投降后，侵华日军"山西残留"置于山西军的编制下，日军战犯被阎锡山聘为高级军事顾问，整个审判过程扑朔迷离。直到 1947 年 2 月，仅办理三案。在国防部和司法行政部门督促、指斥下，审判战犯的进度才有所加快，判处柿副善治、白岩定夫死刑，判处中村秀夫等四人有期徒刑，其余战犯或不予起诉或无罪释放。澄田莱四郎（原日军第一军司令、日军"山西残留"主要策划者、中将）、三浦三郎（原日军第一一四师团师团长、中将）、恩田忠录（原日军第一军司令部部附、大佐）等，则在阎锡山和第二战区司令长官部的庇护、开脱下，逃避了应有的惩罚。

解放战争时期和新中国成立之初，人民解放军和各地政府陆续逮捕了 140 名残留山西、继续与中国人民对抗的日本战犯。1952 年 6 月 26 日，山西省人民检察署会同有关单位成立了"调查日本战争犯罪分子罪行联合办公室”。联合办公室先后接收了解放军华北军区培训团、中央公安部、华北行政委员会公安局、中南行政委员会公安局、天津市公安局、山西省公安厅等单位解送来的136名日本战争犯罪分子。这些战犯中，有原日本关东军高级参谋、山西产业株式会社社长、曾制造“皇姑屯事件”的河本大作，杀害抗日女英雄赵一曼的大野泰治，曾将中国被俘人员作为“活人靶”训练日军的教官住冈义一等。12月20日，山西又成立了“日本战争犯罪分子罪行调查委员会”，省政府副主席王世英任主任委员，郑子兴任联合办公室主任，尹大权、孙榜锦任副主任。办公室下设秘书组、调查组、管教组，承担日常工作。从1952年6月至1956年5月，联合办公室经过长达四年之久的侦查工作，收集到如山铁证，向全世界展示了在押日籍战犯在山西、在中国美丽土地上所犯下的滔天罪行——杀害中国人14251名，伤害中国人1969名，逮捕并拷打中国人10173名，奴役中国人12233674名；烧毁房屋1078处19264间，烧毁寺庙四座100间，村庄四个，粮食2672510斤；破坏房屋192处993间，寺庙43座30间；掠夺牲畜11236头，粮食431778479斤，煤炭5334583000斤，棉花489800斤，以及大量金、银、铜、铁、锡等战略物资和其他财产。这些铁证最终使日本战犯表示愿意接受中国人民的正义审判，为下一步的起诉、审判打下了坚实的基础。

1956年4月25日，第一届全国人大常委会第三十四次会议通过了《中华人民共和国全国人民代表大会关于处理在押日本侵略中国战争中战争犯罪分子的决定》，并由国家主席毛泽东签发，明令颁布。

1956年6月10日，太原市海子边大礼堂庄严肃静。最高人民法院特别军事法庭在这里开庭，公开审理富永顺太郎的战争犯罪和间谍犯罪案，城野宏等八名被告的战争犯罪案。驻太原的党政机关、中国人民解放军、各大中学校、厂矿企业等180多个单位和30多个专、县的政法机关代表共4000余人参加旁听。8时30分，最高人民法院特别军事法庭，开庭审理富永顺太郎的战争犯罪和间谍犯罪案。该战犯在侵略中国期间，长期从事组织领导日伪交通警务机构和特务机关，犯有搜集中国军事、政治、经济、交通和地下资源等情报，以及抓捕、刑讯中国和平居民等罪行。仅在1938年至1940年就抓捕中国居民4475名。日本投降后，他又妄图复活日本军国主义，继续进行间谍活动，以其领导的机构

"富永机关"的全套侦听设备为基础，所属特务为骨干，组成国民党第二厅北京工作队，侦收解放军军事、政治、经济情报，破坏和阻挠人民解放事业。法庭由特别军事法庭副庭长朱耀堂担任审判长，最高人民检察院检察员丁明担任国家公诉人并出庭支持公诉，王乃堂、倪彬彬律师担任被告人的辩护人。经过充分的法庭调查、辩论和被告人陈述后，6 月 19 日，根据(56)特军字第二号判决书，特别法庭宣判战犯富永顺太郎有期徒刑 20 年。刑期自判决之日算起，判决前关押的时间，以一日抵徒刑一日。

6 月 12 日 8 时 30 分，最高人民法院特别军事法庭，公开审理城野宏、相乐圭二、菊地修一、永富博之、住冈义一、大野泰治、笠实、神野久吉等八名日本战犯战争犯罪案。这八名战犯，参加日本帝国主义侵华战争，公然违背国际法准则和人道原则，犯有各种战争罪行。仅他们亲手屠杀和指挥部下杀害的中国人即有 1200 多人。前日本大尉住冈义一曾两次在太原小东门外赛马场，将俘虏人员 340 人作为日本新兵"试胆"练习的"活人靶"——用刺刀刺死。前日军大尉菊地修一，不仅将被俘人员作"活人靶"教练日军射击、劈刺，还将和平居民作为解剖试验的"标本"。1945 年 8 月日本无条件投降后，这些战争罪犯仍怙恶不悛，公然违反《波茨坦公告》与其他国际公法，怀抱着东山再起的梦幻，实施战败后"山西残留"，继续保留武装，对抗中国共产党领导的人民解放战争。在三年多时间里，"山西残留"日军参加了晋北战役、汾孝战役、正太战役、晋中战役、太原战役等重要战事，并施放毒瓦斯，造成解放军战士的严重伤亡。"山西残留"活动主要策划、组织者城野宏交代，仅太原战役牛驼寨要塞作战，被残留日军炮火和毒瓦斯杀伤的解放军即达 1600 余人。法庭由特别军事法庭副庭长朱耀堂担任审判长。侦处日本战犯工作团副团长、最高人民检察院检察员、出席太原庭首席检察员井助国，检察员军法大校黄泽湘，检察员军法中校郭轩，山西省人民检察院检察员张焕新等四人，担任国家公诉人，并出庭支持公诉。冀贡泉、王克勤等八位律师担任八名被告人的辩护人。王克峰法医担任法庭鉴定人。审理过程中，法庭审查了 681 人提出的控诉书 316 件，262 名证人提供的证词 236 件，档案与其他证据材料 399 件，以及各被告人口供、笔供材料等，并当庭听取受害人控诉、证人证言、被告人供诉、辩护人辩护和检察员意见。6 月 20 日，根据(56)特军字第三号判决书，特别军事法庭宣判战犯城野宏有期徒刑 18 年，相乐圭二有期徒刑 15 年，菊地修一有期徒刑 13 年，永富博之有期徒刑 13 年，住冈义一有期徒刑 11 年，大野泰治有期徒刑 13 年，笠实有期徒刑 11 年，神野久吉有期徒刑 8 年。

根据全国人民代表大会常务委员会《关于处理在押日本侵略中国战争中战争犯罪分子的决定》第一条第一款的规定，对次要的或者悔罪表现较好的 120 名日本战犯免予起诉，予以释放回国。6 月 21 日、7 月 18 日，对日本侵略中国战争犯罪分子宣布免予起诉决定大会，分两次在山西机械厂大礼堂举行。由最高人民检察院检察长张鼎成指定工作团副团长、检察员井助国，向上中正高、小羽根健治等 72 名日本战争犯罪分子宣读了《免予起诉决定书》。其余 48 名战犯由太原战犯管理所移交抚顺战犯管理所，于 8 月 21 日在抚顺宣布免予起诉，宽大释放。被免予起诉的 120 名日本战犯，分别于 6 月 28 日、7 月 28 日、9 月 1 日分三批转道天津，乘日本“兴安丸”轮船回国。

当侦讯日本战犯工作开始时，太原战犯管理所就确定了对战犯的管教方针：密切配合侦讯工作，加强政策和前途教育，提高其思想觉悟，改变其反动本质，端正其认罪态度，以实事求是的精神交待罪行。管教人员对战犯一律施以人道主义待遇，组织战犯学习，参加看电影、打篮球等多种文化活动，参观中国社会主义建设成就，使人性和良知在这些恶魔使者的身上被唤回。第二批免予起诉的战犯在天津候船回国期间，通过中国红十字会，向中国政府和战犯管理所转交的“感谢文”中讲道：“过去六年的生活，对我们说来，是从死亡的绝路走向光明再生的过程。并且这又是在我们的冥顽的头脑和身体里，赋予新生的力量，而使我们苏生过来的过程。”

精诚所至，金石为开。免于起诉的日本战犯通过中国政府的管教，由战争狂人变成了和平使者。他们回国后，自觉组织“中国归还者联合会”，通过演讲、集会、出版书刊等多种形式，公开揭露日本侵华战争中所犯的罪行，抵制日本国内“否认侵略”的势力，尽其所能地为中日友好做着有益的工作。

参考文献

鲁迅:《古小说钩沉》,人民文学出版社1951年版。

顾祖禹:《读史方舆纪要》,中华书局1955年版。

司马光:《资治通鉴》,中华书局1956年版。

吴晗:《读史札记》,三联书店1956年版。

徐松辑:《宋会要辑稿》,中华书局1957年版。

韩席畴:《左传分国集注》,江苏人民出版社1963年版。

范文澜:《中国通史简编》,人民出版社1965年版。

任继愈:《汉唐佛教思想论集》,人民出版社1973年4月第2版。

谭其骧主编:《中国历史地图集》,中国地图出版社1982年版。

赵克尧、许道勋:《唐太宗传》,人民出版社1984年版。

傅如一、崔洪勋主编:《山西文学史》,北岳文艺出版社1993年版。

杨纯渊:《山西历史经济地理述要》,山西人民出版社1993年版。

张正明:《晋商兴衰史》,山西古籍出版社1995年版。

李孟存、常金仓:《晋国史》,山西古籍出版社1999年版。

袁行霈、罗宗强主编:《中国文学史》(第二卷),高等教育出版社1999年版。

李裕民:《宋史新探》,陕西师范大学出版社1999年版。

山西省地图集编撰委员会:《山西历史地图集》,中国地图出版社2000年版。

徐元诰编:《国语集解》,中华书局2002年版。

李玉洁:《先秦史稿》,新华出版社2002年版。

冻国栋著、葛剑雄主编:《中国人口史》,复旦大学出版社2002年版。

黄征主编:《太原史稿》,山西人民出版社2003年版。

霍润德主编:《太原建置沿革》,山西古籍出版社2003年版。

霍润德主编:《太原史略》,山西古籍出版社2003年版。

霍润德主编:《太原历史大事纪年》,山西古籍出版社2003年版。

高春平:《明代太原的城市建设》,《中国古都研究(第二十辑)——中国古都学会2003年年会暨纪念太原建成2500年学术研讨会论文集》(2003年)。
斯塔夫里阿若斯(美):《全球通史》,北京大学出版社2005年版。
吕思勉:《先秦史》,上海古籍出版社2005年版。
邓广铭:《邓广铭全集》,河北教育出版社2005年版。
张觉:《韩非子译注》,上海古籍出版社2007年版。
白国红:《春秋晋国赵氏研究》,中华书局2007年版。
孟德东、吴国荣主编:《晋阳文化概说》,山西人民出版社2007年版。
杨伯峻:《春秋左传注》,中华书局2009年版。
霍润德主编:《晋阳文化研究》,三晋出版社2009年版。
范世康主编:《太原文化资源概览》,山西人民出版社2009年版。
吕不韦:《吕氏春秋》,云南教育出版社2010年版。
左丘明:《春秋左氏传》,云南教育出版社2010年版。
王继祖:《太原历史名人传》,山西人民出版社2010年版。
柏杨:《中国人史纲》,人民文学出版社2011年版。
宿白:《魏晋南北朝考古文稿辑丛》,文物出版社2011年版。
苏秉琦:《中国文明起源新探》,辽宁人民出版社2011年版。
山西省地方志办公室编:《民国山西史》,山西人民出版社2011年版。
吴国荣主编:《太原经济笔谭》,山西人民出版社2013年版。
吴国荣主编:《太原:历史深处走来的城》,三晋出版社2013年版。
康玉庆主编:《太原历史文化》,北岳文艺出版社2013年版。
马竣敏主编:《人文太原》(综合卷),山西人民出版社2013年版。
马兆兴主编:《人文太原》(教育卷),山西人民出版社2013年版。

后 记

太原是一座历史悠久、人文厚重的城市，风云激荡，人物际会，留下许多彪炳史册的重大事迹，彰显出唐风晋韵的盛美，很多都值得后人研究和借鉴，于当今也均有所裨益。

《三晋史话·太原卷》作为《三晋史话》之一卷，显示出太原在全省历史文化当中不可替代的地位和影响，内容和分量都十分重要。对于编撰《三晋史话·太原卷》，太原市委宣传部给予高度重视，专门由市委宣传部原常务副部长吴国荣、副调研员马竣敏两位同志统筹编撰诸项事宜。无论谋篇布局、调配人员，还是审看书稿、提供保障，他们无不亲任其事，不遗余力。市委宣传部文艺处处长边素庭统筹编务，并起草了本书前言、后记。参加太原卷各章编撰人员依序而列：孙国强、于子夏、张宏、刘照华、王利娥、武颜文、贺旭宏、杨云龙。市委宣传部文艺处副处长杜丽娜、干事张娅敏诸同志负责具体编务工作。对他们的辛勤劳动，在此一并表示衷心的感谢。

由于知识和水平所限，不足之处在所难免，诚俟方家指正。

《三晋史话·太原卷》编写组

编后记

2014年初，中共山西省委宣传部决定编撰《三晋史话》丛书，系统梳理山西地区及所辖各市的历史文化，从历史的、文化的、哲学的层面对山西的历史文化以及文明贡献进行回顾总结。为此，山西省委宣传部组织动员各市委宣传部及各地历史文化学者组成了百数十人的工作团队，力求在较短的时间内高质量地完成这套丛书。

为与已出版的通史类著作、地方志类著作有所区别、互不雷同，我们首先在编撰思路上进行了较大的调整。特别强调在基本勾勒出山西地区及各地历史文化发展基本脉络的同时，突出其在文明发展进程中的重大贡献。思考研究问题的视野不能满足于仅仅说清一时一地一事，还要联系文明发展的大历史进行分析对比，以突出其重要价值与意义。在文体上，既强调可读性，更注重严谨性；既要满足一般读者的阅读需求，做到通俗好看，又要具备历史学科的学术品格，言出有据，并使二者较好地结合起来。为此，特别聘请我省的专家担任学术顾问，全面参与到撰写工作之中。各地也高度重视，组织了本地具有较高学术水平的学者专家承担本地史话的撰写任务。

这套丛书的编撰，从提纲的设定开始就进行了反复研究讨论。首先由各卷的编撰者提出初步纲目，再组织丛书的学术顾问与大家一起讨论，提出修改意见，反复数次才基本确定编撰纲目。仅《三晋史话·综合卷》一书的提纲就修改了九次之多。编撰纲目基本确定后，各卷分头撰写。初稿出来后，由学术顾问组的专家进行审阅，提出修改意见，大部分书稿进行了三次以上修改。编撰工作完成后，再次请学术顾问组的专家进行审读。同时出版社进入审稿程序，以期能够最大可能地消灭不准确、不正确、不严谨的问题。

尽管我们付出了极大的努力,但是这套丛书仍然存在一些问题。首先是撰写风格不够统一。其次是由于同一事件涉及不同地区,各地在编撰中均有涉及,难免有重复叙述的现象。三是限于我们的水平、能力,还有许多地方分析得不够、不准。所以,希望读者能够提出批评指导意见,以期在日后进行修改调整。

胡苏平同志主持了丛书的编撰工作。杜学文同志具体负责丛书的组织工作。王灵善、高春平同志具体负责丛书的审读、出版协调事务。渠传福、李书吉、赵瑞民、王灵善、降大任、高春平、巨文辉同志为学术顾问,负责各卷纲目与书稿的审读研讨。崔力、武献民、谢振中、高小勇同志参与了纲目与书稿的审读,负责组织协调工作。各市委宣传部组织协调了本市分卷的编撰工作与图片提供工作。

《三晋史话》丛书编委会

图书在版编目（CIP）数据

三晋史话丛书. 太原卷 / 陈河才主编 .--太原：山西人民出版社，2015.8
ISBN 978-7-203-09230-8

Ⅰ. ①三 … Ⅱ. ①陈… Ⅲ. ①太原市—地方史
Ⅳ. ①K292.5

中国版本图书馆CIP数据核字（2015）第202076号

三晋史话丛书 · 太原卷

主　　编： 陈河才
责任编辑： 李　鑫
印装监制： 赵宏生　李佳音

出 版 者： 山西出版传媒集团 · 山西人民出版社
地　　址： 太原市建设南路21号
邮　　编： 030012
发行营销： 0351-4922220　4955996　4956039　4922127（传真）
天猫官网： http://sxrmcbs.tmall.com 电话：0351-4922159
E-mail： sxskcb@163.com　发行部
sxskcb@126.com　总编室
网　　址： www.sxskcb.com

经 销 者： 山西出版传媒集团 · 山西人民出版社
承 印 厂： 山西臣功印刷包装有限公司

开　　本： 787mm × 1092mm　1 / 16
印　　张： 20.75
字　　数： 310千字
印　　数： 1-8000册
版　　次： 2016年5月 第1版
印　　次： 2016年5月 第1次印刷
书　　号： ISBN 978-7-203-09230-8
定　　价： 90.00元